참된 제자양육 vs 거짓 심리학

***Counseling One Another***
ⓒ 2016, Paul Tautges.

All rights reserved.
Originally published in English under the title *Counseling One Another* by Shepherd Press, Wapwallopen, PA 18660, USA.

This edition published by arrangement with Shepherd Press.
This Korean Edition ⓒ 2025 by Reformed Practice Books, Seoul, Republic of Korea.

이 한국어판의 저작권은 Shepherd Press와 독점 계약한 개혁된실천사에 있습니다.
신 저작권법에 의해 한국 내에서 보호받는 저작물이므로 무단 전재와 무단 복제를 금합니다.

## 거짓 심리학 vs 참된 제자양육

**지은이** 폴 타우치스
**옮긴이** 이선숙
**초판 발행** 2025. 4. 20.
**등록번호** 제2018-000357호
**등록된 곳** 서울특별시 서초구 서초중앙로 24길 55, 401-2호
**발행처** 개혁된실천사
**전화번호** 02)6052-9696
**이메일** mail@dailylearning.co.kr
**웹사이트** www.dailylearning.co.kr

책값은 뒤표지에 있습니다.
ISBN 979-11-89697-46-4  03230

# 거짓 심리학 VS 참된 제자양육

폴 타우치스 지음 | 이선숙 옮김

개혁된실천사

"상담은 전문가만의 사역이 아니다.
상담은 모든 그리스도인이 서로 돌아보는 일상적인 관계다."

## 추천사

"이 책은 정말 제대로다! 이 책은 성경적 상담과 설교가 얼마나 긴밀히 연결되어 있는지 포괄적이고도 확실하게 보여준다. 설교를 하거나 가르치거나 상담을 하는 사람들은 이 유용한 자료를 통해 엄청난 유익을 얻을 것이라고 확신한다."

– 존 맥아더 박사, 그레이스 커뮤니티 교회 담임목사이자 교사, 'Grace to You' 라디오 프로그램 성경 교사

"대부분의 그리스도인(그들의 목회자와 마찬가지로)이 전문화된 혹은 심리학에 기반을 둔 상담 개념을 받아들였다. 그러다 보니 전문 교육을 받지 못한 평신도들은 자연스럽게 상담 영역에서 배제되었다. 그 결과, 교회 내 제자양육 사역은 심각한 결함을 갖게 되었으며, 이 책은 그에 대해 말한다. 이제 과감히 그러한 제자양육 방식을 버리고 제자양육 상담을 통해 그리스도인들 사이에서 진정한 말씀 사역이 이루어지도록 해야 한다고 이 책은 주장한다. 이 책은 성경적 상담으로 개인 영혼의 문제를 다루어야 한다는 신약성경의

우선순위를 다시 탑재하는 그리스도인들을 위한 신학적 기반을 효과적으로 제공한다."

– 존 D. 스트리트 박사, 마스터스 대학의 성경적 상담 대학원 학장

"폴 타우치스는 이 책에서 매우 포괄적이고 열정적으로 성경적 상담의 신학적 기반을 제공한다. 이 책은 하나님 말씀에서 상담적 요소를 철저히 조사하여 설명하고 해석하는 데 전념한다. 지역 교회 안에서 그리스도 중심적이고 포괄적이고 공감하는 성경적 상담을 하려는 목회자나 평신도라면 이 책을 읽고 또 읽길 강력히 추천한다."

– 밥 켈러먼 박사, 크로스로드 바이블 칼리지, *Gospel-Centered Counseling* 저자.

"상담사역은 오랜 기간 전문 상담자들에게 맡겨져 왔다. 폴 타우치스는 제자 삼으라는 성경의 명령을 지역 교회와 모든 신자들에게 회복시킨다. 그는 '상담'이라는 단어를 사용하는데, 이 단어는 많은 경우 전문가들에게만 사용할 수 있는 단어로 인식되어 보통의 평신도들에게는 부담스러운 단어였다. 폴은 이러한 두려움을 줄이면서, 상담은 그리스도인이라면 누구나 감당해야 할 아주 강도 높고 개인적인 제자양육 사역이라고 재정의함으로써 그리스도인들이 그 책임을 다하도록 격려한다.

폴은 이 책에서 영적으로, 사회적으로, 감정적으로 어려움을 겪는 사람들을 전문가라는 제한된 그룹에게 보내는 대신, 모든 교회 구

성원이 서로 제자화하고 아픈 사람들을 회복시킬 책임이 있음을 신학적으로 풀어나간다. 상담은 목회자들만의 전유물이 아니고, 그리스도의 이름을 부르는 모든 사람이 해야 할 '서로 함께 하는 사역'임을 그는 분명히 한다.

지역 교회 안에서 마태복음 28장과 제자양육을 진지하게 받아들이는 모든 목회자와 성도들이 반드시 읽어야 할 책이다."

— 론 알친, ACBC Fellow, Biblical Counseling Center 대표, *Ripening Sonship* 저자.

"당신이 속한 믿음의 공동체의 구성원들은 효과적으로 서로 섬기기를 원하는가? 이 책은 그렇게 할 수 있도록 돕는 책이다. 이 책은 성경이 말하는 헌신적인 제자양육이 꼭 포함해야 할 특징들을 균형 있게 다루는 입문서이다. 의학적, 전문적, 기술적 의미에서의 상담이 아닌 '서로가 하는' 상담이라는 의미에서 상담은 제자양육과 밀접한 관련이 있음을 저자는 보여준다. 이 둘은 서로 뗄 수 없다. 상담은 그리스도의 몸을 세우는 데 꼭 필요한 요소이다. 가짜 요소들이 넘쳐난다. 타우치스는 그것들에 대해 경고한다. 이 책은 성경과 십자가와 교회에 헌신된 사역 안에서 행해지는 '서로 하는 상담'이 갖는 건전한 성경적 특징들을 구체적으로 보여준다."

— 릭 혼, 목회학 박사, TUMI-Chester, Site Coordinator/Professor,
rhorne@worldimpact.org

"폴 타우치스의 책은 읽기 편하고, 이해하기 쉽고, 실제적이고, 성경적이다. 이 책은 그리스도인 상담자를 위한 안내서 그 이상으로, 교회가 성경적 제자양육의 필요성을 깨닫도록 도와준다. 이 책은 다양한 정보와 사례들을 소개하고 있기 때문에, 그리스도의 몸 된 교회 안에서 자신이 마땅히 서야 할 자리를 찾고 은혜 안에서 성장하고자 하는 모든 그리스도인들에게 훌륭한 워크북이 될 것이다."

– 짐 윈터, 영국 목회자, 국제적인 강연가, *Opening Up Ecclesiastes*, *Depression: A Rescue Plan*, *Travel with William Booth* 저자.

**목차**

서론 · 14

## 1장 이 책을 쓴 계기 · 17
역사의 교훈 | 문제점 진술 | 문제에 대한 해결책 | 이 책이 의도하는 범위 | 핵심 용어 정의 | 작업 정의 | 더 생각할 점과 소그룹 토론 질문

## 2장 지상명령의 내용 · 37
제자양육 분석 | 제자 삼는 자들에게 주시는 권위 | 제자 삼는 자들이 취해야 할 행동들 | 제자 삼는 자들이 가져야 할 확신 | 요약 | 더 생각할 점과 소그룹 토론 질문

## 3장 타락한 죄인의 회심 · 67
회심을 막는 도전들 | 회심의 환경 | 회심의 관점에서 상담하기 | 회심에서 변화로 | 요약 | 더 생각할 점과 소그룹 토론 질문

## 4장 훈련된 경건에 대한 요구 · 111
마음의 생각을 훈련하라(벧전 1:13) | 마음의 사욕을 훈련하라(벧전 1:14) | 삶의 습관을 훈련하라(벧전 1:15-16; 2:1-3) | 요약 | 더 생각할 점과 소그룹 토론 질문

## 5장 형제 사랑의 마음 · 165

성경적 상담의 전제들 | 성경적 상담자가 가져야 할 자질들 | 성경적 상담자의 책무 | 요약 | 더 생각할 점과 소그룹 토론 질문

## 6장. 살아 있는 말씀에 대한 확신 · 185

말씀의 충분성(딤후 3:16-17) | 말씀으로 하는 수술(히 4:12) | 성경 암송 | 요약 | 더 깊은 생각과 소그룹 토론을 위한 질문

## 7장. 세속 심리학과의 싸움 · 219

도전 받는 하나님의 지혜 | 인간 철학보다 우월한 하나님의 지혜(고전 1:18-25) | 복음에 나타난 하나님의 지혜(고전 2:6-9) | 성령에 의해 계시된 하나님의 지혜(고전 2:10-16) | 하나님의 지혜가 승리한다 | 요약 | 더 깊은 생각과 소그룹 토론을 위한 질문

## 8장. 믿음을 북돋우는 공동체 · 259

공동체를 위한 근간 | 공동체의 벽돌들 | 디도서 2장의 제자양육 전략 | 요약 | 더 깊은 생각과 소그룹 토론을 위한 질문

결론 · 293

하나님의 도구로서
나를 예수 그리스도 안에 있는 구원으로 인도해 주었고
바울이 고린도에서 했던 것처럼
나를 제자 삼기 위해 거의 2년이라는 시간을 헌신한
딕과 팻 오트와

내가 그리스도인이 된 이래
책을 통해 내게 큰 영향을 준
제리 브릿지스에게
이 책을 헌정합니다.

## 서론

오늘날 그리스도인들이 서로 상담한다는 개념은 현대 교회 안에서 별로 환영받지 못하는 개념으로 전락하고 말았는데, 참 애석한 일이다. 보통 회심한 그리스도인들에게 상담에 대한 책임을 서로 져야한다고 말하면 이렇게 말한다. "전 상담자가 아니에요! 그건 특별한 은사를 가진 전문가가 해야 하는 일이에요."

상담은 교회 안에서 모든 그리스도인이 개별적으로 감당해야 하는 중요한 사역으로 인식되지 않는다. 사람들은 상담이 복잡하고, 개인적이며, 전문가에게 맡겨야 할 일이라 생각한다. 상담은 복잡하기도 하고 또 많은 경우 그 의미가 훼손되어 있어서 대부분의 그리스도인이 간절히 바라는 그런 일이 아니다. 더 중요한 문제로는, 이런 태도 때문에 하나님의 말씀이 갖는 개인적 사역의 능력이 엄청나게 줄어들었고 그에 따라 교회도 심각하게 약화되었다는 것이다.

그리스도인들이 서로 상담하는 것을 부정적으로 바라보는 이러한 협소한 시각이 어떻게 교회에 자리 잡게 된 것일까? 많은 목회자의 경우, 이것은 신학교에서 시작된다. 대부분의 목회 상담 수업은 목회자들을 너무 경직되게 훈련시켜서, 목회자는 심각한 영적 혼란을 다룰 만한 능력을 갖추지 못할 뿐 아니라 그렇게 하도록 다른 사람을 가르치는 것은 더더욱 못하게 된다. 사람들은 신학 훈련으로는 미묘한 의식의 여러 측면들을 다루는 데 충분하지 못하며, 자격증을 가진 정신 치료사들만이 복잡한 마음을 읽어내는 소양이 있고 통찰력이 있다고 생각한다. 이렇게 생각하다 보니, 신학생들은 성경은 기껏해야 원시적인 심리학이고 복잡한 영혼의 문제들을 다루기에 충분하지 못하다는 생각을 암암리에 갖게 된다.

게다가 많은 신학생이 반쪽짜리 사역관을 갖게 된다. 목회자는 상담이 아닌 강단 설교만 하면 된다고 생각한다. 많은 신학생이 신학교에서 설교하는 법만 배우면 된다고 생각하고 한 영혼, 한 영혼을 목양하고, 회중이 서로 상담할 수 있도록 훈련시키는 일에는 관심을 갖지 않는다. 목회자가 설교만 잘하면 교회를 운영할 자격이 충분하다고 여긴다. 이런 목회 개념은 신약교회의 제자양육 사역(행 20:20, 31; 골 1:28-29)에 어긋나는 것일 뿐 아니라, 설교에 대해서도 오해하는 것이다. 오늘날은 설교가 강단에서 말씀을 풀어 전하는 것으로 제한적으로 이해된다. 하지만 신약성경이 말하는 말씀 선포(딤후 4:2: "말씀을 전파하라", preach, 헬라어로는 케루소*kerusso*)는 훨씬 더 넓은 의미로서, 상담[1]을 통해 말씀을 개별적으로 전하는 의미까지 포함한다. 일대일 상담은 강단에서 선포되는 설교와 마찬가지로 말씀을 선포하는 혹은 설교하는 또 하나의 형태이다.

대부분의 그리스도인(그들의 목회자와 마찬가지로)이 전문화된 혹은 심리학에 기반한 상담이라는 개념을 받아들였기 때문에 심리학 교육을 받지 못한 평신도들은 자연스럽게 상담이라는 영역에서 배제되었다. 그 결과 교회 내 제자양육 사역이 심각한 결함을 갖게 되었다. 이 책은 이에 대해 말하고자 하는 바이다. 이제 과감히 그러한 제자양육 방식을 버리고 제자양육적 상담을 통해 그리스도인들 사이에서 말씀의 진정한 개인적 사역이 이루어지도록 해야 한다고 이 책은 주장한다. 이 책은 성경적 상담으로 개인 영혼의 문제를 다루는 것이 신약성경이 강조하는 바임을 다시 확인하면서 그리스도인들을 위한 상담의 신학적 기반을 효과적으로 제공한다.

- 존 D. 스트리트, 마스터스 대학의, 성경적 상담 대학원 과정, 학장

# 1장
이 책을 쓴 계기

〈월스트리트저널〉 사설에 실린 최근 논평을 보면, 요사이 교회들은 상담사역의 필요성 때문에 기독교 심리학을 점점 신뢰한다고 말한다. 카라 마르카노(Cara Marcano)는 "성장하는 그리스도인이 줄고 있다"라는 제목의 짧은 글에서, 한 기독교 대학 연합회 부회장의 말을 인용하여 "기독교 대학 연합회에 속한 100개 이상의 대학에서 심리학은 10대 주요 전공 중 하나"라고 말했다.[2] 기독교 내에서 심리학을 받아들여 그것을 치료용 도구로 활용하려는 경향이 점점 늘고 있다. 따라서 신자들에게 도움이 될 만한 상담사역의 유형을 연구할 필요가 있다.

마르카노는 이렇게 말한다. "대부분의 지명도 있는 기독교 심리학자들은 자신들의 신앙을 심리학자로서 받은 훈련과 분리시키고 있다. 예를 들어 미시간 주 홀랜드에 있는 호프 대학(Hope College) 교수이자 잘 알려진 심리학 입문서의 저자인 데이빗 마이어스(David Myers)는 그리스도인이지만 주류 심리학계에서 그리스도인으로 거의 알려져 있지 않다."[3] 그래서 분별력 있는 신자들은 그리스도인 저자가 인간 행동 과학에 대한 글을 쓰면서 어떻게 예수님을 빼놓을 수 있는지 의문을 제기하게 된다. 어떻게 저명한 그리스도인 심리학자가 자신이 가장 영향력을 미치는 영역에서 그리스도인이라는 사실을 알리지 않을 수 있단 말인가? 세상과 구별되는 기독교 심리학은 왜 없는 것인가? 기독교 심리학자들이 실력을 인정받게 된 이유가 있다. 그들은 십자가의 어두운 면은 가리고 단지 사랑을 내세우면서 사회적, 지적으로 인정받기를 원했기 때문에 인간 중심적인 인간 행동 이론들만을 내세우고 진정한 성경적 심리학은 완전히 빼버렸다. 예수 그리스도는 완전한 하나님이자 인간이시며, 죄의 형벌과 권세로부터 죄인을 구원하기 위해 오셨고, 십자가에 달리셨다가 부활하신 주님이라는 내용을 모두 빼버렸다.

〈월스트리트저널〉의 기사는 캘리포니아 파사데나에 있는 풀러 신학교가 심리학과 신학의 융합을 최초로 시도했다고 평가한다. 풀러 신학교의 시도는 "미국 심리학회로부터 인가를 받은 대학 밖에서 시도된 첫 임상 심리 프로그램이었다. 이 모델은 현재 미국 내 기독교 대학들에서 점점 인기를 얻고 있는데, 진지한 심리학 연구와 엄격한 심리학적 훈련을 결합시키며 심리학의 중심에 십자가를 놓자고 주창한다."[4] 그러나 이 기사에서 다룰 엄도조차 못 냈던 것은 풀러 신학교가 심리학과 사랑에 빠진 근본 이유다. 왜 풀러 신학교가 건전한 신학에서 굳이 떠나려고 했는지, 특히 왜 성경의 무오성을 거부하고 그 결과 생명을 주는 성경의 권위와 완전성을 신뢰하지 못하게 되었는지 그 근본 이유를 다루지 못했다.

교리적 타협이 일상이 되는 시대에, 성경의 완전성에 대한 교회의 믿음은 반드시 회복되어야 한다. 역사가 주는 교훈을 간단하게 순서대로 정리해 보자.

## 역사의 교훈

풀러 신학교의 교리적 변천에 대한 설명은 역사가 조지 마즈든(George Marsden)의 흥미로운 책 《개혁하는 근본주의》(Reforming Fundamentalism)[5]에 자세히 기록되어 있다. 이 책의 부제는 '풀러 신학교와 신복음주의'인데, 한 신학교가 성경에 대한 확신에서 벗어난 것이 어떻게 성경을 믿는 기독교 전체에 영향을 주었는지를 잘 보여준다. 1947년 풀러 신학교를 세운 찰스 풀러와 다른 설립자들의 가장 큰 목적은 프린스톤 신학교(그리고 다른 신학교들)가 자유주의 신학에 패배하면서 생겨난 공백을 채울 만한 더 수준 높은 학교를 세우는 것이었다. 풀러 신학교 초창기 네 명의 설립자 중 한 명인 해롤드 린드셀은 후에 학교를 시작하게 된 이야기를 《성경을 위한 싸움》(The Battle for the Bible)이라는 책 안에서 기록한다. 이 책은 성경 무오성의 전쟁 위에 떨어진 폭탄선언 같은 책이었다. "풀러 신학교의 이상한 경우"라는 제목이 붙여진 장에서, 린드셀은 학교의 시작에 대해 다음과 같은 설명을 덧붙인다. "찰스 풀러와 설립 교수진들을 비롯한 설립자들은 성경을 존중하는 데 있어서 모두 한마음이었다. 학교가 시작되면서부터 교수진들은 신학 과목을 통해 성경의 무오성(혹은 완전성)을 신학적으로 가장 정교하게 방어하자는 데 동의했다."[6] 설립자들은 복음 전도자들과 학자들을 제대로 교육해서 현대주의로 인해 무너진 성경의 권위를 다시 세우려는 목표를 세웠다. 최고의 지성을 갖춘 교수들은 이 목표를 달성하기 위해 수준 높은 신학 서적을 집필할 시간을 충분히 제공받았다. 그렇게 하면서 그들은 성경의 근본 교리도 확실히 붙들고 문화적 근본주의에 만연한 냉혹한 정신도 버리는 새로운 복음주의를 만들어낼 수 있다고 믿었다.

조지 마즈든에 의하면, 풀러 신학교 최고의 지성 중 한 명인 에드워드 카넬이 일반 대형 출판사와 출판 계약을 맺으면서 큰 변화가 일어나기 시작했다. 당시 그 계약은 "신복음주의자들을 위한 위대한 승리"[7]라고 여겨졌다. 그러나 1957년에 출간된 《그리스도인의 책무: 변증》(Christian Commitment: An Apologetic)이라는 책은 사실 성경적이고 그리스도 중심적이던 복음이 심리학적이고 인간 중심적인 메시지로 의미심장한 변화를 일으키게 한 출발점이었다. 마즈든은 카넬이 쓴 이 책이 "복음이 세속 문화의 심기를 거슬리고 불편하게 하는 것을 폄하했다"[8]고 말한다. 또한 카넬의 변증서들은 "상대적으로 성경을 거의 참고하지 않았던 복음주의 문헌 중에서도 단연 부각되었다"⁹⁾고 말한다. 카넬이 그의 책에 하나님의 말씀을 넣지 않은 것은 다분히 의도적이었다. 그는 믿지 않는 사람들에게 기독교의 진리를 전할 때 성경의 권위에 호소하는 대신 "좀 더 공통적인 인간 경험에서 파생한 진리들"¹⁰⁾을 사용하려고 애를 썼다. 그렇게 하다 보니 성경적 복음은 빛을 잃고 경험에 근거한 인간 이성을 위한 길이 마련되었다.

그 결과, 성경의 권위에 대한 의문이 제기되었고 생명과 경건에 대한 성경의 충분성을 거부하는 지경에까지 이른 것은 당연했다. 풀러 신학교는 원래 하나님 말씀의 권위와 그리스도의 구원하는 복음의 탁월성에 깊이 뿌리박혀 있었지만, 학교가 설립되고 겨우 10년 만에 교수들은 "동시대 사상에서 배워야 한다는 요구"¹¹⁾를 받는 등 신학적 타협의 눈덩이 효과를 경험하고 있었다. 인간적 철학에 대한 신뢰가 높아지는 것에 반비례하여 성경의 권위를 믿는 믿음이 약화되는 현상이 더욱 뚜렷해졌다.

3년 후인 1960년에 카넬은 또 다른 책 《사랑의 왕국과 인생의 자랑》(The Kingdom of Love and the Pride of Life)을 출간했다. 마즈덴은 이렇게 말한다. "이 책은 그의 다른 책들보다 더 겸손하고 신사적이고 기교가 있다. 그는 프로이드(1856-1939)를 읽고 현대 심리학의 통찰들이 그가 복음의 핵심으로 알았던 것들과 일치한다는 점에 충격을 받았다. 그래서 그는 기독교 변증학의 레퍼토리에 사랑에 대한 보편적인 필요를 덧붙여야 한다고 주장했다"¹²⁾고 지적한다. 이것은 기독교 신앙에 조금 덧붙인 것처럼 보이지만, 실상은 성경적 복음의 핵심으로부터의 엄청난 이탈을 가져왔다. 카넬은 '인간은 전적으로 타락했기에 하나님이 은혜로 베푸시는 구속이 필요하다'는 진리를 붙드는 대신, 인간의 근본 문제는 심리적 필요들이 충족되지 않은 데 있다고 믿기 시작했다. 지그문트 프로이드의 가르침을 예수 그리스도의 가르침에 덧붙인 것은 성경적 진리를 버린 것이나 다름없었다. 프로이드는 하나님을 믿는 믿음의 속박에서 사람들을 구출하는 것을 자신의 사명으로 여겼고, 스스로를 구원자로 여긴 사람이다.

오스 기니스(Os Guinness)는 이렇게 말한다. "프로이드는 종교를 '환상'으로 치부했다. 그가 자신을 '새로운 모세'로 칼 구스타프 융을 '여호수아'로 보았다는 것은 잘 알려진 사실이다. 그는 모세 전통이 말하는 도덕률과 하나님의 기준으로 볼 때 모든 인간에게 부과되는 객관적인 죄책감을 심리학으로 완전히 뒤엎을 수 있다고 보았고, 심리학을 통해 새로운 인간 문명을 위한 '재교육'이 가능하다고 믿었다. 프로이드에게 있어서 심리학으로 말미암는 자유는 메시아로 말미암는 해방과 같은 것이었다."[13]

에드워드 카넬이 성경의 그리스도 중심적인 복음에서 프로이드 사상의 인간 중심적인 복음으로 탈선한 것은 로마서 1장 21절과 22절 말씀의 시나리오에 정확하게 들어맞는다. 인간이 하나님을 하나님으로 경외하지 않을 때, 그들은 자기 이론 속에서 허망해지고 그들의 어리석은 마음은 어두워진다. 인간의 지혜를 갖겠다고 주장하면 할수록 더욱 어리석어진다. 따라서 교회나 신학교가 성경의 무오성을 떠나면 곧 이어 성경의 권위와 완전성을 거부하는 결과가 따라오는 것은 당연한 순서이다. 그리고 성경의 권위와 완전성이 일단 한 번 훼손되면 얼마 안 가 인간의 완전 타락과 예수 그리스도를 통한 절박한 구원의 필요를 믿는 대신 자기 개선이라는 심리학적 복음을 믿게 된다.

해롤드 린젤은 풀러 신학교를 떠난 지 거의 10년 후에 다음과 같이 정확하게 예측했다. 성경의 무오성을 떠나면, "회중들을 잠들게 만들고 성경의 완전한 진리를 믿지 못하게 만든다. 그렇게 되면 영적 태만과 쇠퇴를 불러오게 된다. 그리고 결국에는 배교로 끝나게 될 것이다."[14] 건전한 교리를 버리면서 생겨난 구멍은 인간 중심적인 지혜로 재빨리 채워진다. 예레미야 선지자 시대에 사람들은 하나님을 버렸고 "물을 가두지 못할 터진 웅덩이"(렘2:13)를 스스로 팠다. 풀러 신학교의 경우가 바로 그러했다. 그들 앞에 길이 닦였고 심리학과의 탄생이 급속도로 빨라졌다.

그러나 심리학과 대학원이 현실이 되기 전에, 먼저 몇몇 핵심 인물들이 자리를 잡아야 했다. 학교가 교리적으로 타협하고 있다는 소문이 퍼지자 많은 신실한 지지자들이 풀러 복음주의 재단에 내던 정기 후원을 철회하였다. 학교는 설립 때부터 후원에 크게 의존했었기 때문에 심각한 재정 문제가 생겨났다. 그 결과, "이사회 멤

버에 추가된 가장 중요한 인물은 의심할 여지없이 C. 데이비스 웨이어호우저"였다[15]고 마즈덴은 말한다. 그는 워싱턴 주 타코마 출신의 목재 재벌이다. 웨이어호우저의 영향력은 학교의 재정 상태를 든든히 하는 것 이상이었다. 그도 역시 성경의 무오성 교리에 미적지근한 태도를 보이고 있었다. 린젤은 그가 이러한 태도를 숨김없이 드러냈다고 말한다. "그는 성경에 오류가 있다고 확신했다. 또 이런 입장을 밝히는 것을 주저하지도 않았다."[16] 웨이어호우저는 이사회 의장으로 취임한 후, 새 학장 다니엘 풀러와 유신 진화론자인 로렌스 컬프와 함께 풀러 신학교의 신조에서 무오성을 없애자고 캠페인을 하던 "진보당"의 주장을 진전시킬 수 있었다.[17] 결국 진보 교수진과 이사진이 학교를 장악하고 성경무오주의자들을 몰아내면서 새로운 질서를 확립하게 되었다. 이렇게 땅이 개간되면서 심리학과를 심을 준비를 마쳤다.

그러나 상담의 주제와 관련하여 흥미로운 사실은 심리학과 설립의 주도권이 "거의 전적으로 데이비스 웨이어호우저와 그의 아내 아네트에게 있었다는 것이다. 그들이 재정을 대겠다고 약속했기 때문이다."[18] 마즈덴은 계속해서 이렇게 말한다. "아네트 웨이어호우저가 핵심적인 역할을 맡았다. 그녀는 결혼 초반부터 심신을 약화시키는 걱정들로 고통받고 있었다."[19] 그녀가 심리상담자에게 도움을 받으면서, 이 부유한 부부의 마음속에는 신학과 심리학을 결합한 전문학교가 절실히 필요하다는 확신이 더욱 확고해졌다.

그래서 1965년 풀러 심리학과 대학원이 문을 열었다. 그러나 성경의 정신이 녹아나는 사역 중심의 상담으로 접근하기보다는 "심리학과를 시작했을 때부터 설립자들은 목회 심리학을 위한 본부로서의 역할보다는 임상 심리학 박사 과정에 중요한 신학적 관점들을 접목하려는 생각을 갖고 있었다."[20] (그리고 신학적 관점을 "접목하는" 일은 그들이 반드시 해야 하는 일이었다. 성경의 최종 권위를 인정하지 않는 심리학은 하나님을 반대하기 때문이다.)

그러나 신학과 심리학을 통합하려는 설립자들의 시도는 전국적으로 알려진 최고 권위자의 도움 없이는 더 넓은 학계로 받아들여질 수 없었다. 그래서 후속 작업으로 이 신생 학과는 "초기 승인을 받는 데"[21] 도움을 줄 심리학자를 찾기 시작했다. 그들은 자격도 갖추고 명성도 있어서 학계에서 충분히 존경받는 사람을 찾았다. 리 에드워드 트레비스가 그 직책을 받아들이기로 하면서 그 작업은 끝났다. "미국 심리학사에서 선구자적 인물 중 한 명인"[22] 트레비스는 교회를 떠나 몰몬교에서 세례를 받은 사람이었다. 그는 40년 동안 교회를 떠나 있다가 사우스캐롤라이나 주에 있는 장로교에 다시 출석하기 시작했는데, 그곳에서 "그는 깊은 초월성을 경험하며 하나님께 받아들여졌다는 깨달음을 얻었다."[23]고 한다. 그래서 그리스도를 믿는 신앙고백을 하게 되었는데 그렇게 신앙고백을 한 지 겨우 3년 만에 트레비스 박사는 신복음주의의 미래를 만들게 될 그 획기적인 업무를 맡게 된 것이다. 마즈덴은 트레비스 박사의 신학적 기반이 부족했다는 점을 다음과 같이 지적한다.

> 그는 관심 분야도 폭넓고 풀러 신학교의 기준에서 보면 그의 신학적 본능들도 건전했지만, 그리스도인이 된 지 얼마 되지 않았기 때문에 심리학과 신학의 융합을 말하기 위해서는 먼저 신학에 대해 배워야 했다. 그는 열정을 가지고 이 업무를 맡기는 했지만, 학교를 위한 그의 정책은 아직 가보지 않은 이론적 융합이라는 영역에 힘을 쏟기보다는 임상 심리학의 기존 표준보다 뛰어나야 한다는 것에 초점이 맞추어져 있었다. 그래서 융합을 위한 이론적 탐구는 그 프로그램의 부수적인 일로 밀려나게 되었다.[24]

그래서 기독교 심리학은 시작부터 소위 인간의 지혜라는 불완전한 기반 위에 여기저기서 가져온 신학을 조금씩 덧붙이는 식으로 세워졌다. 풀러 신학교가 상담 영역에서 갖는 지대한 영향력은 결코 무시될 수 없다. 사도 바울이 고린도전서에서 교회가 복음에서 떠나 인간의 지혜라는 거짓 안전을 받아들인 것에 대해 문제를 제기한 것처럼(고전 1:21), 풀러 신학교가 앞장선 이 인간 중심적인 융합주의는 도전을 받지 않을 수 없었다.

## 문제점 진술

1991년 출간한 《그리스도의 충족성》(Our Sufficiency in Christ)에서 존 맥아더는 기독교 안에 침투해 있는 세 가지 치명적인 영향력을 파헤쳤는데, 그 중 하나가 "교회의 가르침에 심리학을 주입"한 것이라고 말한다. 그는 이렇게 말한다.

> 세속 심리학 교리를 받아들이려고 우르르 몰려드는 경향이야말로 오늘날 교회의 생명을 가장 위협하는 심각한 문제일 것이다. 그러한 심리학 교리는 사탄이 교회 안에 넣어 그것들이 마치 하나님으로부터 온 강력하고 생명을 변화시키는 진리인 것처럼 생각하게 만든 인간 사상 덩어리이다…그 결과 하나님 말씀을 사용하는 목회자들, 성경학자들, 성경 교사들, 돌봄을 행하는 신자들은 순진하고 단순한, 한마디로 자격이 부족한 상담자로 평가 절하되고 있다. 성경을 읽고 기도하는 것은 좌절과 염려로 고통받는 사람들을 돕기에는 불완전한 해결책으로 "부분적인 답"밖에 되지 않는다고 전반적으로 과소평가된다. 성경, 성령, 그리스도, 기도, 은혜는 그리스도인 상담자들이 사람들에게 권유하던 전통적인 해결책들이다. 하지만 오늘날 보통의 그리스도인들은 이런 것들로는 실제로 사람들의 고민을 치료할 수 없다고 믿게 되었다.[25]

오늘날의 설교자로부터 나온 이 말은 하나님이 이미 오래 전에 선지자 예레미야를 통해 하셨던 엄중한 경고와 맥을 같이 한다. "무릇 사람을 믿으며 육신으로 그의 힘을 삼고 마음이 여호와에게서 떠난 그 사람은 저주를 받을 것이라"(렘 17:5). 분명한 것은 삶에 대한 인간 중심적인 철학은 하나님의 축복을 받는 길이 아니라는 것이다. 따라서 상담사역에서 신학과 심리학을 융합하려는 시도가 가장 큰 문제이다. 이 책은 이러한 융합주의 대신 진정한 하나님 중심적인 성경적 제자양육 신학을 세움으로써 이 문제에 대응하려 한다.

## 문제에 대한 해결책

예레미야 선지자는 인간을 신뢰하지 말라고 경고한다. 그것이 하나님을 떠나게 만들기 때문이다. 예레미야는 거기서 그치지 않고 하나님을 신뢰하는 자들에게 부어주시는 축복에 대해서도 증언한다. "무릇 여호와를 의지하며 여호와를 의뢰하는 그 사람은 복을 받을 것이라"(렘 17:7). 이러한 경고와 축복의 약속이 상담과 관련해서 중요한 의문점을 제기한다. 신자들이 겪는 개인적인 문제를 해결하기 위해 인간 중심적인 심리학적 접근을 하는 것이 하나님이 원하시는 것이 아니라면, 하나님이 주신 방법은 무엇인가? 끊임없이 변하는 인간 동기 이론에 대해 잘 훈련받은 임상 심리사가 궁극적으로 삶을 변화시키는 어떤 것을 제공하지 못한다면, 사람들은 어떻게 그들이 절실히 원하는 도움을 받을 수 있을까? 그 해결책은 예레미야 선지자 시대의 해결책과 같다. 성경적 제자양육의 한 부분으로서 성경적 상담이 행해지는 것이다.

## 이 책이 의도하는 범위

예수 그리스도를 믿는 자들은 하나님 말씀 안에 풍성히 거하며, 성령의 인도하심 아래 살고, 복음을 따라 행하고, 기도를 통해 하나님을 의지하고, 하나님 사랑과 이웃 사랑의 동기로 행하고, 지속적으로 성화의 길을 가도록 서로 돕는 법을 배우고 훈련해야 한다. 이것이 진정한 성경적 상담이다. 그래서 이 책에서는 상담을 제자양육의 한 형태로 소개하려고 한다. 즉, 진지한 제자의 진지한 발전을 위해 매우 집중적이고 개인적인 "서로 돕는" 사역으로 소개하려고 한다.

다음 장에서는 상담의 성경적 근거로서 하나님 말씀에 순종하는 제자를 길러내라는 예수님의 지상명령을 살펴보려고 한다. 3장에서는 인간의 타락으로 인해 이 제자양육 과정에 어떤 일이 벌어졌는지 살펴보려고 한다. 특히 회심을 통해 구원시키는 하나님의 초자연적인 사역을 집중적으로 살펴볼 것이다. 4장에서는 지속적으로 경건을 추구하기 위해서는 마음과 정신과 삶의 습관들을 개인적으로 훈련하는 것이 꼭 필요하다는 점을 말할 것이다. 5장에서는 하나님의 가족 안에서 이루어지는 회복이라는 서로 돕는 사역에 있어서 공감의 필요성에 대해 변호하려고 한다. 6장에서는 생명과 경건을 위해 성경으로 충분하다는 확신, 즉 진정한 성경적 상담의 바탕을 이루는 확신에 대해 분명하게 설명하려고 한다. 7장에서는 인간의 지혜의 공허함과 하나님 말씀 안에서 성령에 의해 드러나는 하나님의 지혜의 우월성을 비교함으로써 심리학적 상담의 문제점들을 짚어 보려고 한다. 마지막 8장에서는 제자양육 상담사역이 행해져야 할 곳은 복음 위에 바로 서 있는 그리스도 중심적 지역 교회라는 점을 다시 분명히 하고자 한다. 지역 교회는 신자들이 함께 모여 예수 그리스도의 장성한 분량에 이르기까지 서로 믿음을 독려하는 역할을 해야 하기 때문이다.

## 핵심 용어 정의

신약 성경은 제자 삼는 과정에 있어서 서로 독려하며 도우라는 측면을 강조하기 위해 네 개의 다른 단어를 사용한다. 파라칼레오(*parakaleo*), 프로트레포(*protrepo*), 누테테오(*noutheteo*), 파라이네오

(*paraineo*)가 그 단어들이다. 이 단어들의 의미와 쓰임을 살펴보면 사람들이 변하도록 돕는 균형 잡힌 사역을 이해하는 데 도움이 될 것이다.

먼저 《바인 신구약 용어 사전》(Vine's Complete Expository Dictionary of Old and New Testament Words)에 따르면, 헬라어 파라칼레오(*parakaleo*)는 "누구의 지지를 요청하다", "누구의 도움을 요청하다"는 의미이다. 이는 특정한 결과를 얻기 위해 요청하는 모든 행위를 지칭하는 것으로 "위로하다, 권고하다, 갈망하다, 요청하다"[26]와 같은 다양한 의미를 갖는다. 베드로 사도는 그리스도인들에게 육체의 정욕(벧전 2:11)을 삼가라고 촉구하는 데 이 단어를 사용하고, 히브리서 기자는 신자들이 모이기를 힘쓰는 일에 열심을 내도록 서로 격려해야 한다고 주장한다(히 10:25). 개개인의 인격의 변화를 위해 하나님은 늘 믿음의 공동체 안에 있는 다른 사람들을 사용하셨다. 대부분의 영적 성장은 혼자 있을 때가 아닌 다른 사람과 함께할 때 일어나기 때문이다.

두 번째로, 헬라어 프로트레포(*protrepo*)는 "앞으로 나아가도록 촉구하다, 밀다, 격려하다"[27]라는 뜻이다. 예를 들어 아볼로가 아가야로 가고자 했을 때 형제들이 다른 사람들을 "격려하여" 은혜로 그를 맞이하도록 했다(행 18:27). 따라서 우리 모두 성경적 진리를 삶에 적용하는 일을 계속하기 위해서는 다른 사람들로부터 수시로 그리고 다양한 강도로 동기부여를 받아야 한다는 것을 알게 된다.

세 번째로, 《헬라어 신약 성경의 언어학적 열쇠》(Linguistic Key to the Greek New Testament)는 헬라어 누테테오(noutheteo)가 "책망하다" 혹은 "경고하다"라는 뜻을 갖는다고 한다. 이것은 "교훈하고 경고해서 교정한다"[28]는 의미이다. 이것은 어떤 잘못에 대한 일반적인 반응과는 조금 다르게 현재적 혹은 잠재적 영적 위험에 대한 경고를 발하는 것이다. 바울은 에베소 교회 장로들에게 거짓 교사들이 나타나 거짓 교리로 제자를 삼으려고 하는 위험에 대해 조언해줄 때, 그가 그들을 3년간이나 쉬지 않고 훈계했던 일을 상기키셨다(행 20:31). 로마서 15장 14절은 신자들이 서로 성경적으로 훈계할 수 있어야 한다고 가르친다. 이것은 언제나 영적 성숙을 목표로 해야 하기에(골 1:28), 신자들은 그 목적을 위해 수고하고 가르치는 목자들에게 감사해야 한다(살전 5:12). 명사형 노우지아(noutesia)는 "말씀으로 훈련하기(격려로 충분하다면 격려로, 필요하면 항의나 책망이나 비난으로)"[29]라는 뜻이다. 그러므로 제자양육이란 하나님의 계획을 실행하기 위해서는 신자들이 서로를 열심히 살펴서 사랑하는 형제자매가 잘못을 저지를 때는 그들이 영적인 위험에서 벗어나도록 엄히 경고하거나 지도할 수 있어야 한다는 개념을 포함한다.

마지막으로 헬라어 파라네오(paraineo)는 "권고나 조언의 방식으로 용기를 준다"[30]는 의미이다. 한 예로, 바다에서 풍랑을 만났을 때, 바울은 선원들을 훈계하며 용기를 내라고 촉구한다(행 27:9, 22). 따라서 우리가 또 알게 되는 것은 영적 성장의 과정에서 신자들은 제자의 길을 걸어가는 여정에서, 특히 삶의 풍랑을 겪을 때, 동료들에게 용기를 주어야 한다는 것이다.

이 네 가지 경우 모두에서 신자들은 직책이 있든 없든 모두 상담자들이다. 그리고 서로 해줘야 할 이러한 상담은 언제나 성경적 사랑에 기초한 말들로 이루어진다. 잠언 18장 21절은 이렇게 말한다. "죽고 사는 것이 혀의 힘에 달렸다." 우리는 성경적 상담자들로서 우리가 사용하는 말에 매우 신중해야 한다. 말에는 힘이 있어서 듣는 자들을 실망시켜 죽일 수도 있고 삶의 소망을 줄 수도 있다. 데이비드 폴리슨은 상담을 "의도적으로 도움을 주는 대화"[31]라고 아주 명쾌하게 정의했다. 성경적 상담의 힘은 우리가 하는 말이 얼마나 성경 말씀으로 채워져 있느냐에 달려 있다.

### 성경적 상담의 정의

이 책 전체에 걸쳐 내가 옹호하며 발전시키고자 하는 정의는 다음과 같다. 성경적 상담은 매우 집중적이고 개인적인 제자양육으로서 신자들은 세 가지 중요한 목적을 위해 이를 실천해야 한다. 첫째로, 그리스도에게 순종함으로써 죄를 이기는 경험을 하도록 삶 속에 성경적 신학을 지속적으로 적용하도록 다른 사람을 돕기 위해서이다. 둘째로, 동료 그리스도인들이 죄악된 행동을 했을 때 그 결과에 대해 사랑으로 경고하기 위해서이다. 셋째로, 형제자매가 지속적으로 성경적 변화를 경험하며 성장할 수 있도록 이끌고 더 나아가 그들도 영적으로 다른 사람을 제자 삼을 수 있도록 돕기 위해서이다. 이 정의는 성경적 제자양육의 목표를 보여주고 이 책의 중요한 원리들을 지지한다. 성경적 상담은 그리스도의 몸 된 교회 안에서 서로서로 그리스도의 장성한 분량에 이르기까지 성장하도록 돕는 것이다.

이런 말이 있다. "충실한 설교자는 많은 소의 젖을 짜서 버터를 만드는 사람과 같다."[32] 이 책도 그렇다. 지난 20년 간 제자양육 사역을 해오면서 내 생각에 영향을 미친 저자, 신학자, 친구, 교사는 다 기억할 수 없을 정도로 많다. 그래도 나에게 "우유"를 준 모든 "소들"에게 최선을 다했다. 그래서 그들이 준 우유로 만든 "버터"가 예수님이 목숨을 주고 구속하신 교회에 큰 도움이 되리라 확신한다. "주님께서는 그 두루마리를 받으시고, 봉인을 떼실 자격이 있습니다. 주님은 죽임을 당하시고, 주님의 피로 모든 종족과 언어와 백성과 민족 가운데서 사람들을 사서 하나님께 드리셨습니다." (계 5:9, 새번역)

## 더 생각할 점과 소그룹 토론 질문

1. 로마서 1:16-32을 읽으라. 성경적 복음의 진리가 인간 중심적인 지혜에 억눌릴 때 일어나는 타락의 심화 현상에 대해 토론해 보라.
2. 예레미야 17:5-8을 읽으라. 인간을 신뢰하는 것과 하나님을 신뢰하는 것의 차이를 말해 보라. 그리고 각각의 결과에 대해 말해 보라.
3. 히브리서 10:24-25을 읽으라. 그리스도를 믿는 자들이 영적 성장을 경험하기 위해 서로 열심히 도와야 하는 이유는 무엇일까? 골로새서 1장 28절에 설명된 사도 바울의 사역 방법과 이 요청을 비교해 보라.
4. 로마서 15:13-14을 읽으라. 하나님은 당신이 다른 신자들의 삶에서 어떤 역할을 하기 원하시는가?
5. 잠언 18:21, 골로새서 4:6, 에베소서 4:29을 읽으라. 말의 힘에 대해 논해 보라. 당신의 언어 습관에서 성령께서 무엇을 바꾸기 원하시는가?

# 2장
# 지상명령의 내용

"열한 제자가 갈릴리에 가서 예수께서 지시하신 산에 이르러 예수를 뵈옵고 경배하나 아직도 의심하는 사람들이 있더라 예수께서 나아와 말씀하여 이르시되 하늘과 땅의 모든 권세를 내게 주셨으니 그러므로 너희는 가서 모든 민족을 제자로 삼아 아버지와 아들과 성령의 이름으로 세례를 베풀고 내가 너희에게 분부한 모든 것을 가르쳐 지키게 하라 볼지어다 내가 세상 끝날까지 너희와 항상 함께 있으리라 하시니라"(마 28:16-20).

진정한 성경적 상담은 하나님이 위임하신 권위와 성령의 능력으로 그리스도 예수의 제자를 삼으라는 지상명령을 성취하는 것, 그 이상도 그 이하도 아니다. 하나님이 생각하시는 제자 삼는 일이란 사람들이 예수 그리스도께 복종하여 그분을 주로 믿도록 목양하고 또한 그들이 예수님의 말씀에 매일 순종하며 살아가도록 우리가 "상담"이라고 부르는 방법으로 훈련하는 것이다. 그래서 의식적으로라도 상담과 제자 삼기라는 용어를 혼용하여 사용하거나 혹은 함께 사용할 수 있어야 한다(제자 삼는 상담). 그렇게 해야 상담은 몇몇 전문가들이나 할 수 있는 단순한 전문 사역이 아니라 모든 신자가 제자로 성장하는 과정에서 상당히 집중적으로 그리고 개별적으로 감당해야 하는 사역이라는 의미를 전달할 수 있다. 즉 성경적 상담은 그리스도를 따르는 자들이 그분의 형상을 온전히 닮으려는 목적을 향해 나아가는 와중에 성경적으로 변화가 필요한 개인의 특정 삶의 영역을 제자화하는 것을 목표로 한다.

어떤 의미에서 그리스도인들 사이에서 성경적 상담을 "재발견"[33]했다는 것은, 그간 교회가 너무 오랫동안 의도적인 제자 삼기(intentional discipleship) 사역을 해오지 못했다는 증거이기도 하다. 빌 훌(Bill Hull)은 그의 책 《제자 삼는 목회자》(The Disciple Making Pastor)의 첫 장에서 이렇게 말한다.

> 나는 반론을 제기한다. 복음주의 교회는 너무 약하고 자기 태만적이고 피상적이어서 세상 문화에 완전히 길들여졌다고 주장하는 바이다. 예수님은 이렇게 말씀하셨다. "제자가 그 선생보다 높지 못하나 무릇 온전하게 된 자는 그 선생과 같으리라"(눅 6:40). 더 나아가 교회의 위기는 교회가 만들어낸 사람들의 모습이라고 확신한다. 이런 문제들에 대한 해결책은 그리스도인들이 그리스도께서 명령하신 모든 것에 순종하도록 "제자를 삼으라"는 지상명령에 순종하는 것이라고 제안하는 바이다.[34]

그래서 이 책에서는 흔히 지상명령이라고 부르는 것을 제자양육 명령으로 부르려고 한다(일반 명령을 특정 내용과 일치시킨 것이다). 우리가 따라야 할 명령의 핵심 내용은 그리스도께 순종하는 것이다. 순종성이 우리가 재생산해내야 할 상품이다. 다른 말로 하면, 명령이라는 말은 교회가 권위를 부여받았다는 의미이고 또한 더 많은 죄인이 예수 그리스도의 복음에 의해 구원받고 그에게 순종하도록 하기 위해 제자양육하는 사람과 제자양육을 받는 사람 양측이 다 따라야 할 지시사항들이 있다는 의미가 된다.

## 제자양육 분석

진정한 성경적 상담은 제자를 삼으라는 하나님의 명령에 따르는 것임을 보여주기 위해서는 먼저 성경이 말하는 제자 삼기가 무엇인지부터 알아야 할 것이다. 이를 위해 제자와 제자양육(제자 삼기)이라는 두 용어의 정의부터 내려 보자.

### 제자란 무엇인가?

마태복음 마지막에 나오는 지상명령에는 한 가지 중요한 행동이 담겨 있다. 바로 예수 그리스도의 "제자를 삼으라"는 것이다(28:18-20). 하지만 제자가 무엇인가? 제자(*mathetes*)는 "누군가의 가르침을 따르는 자로…단순히 학생이 아니라 지지자(adherent)"[35]이다. 그래서 F. 윌버 깅리치는 "문하생"[36]이라는 단어를 선택한 것 같다. 그러므로 예수 그리스도의 제자는 단순히 그리스도를 (비록 진실한 고백일지라도) 고백만 하는 사람이 아니라(롬 10:9), 의도적으로 그분에게 딱 붙어서[37] 그분의 명령을 새로운 삶의 지표로 삼으며 순종하여 결국에는 그분처럼 되는 사람이다. 예수님이 누가복음 6장 40절에서 의미하신 것은 바로 이런 의미임이 분명하다. "제자(mathetes)가 그 선생보다 높지 못하다. 그러나 완전히 훈련을 다 받고 나면 누구든지 **그 선생처럼 될 것이다.**"[38] 에드워드 힌슨은 예수님이 말씀하시는 제자의 의미를 이렇게 설명한다.

> 고대 세계에서 "제자"는 스승의 삶에 맞게 철저히 훈련을 받은 사람이었다. 그는 스승이 가르치는 내용뿐 아니라 그의 삶의 메시지까지 공유했다. 예수님은 제자들에게 그의 말씀 안에 거하라고 요구하셨는데(요 8:31), 그분의 메시지를 들을 뿐 아니라 삶의 방식으로 채택하라는 의미였다. 고대 그리스에서 제자는 스승의 사상에 의해 스승에게 결속되어 있던 반면, 유대인 제자는 스승의 율법 지식(토라)에 의해 랍비에게 결속되어 있었다. 예수님은 이 두 경우와는 다르게 그의 제자들을 자신에게 결속시키셨다!(비교 요 6:64)… 누구를 제자로 받을 것인지 결정하신 분은 예수님이기 때문에 제자양육을 위한 조건을 규정하시는 분도 예수님이시다. 제자들은

인격적으로 그분께 헌신하기 때문에 그분의 말씀에 순종하고 그분에게 충성하는 것을 방해하는 모든 물질적 안락을 거부한다(마 10:37). …"제자"(mathetes)는 그리스도의 "종"과 동의어이다. 따라서 제자는 스승과 평생에 걸친 관계를 맺고자 기꺼이 자신을 결속시켰다…제자는 그리스도를 자신의 주인으로 삼기 위해 평생 씨름하는 것이 아니다. 그리스도는 이미 그의 주님이시기에 그분께 순종하는 것을 배우는 것이다.[39]

예수 그리스도의 제자는 평생에 걸쳐 점점 더 스승의 명령에 순종하도록 노력함으로써 그분을 닮아가는 사람이다.

### 제자 삼는다는 것은 무엇인가?

예수님이 따르는 자들에게 하신 명령은 다름 아닌 영적 재생산을 하라는 것이었다. 마데테스(mathetes)의 동사형은 "제자를 삼으려는 목적으로 가르친다는 의미를 갖는다. 마데테우오(matheteuo)는 마데오(matheo)라는 동사와 구분이 되어야 하는데, '마데오'는 가르치는 스승과 어떤 결속력 없이 단순히 배우는 것을 의미한다. '마데테우오'는 배우는 것뿐 아니라 스승과 결속되어 교리와 행위에 있어서 그를 따라 하는 것을 의미한다."[40] 다른 말로 하면, 교회의 임무는 다른 사람들로 하여금 하나님의 아들께서 예수 그리스도의 인격 안에서 육체로 오셨음을 인정하도록 이끄는 것뿐 아니라(비록 이것이 성경적인 최고의 핵심 교리이긴 하지만, 요일 4:2-3), 그들이 그리스도의 순종하는 제자로서 그분과 그분의 메시지를 위해 기꺼이 믿음으로 살고 믿음으로 죽는 사람이 되도록 이끄는 것이다. 로버트 콜먼은《복음전도 마스터플랜》(The Master Plan of Evangelism)이라는 고전적인 책에서 최초의 제자들이 순종하라는 예수님의 부르심의 실재를 어떻게 이해했는지 다음과 같이 설명한다(한국에는《주님의 전도 계획》이라는 제목으로 번역 출간되었음—편집주).

> 예수님을 따르는 것이 처음에는 아주 쉬워 보였는데, 그것은 그들이 아직 그분을 멀리 따라가 보지 않았기 때문이었다. 그리스도의 제자가 된다는 것은 메시아에 관한 약속을 기쁘게 받아들이는 것을 훨씬 넘어서는 의미라는 것이 곧 분명해졌다. 즉 그분의 주권에 절대적으로 복종하며 그 주인에게 자신의 전 인생을 걸어야 했다. 타협의 여지가 있을 수 없었다.[41]

진정한 제자가 된다는 것은 바로 그런 것이다. 그래서 교회는 그리스도에게 복종하며 사는 신자들을 양산하는 사역을 성경적으로 접근하려고 추구해야 한다.

내가 말하려는 요지는 단순하다. 지상명령은 성경적 상담에 헌신할 것을 요구한다. 상담의 핵심은 제자양육이기 때문이다. 괴로워하는 영혼을 치료 목적으로 그저 만져주는 식의 상담은 하나님이 규정하시는 상담이 아니다. 진정한 성경적 상담은 관계 안에서 그 기능을 발휘하는 것으로서, 사람들이 예수님의 말씀에 순종하여 진정한 제자가 되게 하는 것이다. 짐 버그의 다음과 같은 주장은 참으로 옳다. "성경적 제자양육은 프로그램이 아니다. 그것은 일종의 관계이다…제자양육은 다른 신자가 그리스도의 형상이 되기까지 성경적으로 변화되도록 돕는 것이다. 다른 사람의 성장의 과정을 돕는 것이다."[42] 이 일을 위해, 부활하신 그리스도는 제자들에게 자신의 권위를 나눠주셔서 순종하는 제자들을 만드는 일을 수행하게 하셨다. 또한 동시에 자신이 항상 함께하심을 확신하게 해주셨다.

### 제자 삼는 자들에게 주시는 권위

"의심하는 자들이 있었기"(마 28:17) 때문에 예수님이 당신의 권위를 나눠주시겠다고 약속하셨다는 점에 주목하자. 예수님을 따르던 사람 중 몇몇은 예수님이 말씀하신 산에서 그분을 만났지만, 그분이 정말 앞서 체포되시고 그들이 보는 앞에서 죽으신 그 예수님이 맞는지 의심스러워했다. 그래서 부활하신 그리스도는 제자들이 지상명령을 신적인 권위를 가지고 수행하도록 힘을 실어주셨다. "하늘과 땅의 모든 권세를 내게 주셨으니"(18절). "모든 권세"란 그

위임명령을 수행하기 위해 필요한 "모든 형태의 권위 : 필요한 모든 수단의 명령"[43]을 말한다. 요약하면, 우리에게 주신 하나님의 자원은 이 위대한 업무를 감당하기에 충분하다는 것이다.

예수님은 잡히시기 바로 직전에 하늘을 바라보시며 이렇게 기도하셨다. "아버지여 때가 이르렀사오니 아들을 영화롭게 하사 아들로 아버지를 영화롭게 하게 하옵소서. 아버지께서 아들에게 주신 모든 사람에게 영생을 주게 하시려고 만민을 다스리는 권세를 아들에게 주셨음이로소이다"(요 17:1-2). 하나님이 택하신 자들을 구원하기 위해 아버지가 아들에게 위임하신 것과 같은 권세를 이제는 예수님을 따르는 자들에게 나누어 주셔서 아버지가 아들에게 하신 주권적인 약속(그리스도를 따르는 무리가 생겨난다는 약속)을 완수하게 하신다.

하나님의 권위는 하나님의 속성 안에 내재되어 있다. 그분은 하나님이시다! 반면 우리의 권위는 위임 받은 것이다. 이 권위는 사람에게 명령할 권리를 스스로 갖고 계신 분으로부터 받은 권위이다. 이러한 권위 위임은 현실적으로 두 가지 점에서 매우 중요하다. 바로 복음에 순종하게 하고 사탄을 대적하는 데 매우 중요하다.

### 권위는 복음 때문에 필수적이다

먼저, 성경은 오늘날 복음이 전해지는 방식으로 복음을 말하지 않는다. 즉, 복음이 하나의 의견에 불과한 것이라거나 뭔가 더 나은 삶을 살고 싶을 때 믿기로 선택할 수 있는 어떤 것이라는 식으로 말하지 않는다. 실제로 복음은 하나님이 우리에게 믿으라고 명령하시는 메시지이다. 사도 바울은 하나님이 믿지 않는 자들을 심판하시는 근거로 이 진리를 인용한다. "환난을 받는 너희에게는 우리와 함께 안식으로 갚으시는 것이 하나님의 공의시니 주 예수께서 자기의 능력의 천사들과 함께 하늘로부터 불꽃 가운데에 나타나실 때에 하나님을 모르는 자들과 우리 주 예수의 **복음에 복종하지 않는 자들**에게 형벌을 내리시리니"(살후 1:7-8). 사도 베드로도 같은 것을 가르친다. 그는 신자들에게 그들의 어리석음 때문에 자초한 고통에 대해 불평하는 대신 의를 위하여 즐겁게 고난을 받으라고 촉구하면서 이렇게 말한다. "하나님의 집에서 심판을 시작할 때가 되었나니 만일 우리에게 먼저 하면 하나님의 **복음을 순종하지** 아니하는 자들의 그 마지막은 어떠하겠느냐"(벧전 4:17). 사도 요한은 이렇게 말한다. "그의 계명은 이것이니 곧 그 아들 예수 그리스도의 이름을 믿고"(요일 3:23).

복음을 순종해야 할 명령으로 이해하는 것은 제자 삼는 사역에 있어서 아주 중요한 함축적 의미를 갖는다. 다른 사람을 상담할 때, 우리는 그리스도를 믿는 것이 하나의 선택사항이 아니라 필수적인 의무사항임을 분명히 해야 할 신적 책임이 있다. 하나님은 그리스도를 하나님의 진노에서(롬 5:9) 우리를 구원하실 분으로 믿으라고 명령하신다. 이것이 죄인이 보일 수 있는 유일한 반응이다. 따라서 우리는 그리스도로부터 위임받은 권위를 사용해서 죄인들에게 복음을 믿어야 한다고 말해야 한다. 그리스도를 믿게 되면 그분의 뜻에 순종하는 새로운 삶이 시작된다.

우리는 복음을 하나님이 죄인들에게 주시는 명령으로 이해하고, 제자 삼는 자들을 재생산해내야 한다. 복음을 가르치는 것은 우리가 계속해서 순종해야 할 명령임을 알아야 한다. 사도 바울은 로마서의 첫 인사말에서, 복음을 전하지 않고는 하나님께 충성할 수 없다고 분명히 말한다. 그는 자신을 이렇게 소개한다. "예수 그리스도의 종 바울은 사도로 부르심을 받아 하나님의 복음을 위하여 택정함을 입었으니"(롬 1:1). 하나님은 바울을 복음(evangelion)의 일꾼으로 따로 택하셨다. 따라서 바울의 마음은 복음, 곧 예수 그리스도에 관한 성경의 메시지에 완전히 사로잡혀 있었다. 하나님이 "그의 이름을 위하여 모든 이방인 중에서 믿어 순종하게 하려고"(롬 1:5) 자신에게 복음을 맡기셨다는 것을 알았기 때문이다. 다른 말로 하면, 복음을 전하지 않는 것은 선택사항이 아니다. 복음을 전하지 않는 것은 하나님에 대한 불순종과 같다. 바울은 이것을 확신했기 때문에 이 일을 등한시하면 하나님의 질타를 받을 것이라고 믿었다. "만일 복음을 전하지 아니하면 내게 화가 있을 것이로다"(고전 9:16). 그는 자신이 복음을 전하는 일에 순종할 때 죄인들이 결국에는 믿음의 순종을 하게 될 것이라고, 즉 그리스도에 의해 드러난 성경의 모든 진리에 순종하는 삶을 살게 될 것이라고(행 6:7; 14:22;

갈 1:23; 유 3) 믿었는데 그의 생각은 옳았다.

### 권위는 사탄 때문에 필수적이다

두 번째로, 그리스도의 제자를 삼는 일은 사탄의 왕국을 정면으로 공격하는 것이다. 그래서 사탄은 개개인을 제자로 삼는 사역을 방해하기 위해 끝없이 꾀를 낸다. 그래서 예수 그리스도의 군대를 세우기 위해 우리에게는 영적 권위가 필요하다.

성경은 믿지 않는 모든 자가 사탄의 자녀라고 말한다(요일 3:10). 그들은 아담에게서 물려받은 악하고 거역하는 본성을 타고 났다(롬 5:12). 구원은 다름 아닌 하나님의 구출 작전이다. 이 구출 작전을 통해 죄인들은 사탄의 손아귀에서 풀려나 은혜로 하나님의 가족과 그분의 사랑하는 아들의 나라에 속하게 되고 받아들여지게 된다(요일 3:2; 골 1:13; 롬 15:7). 데이비드 도란은 《그분의 이름을 위하여》(For the Sake of His Name)라는 책에서 이에 대해 잘 요약한다.

> 하나님 말씀은 우리 주 예수 그리스도께서 사탄과 그의 악한 무리(골 2:15)를 이겼고 장차 교회의 발 아래서 사탄을 전멸시킬 것이라고(롬 16:20) 선포한다. 그러나 사탄이 완전히 제압되기를 기다리면서 교회가 기억해야 할 것이 있다. 제자를 삼는 일은 이 세상의 신에게 사로잡힌 자들을 구출해내기 위해 어둠의 왕국을 급습하는 일이라는 것이다(비교. 고후 4:4; 딤후 2:26). 교회가 자신의 권위로 이

일을 할 수 있다고 생각하는 것은 어리석다. 교회는 이 싸움을 싸우기 위해 왕 중의 왕이시며 최고의 주이신 분의 확고한 권위 위에 서야 한다.[44]

우리는 이제 그러한 권위를 갖게 되었다. 예수님은 "내 교회를 세우겠다"고 담대히 선포하시면서 "음부의 권세가 이기지 못하리라"는 약속도 함께 주셨다(마 16:18). 따라서 우리는 이것을 확신하며 제자 삼는 사역을 수행할 수 있다.

구원의 하나님은 인간의 자원에 의존하는 사명을 우리에게 주신 것이 아니다. 지상명령에는 그것을 수행할 권위까지 수반되어 있다. 부활하신 주님께 순종하기 위해서 우리는 우리가 제자 삼는 사람들에게 복음에 순종할 것을 계속 촉구해야 한다. 우리가 싸우는 싸움은 사탄과의 싸움임을 알아야 한다. 하나님께 감사하게도 부활하신 주님이 이미 사탄의 권세를 꺾으셨고 또한 우리의 승리를 위해 우리에게 그분의 권위를 위임하여 주셨다(히 2:14; 고전 15:57).

### 제자 삼는 자들이 취해야 할 행동들

지상명령은 평생 예수 그리스도를 따르는 자들을 만들어 내기 위해 필요한 행동들을 처방한다. 제자 삼는 과정에서 가장 기본이 되는 세 가지 행동 지침이 있다. 그것은 복음을 전하고, 세례를 주고, 가르치는 일이다(마 28:19-20상).

**복음 전하기 : 사람들에게 회개하고 믿으라고 말해야 한다**

먼저 예수 그리스도의 권위는 "모든 민족"을 복음화하기 위해 사용되어야 한다. "그러므로 너희는 가서"는 문법적으로 분사 구문에 해당한다. 이는 전 세계를 제자 삼기 위해 우리에게 위임된 능력을 사용하는 것이 지속적으로 계속해야 하는 일이라는 것을 분명히 보여준다. 다른 사람들에게 예수 그리스도를 전하는 일은 하나님이 우리에게 맡기신 책임임을 깨달아야 한다. 하나님은 복음 전파를 통해서만 구원하는 믿음이 생겨나도록 정하셨다(롬 10:14-17).

예수님이 설교한 내용은 "회개하고 복음을 믿으라"(막 1:15)이고, 누가는 지상명령을 반복하면서 다음의 중요한 구절을 포함시킨다. "그의 이름으로 죄 사함을 받게 하는 회개가 예루살렘에서 시작하여 모든 족속에게 전파될 것이 기록되었으니"(눅 24:47). 회개는 믿음의 이면이다. 이 둘은 동전의 양면처럼, 혹은 "샴 쌍둥이"[45] 혹은 "불가분의 은혜"[46]로 늘 함께 간다. 이 두 개념은 분리시켜서는 안 된다. 다른 말로 하면, 성경이 말하는 구원하는 믿음은 회개하는 믿음이다. 죄로부터 돌이키지 않으면서 하나님께로 돌이킬 수 없다. 회개는 기본적으로 생각의 변화이지만, 믿음과 마찬가지로 인간의 마음 전체(지성, 감정, 의지)의 움직임을 포함한다. "회개"라는 단어는 헬라어 메타노이아(metanoia, meta는 "~ 후에" 혹은 "변화"라는 의미이고, noia는 "인지하다"라는 의미이다)에서 나온 말이다. 문자 그대로는 "생각이나 목적이 변한다는 의미인데…신약성경에서는 언제나 더 좋은 쪽으로 변한다는 의미를 담고 있다. 이 주제는 주로 죄로부터의 '회개'와 관련되어 있다."[47] 웨인 그루뎀(Wayne Grudem)은 회개를 "죄에 대해 진심으로 슬퍼하는 것, 죄를 버리는 것, 죄를 버리기 위해 최선을 다하며 그리스도께 순종하며 사는 것"[48]이라고 정의 내린다. 분명한 것은 성경이 말하는 회개는 하나님의 기준에 미치지 못한 것을 슬퍼하거나 후회하는 것 이상이라는 것이다(고후 7:9). 오히려 성경이 말하는 회개는 죄에서 돌이켜 의로운 삶을 향해 나아가려는 결단을 포함한다.

믿음과 마찬가지로 회개는 인간의 일이 아니라 자비로우신 하나님의 선물이다(엡 2:9; 행 5:31; 11:18; 롬 2:4). 바울의 가르침에 따르면, 목사-장로들은 잘못된 교리에 빠진 사람들을 온유하게 훈계하여야 한다. 이는 "하나님이 그들에게 **회개함을 주사** 진리를 알게 하실까"(딤후 2:25) 함이다. 회개는 인간이 노력해서 얻는 것이 아니고, 죄인들이 자신의 방식이 아닌 하나님의 방식으로 거룩하신 하나님께 나아가도록 준비시키는 성령의 은혜로운 역사이다. 회개하라는 선포를 태만시하는 것은 죄를 가볍게 여기는 것이다. 그러면 십자가의 메시지는 값싸게 변질되고 복음의 진전은 방해받게 된다. 회개하는 믿음을 제자의 일생에 단 한 번 필요한 일이라기보다, 지속적으로 필요하며 성령님이 하시는 일로 보는 것은 대단히 중요하다. 이를 통해 우리는 자신의 부패함을 더 깊이 자각하고, 믿음으로 구원자 예수님을 더욱 굳게 붙들게 된다.

### 세례 주기

두 번째로 물세례가 제자양육의 한 조건임을 가르쳐야 한다. 세례는 그리스도의 첫 명령이며, 우리는 이에 순종해야 한다. 예수님을 따르겠다는 사람들이 이 간단한 명령에 순종하지 않으려고 한다면 앞으로 더 큰 순종을 하리라는 보장이 없다. 신약성경은 다섯 가지 방식으로 세례를 분명하게 명령한다. 첫 번째로 이번 장에서 살펴보고 있는 마태복음 28장에서 예수님은 세례를 명령하신다(마 28:18-20). 또한 예수님은 요단 강에서 세례 요한에게 공개적으로 세례를 받으심으로써(이 일은 아버지 하나님을 기쁘시게 해드렸다. 눅 3:21-22) 세례를 인정하셨고 본을 보이셨다. 두 번째로 베드로도 세례를 받으라고 명령한다. 사도행전 10장 46-48절에서 그는 이렇게 말한다. "이에 베드로가 이르되 이 사람들이 우리와 같이 성령을 받았으니 누가 능히 물로 세례 베풂을 금하리요 하고 명하여 예수 그리스도의 이름으로 세례를 베풀라 하니라." 세 번째로 빌립은 성령의 인도를 따라 이동하여, 예루살렘에 왔다가 돌아가던 에디오피아 내시를 만나 복음을 전하였고, 이는 그 내시가 회심하는 열매를 맺게 했다(행 8:26-39). 빌립이 이 새로운 신자를 세례까지 받도록 이끌며 신적 사명을 완수하자, 성령님은 그를 즉시 다른 복음 선포 사명으로 이끌어가셨다. 네 번째로 세례는 신약 교회 안에서 신자들에게 응당 기대되는 행동이었다(행 2:38, 41; 8:12-13, 36, 38; 9:18; 10:47-48; 16:15, 33; 18:8; 19:5). 다섯 번째로 바울은 세례를 받는 것이 신자가 그리스도와 깊이 연합하는 것이라고 가르친다. 그는 이렇게 가르친다. "너희가 세례로 그리스도와 함께 장사되고 또 죽은 자들 가운데서 그를 일으키신 하나님의 역사를 믿음으로 말미암아 그 안에서 함께 일으키심을 받았느니라"(골 2:12). "무릇 그리스도 예수와 합하여 세례를 받은 우리는 그의 죽으심과 합하여 세례를 받은 줄을 알지 못하느냐?"(롬 6:3). 세례는 교회에 주신 명령이기에 지역 교회의 삶과 사역의 중심인 제자 삼는 사역에 있어서 매우 중요하다.

리곤 던컨과 수잔 헌트도 그들의 책《지역 교회 안의 여성들의 사역》(Women's Ministry in the Local Church)에서 같은 말을 한다.

> 교회는 복음전도와 제자양육, 그리고 믿음 수호의 가장 핵심적인 도구이다. 예수님은 복음을 보존하고 전파하는 특권을 교회에 맡기셨다. 예수님은 이렇게 말씀하셨다. "하늘과 땅의 모든 권세를 내게 주셨으니 그러므로 너희는 가서 모든 민족을 제자로 삼아 아버지와 아들과 성령의 이름으로 세례를 베풀고…"(마 28:18-19). 이

말씀의 의미 중 하나는 제자 삼는 일이 지역 교회 안에서 일어나야 하는 이유는 교회에서 세례를 받기 때문이라는 것이다. 지역 교회는 다음세대로 진리가 전수되는 곳이다. 지역 교회는 이 새 언약의 시대에 하나님이 자기 백성을 만나시는 장소인 동시에 진리 전파에 사용하시는 필수적인 도구이다.[49]

지역 교회는 이 시대에 하나님께서 역사하시는 핵심 장소이고 제자양육은 우리의 주된 일이기에, 우리는 세례의 중요성을 충실히 가르쳐야 한다. 사람들이 그리스도를 주로 모시고 순종하며 살도록 이끄는 데 있어서 이것이 필수 요소라고 성경은 분명히 말한다.

**가르치기 : 우리는 사람들이 그리스도께 순종하도록 훈련해야 한다**

세 번째로 예수님의 제자를 만드는 일에는 예수님이 명령하신 모든 것을 "가르쳐 지키게 하는 것"(마 28:20)도 포함된다. 예수님이 이 말씀을 할 때 염두에 두신 것은 "세례에 국한하여 세례를 준비할 때만 하는 가르침이 아니라 세례 후에도 제자들이 그들의 소명에 합당하게 걸을 수 있게 하는 지속적인 가르침이고…이러한 가르침은 지식(gnosis)이 아닌 실천이다. 가르침의 목적은 바른 의견을 갖는 것이 아니라 바르게 사는 것"[50]이었다. 바울은 에베소 신자들에게 "부르심을 받은 일에 합당하게 행하라"(엡 4:1)라고 간청하면서 이 원리를 반복한다.

예수님도 예수님이 하신 말을 실천하라고 분명히 강조하셨다. "지키다"라고 번역된 단어는 "보호하다"[51] "주의를 기울이다" 등의 의미를 갖는다. "계명을 지키다"[52]에서 유사한 용례를 볼 수 있다. 다른 말로 하면 예수님은 자신을 따르는 자들이 자신의 가르침을 그저 종교적인 경외감으로 지켜보는 것에 만족하지 않으시고 그들에게 그것을 행동으로 옮기라고 요구하셨다. 지상명령은 그리스도를 믿는 믿음을 고백만 하는 것이 아니라 하나님 말씀에 순종하여 입술의 고백을 삶으로 증거하는 제자들을 만들어 내라는 명령이다. 신자들이 하나님의 기록된 말씀에 계시된 대로 예수 그리스도를 따라 살아가도록 훈련하지 않으면, 아무리 많은 사람에게 "그리스도를 믿기로 결심"하라고 독려하거나 증언을 해도 제자 삼는 일과는 무관함을 알아야 한다. 그러므로 제자 삼는 과정은 예수님을 따르는 각 사람이 하나님 말씀에 적극적으로 순종함을 통해 하나님의 권위에 복종하고 하나님을 공경하는 삶의 패턴을 지속적으로 드러내는 것을 목표로 삼고 계속해서 나아가야 한다.

실천하지 않는 성경 지식은 교만과 자기기만이 되기 때문에, 신자들이 성경적 믿음을 삶으로 살아내도록 훈련하는 이 중요한 사역을 결코 무시해서는 안 된다. 야고보서는 실천하지 않고 듣기만 할 때 자신을 속일 수 있다는 것을 경고한다.

너희는 말씀을 행하는 자가 되고 듣기만 하여 자신을 속이는 자가 되지 말라 누구든지 말씀을 듣고 행하지 아니하면 그는 거울로 자기의 생긴 얼굴을 보는 사람과 같아서 제 자신을 보고 가서 그 모습이 어떠했는지를 곧 잊어버리거니와 자유롭게 하는 온전한 율법을 들여다보고 있는 자는 듣고 잊어버리는 자가 아니요 실천하는 자니 이 사람은 그 행하는 일에 복을 받으리라(약 1:22-25).

요지는 간단하다. 하나님은 하나님 말씀에 겸손히 진심으로 순종하는 자를 축복하시는데, 말씀에 대한 순종을 하나님 자신에 대한 순종과 동일시하시기 때문이다. 이안 머레이가 한 말은 참으로 옳다. "하나님께 신실하고 그리스도께 신실하다는 것은 하나님의 말씀에 신실하다는 것과 동의어이다."[53] 예수님과 사도들의 증언이 이에 관한 기초 원리를 세운다.

- "누구든지 하늘에 계신 내 아버지의 뜻대로 하는 자가 내 형제요 자매요 어머니이니라 하시더라"(마 12:50).
- "그러므로 예수께서 자기를 믿은 유대인들에게 이르시되 너희가 내 말에 거하면 참으로 내 제자가 되고 진리를 알지니 진리가 너희를 자유롭게 하리라"(요 8:31-32).
- "내 양은 내 음성을 들으며 나는 그들을 알며 그들은 나를 따르느니라"(요 10:27).
- "너희가 나를 사랑하면 나의 계명을 지키리라"(요 14:15).

- "나의 계명을 지키는 자라야 나를 사랑하는 자니 나를 사랑하는 자는 내 아버지께 사랑을 받을 것이요 나도 그를 사랑하여 그에게 나를 나타내리라"(요 14:21).
- "너희는 내가 명하는 대로 행하면 곧 나의 친구라"(요 15:14).
- "무릇 진리에 속한 자는 내 음성을 듣느니라"(요 18:37).
- "하나님께 감사하리로다 너희가 본래 죄의 종이더니 너희에게 전하여 준 바 교훈의 본을 마음으로 순종하여"(롬 6:17).
- "그러므로 형제들아 우리가 끝으로 주 예수 안에서 너희에게 구하고 권면하노니 너희가 마땅히 어떻게 행하며 하나님을 기쁘시게 할 수 있는지를 우리에게 배웠으니 곧 너희가 행하는 바라 더욱 많이 힘쓰라 우리가 주 예수로 말미암아 너희에게 무슨 명령으로 준 것을 너희가 아느니라"(살전 4:1-2)
- "우리가 그의 계명을 지키면 이로써 우리가 그를 아는 줄로 알 것이요 그를 아노라 하고 그의 계명을 지키지 아니하는 자는 거짓말하는 자요 진리가 그 속에 있지 아니하되"(요일 2:3-4).
- "그의 계명을 지키는 자는 주 안에 거하고 주는 그의 안에 거하시나니 우리에게 주신 성령으로 말미암아 그가 우리 안에 거하시는 줄을 우리가 아느니라"(요일 3:24).
- "우리가 하나님을 사랑하고 그의 계명들을 지킬 때에 이로써 우리가 하나님의 자녀를 사랑하는 줄을 아느니라 하나님을 사랑하는 것은 이것이니 우리가 그의 계명들을 지키는 것이라

그의 계명들은 무거운 것이 아니로다"(요일 5:2-3).

예수님과 사도들의 가르침은 일관적이다. 하나님 말씀에 순종하는 것이 진정한 구원 신앙의 표지라는 것이다. 다른 말로 하면, 제자양육의 가장 중요한 표지는 주 예수 그리스도께 순종하며 사는 삶을 통해 하나님의 영광을 드러내는 것이다(요 15:8). 그렇다고 모든 삶의 영역에서 완벽하게 순종한다는 의미는 아니다(우리는 완전을 향해 가는 과정 중에 있다). 다만 순종이라는 열매 없는 진정한 구원은 없음을 말하는 것이다. 로버트 콜먼의 결론은 정확하다.

> 제자양육의 가장 기본 진리라도 배웠다면 우리가 우리 주의 종으로, 그리고 그분의 말씀에 순종하도록 부름받았음을 알아야 한다. 왜 순종하라고 하시는지 이유를 대는 것이 우리 의무가 아니라, 순종을 실천하는 것이 우리 의무이다. 그분이 지금 우리에게 무엇을 원하시는지 다 이해하지 못하더라도(이해는 미숙하더라도) 이러한 순종의 실천이 없다면 그분 안에서 계속 성장해 나가리라는 보장이 없다. 하나님 나라에는 게으른 자를 위한 자리가 없다. 왜냐하면 그런 태도는 은혜와 지식 안에서 성장하는 것도 막을 뿐 아니라 세상에서 벌어지는 전도라는 전쟁터에서 아무 짝에도 쓸모가 없기 때문이다.[54]

사람들에게 복음을 전하고 그들이 새로운 주인이신 하나님의 명령에 순종하여 매일을 살아가도록 훈련하지 않는 한, 우리는 예수 그리스도의 제자를 양육하지 않는 것이고 그렇기에 지상명령에 순종하지 않는 것이다.

그리스도의 말씀에 순종하도록 사람들을 훈련하라는 이 요구는 사도들에게는 전혀 놀라운 것이 아니었다. 예수님이 가르치실 때 그 말씀을 들었기 때문이다. 마태복음 초반에 그 가장 확실한 예가 나오는데, 반석 위에 집을 짓는 사람 이야기로 잘 알려져 있다(7:24-29).

이 이야기의 핵심 요지는 확실하다. 집 짓는 사람으로 비유된 두 사람이 나온다. 집을 짓는다는 점에서 그들은 비슷하다. 둘 다 그리스도의 말씀을 들었다는 점에서 비슷하다. 그러나 성경의 가르침에 대한 그들의 반응에서 다른 점이 드러난다. 첫 번째 사람은 그리스도의 말씀을 들었을 뿐 아니라 그것을 행했기 때문에 지혜롭다. 두 번째 사람은 같은 가르침을 들었지만 삶에 적용하지 않았기 때문에 어리석다. 삶의 태풍이 불어오자 지혜로운 사람의 집(그의 "삶"이라고 부를 수 있을 것이다)은 단단한 바위 위에 지어졌기 때문에 끄덕하지 않았지만, 어리석은 사람의 집은 모래 위에 지어졌기 때문에 바람에 휩쓸려 무너져버렸다.

나는 이 말씀을 가르칠 때마다 "이 이야기에서 '반석'이 무엇인가?"라고 질문한다. 그러면 언제나 적어도 한 사람은 "그리스도"라고 대답한다. 하지만 그 답은 틀렸다. 답은 그리스도의 말씀에 순종하는 것이다. 예수님이 직접 그렇게 말씀하셨다. "나의 이 말을 듣고 행하지 아니하는 자는 그 집을 모래 위에 지은 어리석은 사람 같으리니"(26절). 하나님 말씀에 순종하는 것은 그리스도를 닮아가는 제자의 삶을 위한 반석과 같다. 다른 말로 하면, 제자를 삼는 일과 하나님 말씀에 적극적이고 지속적으로 순종하도록 가르치는 것은 분리될 수 없다는 말이다. 찰스 스펄전은 《전방위 사역》(An All-Round Ministry)의 결론 부분에서 다음과 같이 말한다.

> 우리 주 예수 그리스도의 영감이 넘치는 말씀을 통해 그분이 오류가 없는 진정한 스승임이 드러나기에, 그분의 말씀에는 관심이 없으면서 그분께 충성한다는 말은 성립되지 않는다. 그분이 하신 말씀과 그분의 사도들이 한 말을 존중하지 않으면서 그분의 인격을 존중한다는 것이 말이 되는가? 그리스도의 말씀을 받아들이지 않으면서 그리스도를 받아들일 수는 없다. 그분의 사도들의 말을 받아들이지 않으면서 그리스도를 받아들일 수는 없다. 요한은 이렇게 말했다. "하나님을 아는 자는 우리의 말을 듣고 하나님께 속하지 아니한 자는 우리의 말을 듣지 아니하나니 진리의 영과 미혹의 영을 이로써 아느니라." 우리는 우리 주님의 모든 가르침을 사랑하고 존중해야 한다. 그렇게 하지 않으면 우리 집을 모래 위에 짓는 것이다.[55]

하나님 말씀을 대하는 태도가 하나님을 대하는 태도를 드러낸다. 성경에 계시된 그리스도의 계시에 무관심하게 되면 절대적이고 객관적인 권위에서 스스로 멀어져 결국 제자양육의 성경적 기반을 약화시키게 된다.

예수님이 들려주신 두 명의 집 짓는 사람 이야기를 제자 삼는 일에 적용해 보면, 두 사람 모두 예수님의 말씀을 들었지만 한 사람만 그대로 행했다는 점에서, 말씀을 공개적으로 가르치는 일은 가장 기본이 되고 중요한 일이긴 하지만 그것만으로는 충분하지 않다는 것을 알게 된다. 우리는 동료 신자들과 함께하며 그들이 매일의 삶 속에서 그리스도의 말씀을 적용하도록 도와서 하나님의 섭리 안에서 그들의 삶에 불어 닥칠 모든 폭풍에도 불구하고 흔들리지 않는 반석 위에 삶을 세워가도록 도와야 한다. 이를 위해서는 우리가 상담이라고 부르는 매우 집중적이고 개인적인 형태의 타겟형 제자양육 방법이 필요하다. 다른 말로 하면, 일상의 삶과 성경 지식이 괴리되지 않도록 지켜야 한다는 말이다. 그런데, 오늘날 그리스도인들 사이에서는 너무나 흔하게 말씀과 삶의 괴리 현상이 벌어지고 있다.

예수님은 아버지에게서 받은 권위를 사용해 따르는 자들에게 당신의 말에 철저히 순종하며 살라고 요청하신다. 마태는 이렇게 기록한다. "예수께서 이 말씀을 마치시매 무리들이 그의 가르치심에 놀라니 이는 그 가르치시는 것이 권위 있는 자와 같고 그들의 서기관들과 같지 아니함일러라"(7:28-29). 이와 같은 권위가 지금 우리에게 같은 일을 하도록 주어졌다. 따라서 우리는 사람들에게 복음을 전하고 세례를 주고 말씀에 순종하도록 가르치는 일을 통해 아직 끝나지 않은 예수님의 제자 삼는 사역을 수행하여야 한다.

## 제자 삼는 자들이 가져야 할 확신

이런 엄청난 일을 어떻게 시작해야 할까? 먼저 우리가 지상명령을 수행할 때 우리와 함께하시겠다는 예수님의 약속을 믿어야 한다. "볼지어다 내가 세상 끝날까지 너희와 항상 함께 있으리라 하시니라"(마 28:20). 이 약속은 내주하시는 성령님의 사역을 말하는 것이 분명한데, 성령님은 제자들에게 예수님이 가르치신 모든 것을 가르쳐 기억나게 하신다(요 14:26). 예수님은 성령께서 제자를 통해 예수님을 증언하실 거라고 약속하셨다(요 15:26). 이 진리의 성령께서 그들과 함께하실 뿐 아니라 실제로 그들 안에 거하신다(요 14:17). 그러므로 성령의 임재는 교회가 제자 삼을 수 있는 능력의 원천이다.

예수님은 승천하시기 전에 제자들에게 성령을 기다리라고 지시하신 후 곧바로 이 약속을 다시 반복하셨다. 사도행전 1장 8절은 예수님의 말씀을 이렇게 기록한다. "오직 성령이 너희에게 임하시면 너희가 권능을 받고 예루살렘과 온 유대와 사마리아와 땅 끝까지 이르러 내 증인이 되리라 하시니라." 여기서 "권능"으로 번역된 단어는 헬라어 두나미스(*dunamis*)에서 유래된 말이다. 이 단어는 "능력" 혹은 "힘"이라는 말로도 번역될 수 있으며, 뭔가를 할 수 있는 내재된 능력을 가리킨다. 문맥상 예수님은 성령님의 자연스러운 능력(인간에게는 부자연스러운)이 제자들에게 내주하게 되어 그들이 전 세계에서 그들과 같은 제자들을 만들어 내게 될 것이라고 가르치신 것이다. 브루스(A. B. Bruce)는 《열두 제자의 훈련》(The Training of the Twelve)에서 하나님이 주시는 이 능력을 다음과 같이 묘사한다.

> 사도들은 보혜사를 통해 깨달음을 얻고 마음이 넓어지고 능력을 선하게 사용하게 되고 인격이 변화되는데, 이는 그들이 세상을 진리에 굴복시키기 위한 잘 갈고 닦은 무기가 되게 하기 위해서다. 성령님을 통해 얻는 이러한 (서로 결합되어 있는) 능력이 바로 예수님이 열한 제자에게 받기를 기다리라고 하신 그 능력이다.[56]

상담하는 자와 상담받는 자 모두의 마음속에서 성령님이 끊임없이 일하지 않으신다면 성경적 제자 삼기는 불가능하다. 성령님은 하나님의 마음을 아시고 그분만이 인간의 마음을 아시며 제자가 예수님의 말씀 안에 제시된 예수님의 권위(그리스도의 마음)에 굴복하려고 하면, 그 제자의 마음 안에서 무엇이 변화되어야 하는지 아신다(고전 2:10-16).

하나님의 아들께서 제자들과 함께 있겠다고 약속하셨으니 이는 "세상 끝날까지"(마 28:20) 우리와 함께하시겠다는 약속이다. 예수님이 다시 오셔서 그분의 일을 완성하실 때까지, 하나님의 성령은 우리와 함께하시며 우리가 예수 그리스도의 제자를 만들기 위해 복음과 하나님 말씀의 권위를 사용하도록 능력 주실 것을 확신할 수 있다. 우리가 순종할 때 이 내주하시는 성령의 능력이 우리를 통해 지상명령을 수행하게 하실 것이다. 하나님의 약속은 확실하다. "내가 결코 너희를 버리지 아니하고 너희를 떠나지 아니하리라"(히 13:5).

### 요약

사람들은 다른 나이, 다른 상황, 다른 배경을 가지고 그리스도를 믿게 된다. 복음을 전하다 보면 새로운 제자들이 그들의 과거와 현재의 온갖 짐을 믿음의 공동체 안으로 갖고 들어오는 것을 보게 된다. 그래서 효과적인 사역을 위해서는 영혼을 치료하는 의사, 사랑이 넘치는 상담자들이 필요하게 된다. 그들은 새로운 제자들이 스스로 하나님 말씀을 적용하도록 끈기 있게 훈련시켜서 그들이 죄를 극복하도록 돕는다. 그렇게 하다 보면 새로운 생각과 새로운 동기들이 생겨나 그들을 구원하신 의로우신 하나님께 영광을 돌리는 새로운 습관을 만들어낼 것이다. 이것이 교회의 삶이다.

나는 인디애나주 라파예트에 있는 훼이쓰 침례 교회 목사인 스티븐 비아스(Steve Viars)의 열정적인 비전에 정말 공감한다. 그의 교회가 행하는 상담사역에 대해 인터뷰를 할 때 그는 이렇게 말했다. "상담이라고 불러도 좋고, 전문화된 제자 삼기 사역이라고 불러도 좋습니다. 상관 없습니다. 우리는 꾸준히 성화되어 가는 기계, 제자를 만들어내는 공장이 되고 싶습니다. 우리는 사람들이 그들의 내면에 좀 더 주의를 기울여 하나님의 말씀과 성령의 인도를 따라 예수 그리스도를 더 닮게 변화되고 성장하기를 원합니다. 그것이 하나님을 영광스럽게 하는 일입니다."[57]

제자 삼는 사역에 헌신하는 것은 잃어버린 양을 하나님께로 돌아오게 하는 복음전도뿐 아니라 그렇게 돌아온 이들이 복음의 진리대로 지속적으로 살도록 그들을 목양하고 훈련한다는 의미이다. 비아스가 "기계"와 "공장"이라는 단어를 사용한 것은 성경적 제자삼기가 기계적이라든가 대량 생산이 가능하다는 의미가 절대 아니다. 오히려 성경적 제자삼기는 개인적이고, 매우 인격적이며, 지속적인 과정이다. 이것이 진짜 성경적 상담이다! 이것이 교회를 향한 하나님의 뜻이다!

우리에게 주신 지상명령은 우리를 성화시키는 성령의 역사를 통해 그분께 순종하는 법을 평생 배워나가며 성장을 멈추지 않는 예수 그리스도의 제자를 만들기 위해 모든 신적 자원을 사용하는 것이다. 그러므로 성경적 상담은 선택사항이 아니다. 어떤 교회는 하고 어떤 교회는 안 해도 되는 그런 것이 아니다. 예수 그리스도의 일(사람들을 예수님께로 데려오고 그들이 자신의 삶에 믿음을 적용하도록 도와서 순종하는 그리스도의 제자를 만드는 것)에 충성을 다하는 성경적 교회라면 모두가 따라야 할 보편적인 명령이다. 그렇게 하면 그들이 다시 영적으로 다른 사람을 제자로 삼을 것이고, 이러한 과정은 예수님이 종말에 다시 오실 때까지 계속될 것이다. 그러나 제자 삼기 사역이 시작되기 위해서는 성령님이 먼저 성경의 신적 능력으로 죄인을 회심시켜야 한다. 하나님의 주권적인 은혜로 이루어지는 이 초자연적인 역사에 대해서는 다음 장에서 살펴볼 것이다.

**더 생각할 점과 소그룹 토론 질문**

1. 누가복음 6:40을 읽으라. "제자"와 "제자 삼기"라는 말의 의미에 대해 함께 이야기를 나누어 보라. 이 단어들을 제대로 이해하는 것이 개인적인 상담사역을 하는 데 있어서 중요한 이유는 무엇일까?

2. 데살로니가후서 1:7-8, 베드로전서 4:17, 요한일서 3:23을 읽으라. 복음이 하나님의 명령임을 이해하는 것이 중요하다는 점에 대해 이야기를 나누어 보라. 사람들에게 복음을 전하는 당신의 태도에 있어서 변해야 할 것은 무엇인가?

3. 로마서 10:14-17을 읽으라. 복음을 제대로 전하기 위해서 복음에 대한 분명한 이해가 꼭 필요하다는 점에 대해 이야기를 나누어 보라. 말로 고백하고 세례를 통해 보여주는 두 가지 방식으로 구원을 공개적으로 증언하는 것이 중요하다는 점에 대해 이야기를 나누어 보라. 당신은 이 두 가지 영역에서 모두 주님께 순종했는가?

4. 고린도후서 7:9-10을 읽으라. 성경적 회개와 세상적인 근심이 어떻게 다른지 논해 보라. 이것이 개인적 상담사역에 어떤 영향을 주는가?

5. 요한복음 14:15-28을 읽으라. 제자를 삼으라는 예수님의 지상명령을 성취하는 것과 관련하여 성령님의 역할을 말해 보라.

# 3장
# 타락한 죄인의 회심

불의한 자가 하나님의 나라를 유업으로 받지 못할 줄을 알지 못하느냐 미혹을 받지 말라 음행하는 자나 우상 숭배하는 자나 간음하는 자나 탐색하는 자나 남색하는 자나 도적이나 탐욕을 부리는 자나 술 취하는 자나 모욕하는 자나 속여 빼앗는 자들은 하나님의 나라를 유업으로 받지 못하리라 너희 중에 이와 같은 자들이 있더니 주 예수 그리스도의 이름과 우리 하나님의 성령 안에서 씻음과 거룩함과 의롭다 하심을 받았느니라(고전 6:9-11)

진정한 성경적 상담은, 죄악된 인간을 그 죄악된 생각과 행위와 동기와 감정과 욕망들로부터 철저히 건져내어 예수 그리스도(우리가 따르도록 부름 받은 주님이신)의 아름다운 사랑과 거룩함을 반영하는 새로운 피조물로 회심시키는 하나님 복음의 능력을 온전히 신뢰한다. 따라서 하나님이 바라시는 제자 삼는 사역을 위해서는 죄의 본질과 결과, 그리고 하나님의 주권적인 은혜의 역사(죄인들을 당신의 소유로 선포하심으로써 그들을 변화시킬 뿐 아니라 새롭게 태어나게 하고 구원하고 구속하고 완전히 재창조하시는 은혜)를 신학적으로 잘 이해하는 것이 필요하다. 태어날 때부터 하나님의 신적 권위를 대적하는 속성을 가진 우리가 주 예수 그리스도의 권위에 자신의 뜻을 자발적으로 맡기고 제자로서 그분의 명령에 순종하는 자리까지 가기 위해서는 초자연적 혁명이 우리 안에서 일어나야 함을 확신해야 한다. 복음의 메시지가 전해질 때 일어나는 회심이라는 하나님의 비범한 역사가 반드시 필요하다.

회심은 믿음과 회개가 결혼하여 태어난 자녀이다. 한 신학자는 이렇게 정의한다.

> 회심은 복음의 부름에 대한 우리의 의지적 반응인데, 이 과정에서 우리는 죄에 대해 회개하고 구원을 위해 그리스도를 신뢰하게 된다. 회심이라는 단어 자체는 "돌아선다"는 의미이다. 여기서는 영적인 돌아섬, 죄에서 그리스도께로 돌아섬을 나타낸다. 죄에서 돌아서는 것이 회개이고, 그리스도께로 돌아서는 것이 믿음이다. 회심에는 이런 요소들이 있음을 보게 되는데, 무엇이 먼저인지는 중요하지 않다. 왜냐면 하나가 없으면 다른 하나가 일어날 수 없기 때문이다. 진정한 회심이 일어나는 곳에서는 이 두 요소가 함께 나타난다.[58]

로버트 던컨 컬버(Robert Duncan Culver)는 《조직신학》에서 이렇게 말한다. "경기 중인 축구팀이 경기장 골대를 바꾸는 것(완전히 반대방향으로)을 회심(conversion)이라고 한다. 이 비유는 성경적이고 신학적인 현실과 매우 유사한 것으로…영적-도덕적 방향 전환을 회심(conversion)이라고 부른다. 그리고 이 회심은 하나님이 가인에게 요구하실 때부터(창 4:7) 성경에 깊이 내재되어 있다."[59] 다른 말로 하면 회심은 성경 전반에 걸쳐 너무나 분명히 드러난다.

성경에 나오는 죄인들이 죄에서 돌이켜 하나님께로 돌아오는 수많은 예들이 이를 보여준다. 예를 들어, "그들이 그 환난 때에 이스라엘 하나님 여호와께로 돌아가서 찾으매 그가 그들과 만나게 되셨고"(대하 15:4), 요나 선지자가 회개의 메시지를 선포하라는 하나님 명령에 순종했을 때, 니느웨 사람들도 "그들이 행한 것 곧 그 악한 길에서 돌이켜 떠났다"(욘 3:10). 사도 바울도 자신의 회심과 부르심에 대해 증언하면서 예수님이 이방인에게 복음을 전하여 "그 눈을 뜨게 하여 어둠에서 빛으로, 사탄의 권세에서 하나님께로 돌아오게 하라"(행 26:18)고 명하셨다고 말한다. 바울은 또한 데살로니가 교회 성도들이 "우상을 버리고 하나님께로 돌아와서 살아 계시고 참되신 하나님을 섬기는 것"에 감사한다(살전 1:9). 바울이 "돌아왔다"는 의미로 사용한 단어는 에피스트레포(*epistrepho*)인데, 부정과거 시제를 써서 "회심은 신중히 선택한 결과로 생겨나는 즉각적이고 결정적인 변화를 가리키는 말로서, 진리를 듣고 반응하는 자발적인 행위"[60]를 의미함을 보여준다. 사도 바울이 이 단어를 선택한 것은 데살로니가 성도들이 회심하는 데 있어서 그들이 적극적으로 행동했다는 것을 강조하기 위해서이다.

사도 바울은 그 누구보다 열렬히 구원에 대한 하나님의 주권을 옹호했지만, 하나님이 구원받을 죄인을 선택하신다고 해서 개인이 수동적이 되는 것은 아님을 알았다. 인간이 적극적으로 행동하지만 구원을 행하시는 하나님의 영광이 전혀 가려지지 않는 이유는, 하나님의 중생시키시는 은혜(regenerating grace) 때문이다. 컬버는 성경이 말하는 회심의 인간적이고 신적인 두 측면을 모두 인식하고 이렇게 기록한다.

> (죄인들은) 회심하기도 하고 회심되기도 한다. 하나님이 하시는 일은 중생으로, 회개와 믿음이라는 인간의 일은 회심으로 보는 것이 최선인 것 같다…회심은 행위로 의로워지는 것(works-righteousness) 혹은 공로적인 것(meritorious) 혹은 하나님과 사람의 협력적 행위가 아니다. 하나님과 사람이 함께 움직이지만, 하나님이 사람의 의지나 기질을 중생시키심으로써 회심은 시작된다…하나님은 인간의 자유의지 능력을 파괴하지 않으면서도 그분의 영으로 우리 영혼을 관통하실 수 있고 관통하신다. 하나님이 그렇게 하실 때 우리의 자유의지 능력은 파괴되는 것이 아니라 오히려 바른 선택을 할 수 있게 자유로워진다.[61]

회심의 필요성을 온전히 인식하기 위해서는 인간의 죄성의 깊이와 인간 마음의 본성을 알 필요가 있다. 인간은 하나님의 권위에 대적하며 그분만을 섬기라는 요구를 거부하려는 본성을 갖고 있다.

## 회심을 막는 도전들

인간의 반항적인 본성은 회심에 가장 큰 장애물이다. 이런 결론을 내리는 이유는 성경이 죄의 본성에 대해 어떻게 정의하고 있는지 알면 이해가 될 것이다. 초자연적인 회심이 필요할 수밖에 없는 죄의 네 가지 특징들은 다음과 같다.

### 의도적인 독립

죄는 하나님으로부터의 의도적인 독립이다. 하나님이 당신의 영광을 위해 아담과 하와를 창조하셨을 때 그들과 아주 긴밀하게 교제하셨고, 이러한 관계가 주는 기쁨은 그분의 명령에 순종하는 한 지속되도록 만드셨다(사 43:7; 창 2:7-25; 3:8-24). 따라서 우리 첫 조상들이 죄를 범했다는 것은, 그들이 의도적으로 하나님이 명령하신 것과 정반대로 행동하기로 선택했다는 의미가 된다. 즉 그들은 그들의 창조주로부터 의도적으로 독립하고자 했다. 토머스 슈라이너

(Thomas Schreiner)의 다음의 말은 옳다. "죄는 무엇보다 하나님의 우월성과 우리 삶에 대한 그분의 주되심을 거부하는 것이다."[62] 죄는 순종하라는 하나님의 요구에 적극적으로 반항함으로써 그 반항적인 본성을 보여준다.

이사야 53장 6절은 죄를 규정할 때 고려할 핵심 구절이다. 그 구절은 우리가 본성적으로도 악할 뿐 아니라 죄를 선택한다고 말한다. "우리는 다 양 같아서 그릇 행하여 각기 제 길로 갔거늘 여호와께서는 우리 모두의 죄악을 그에게 담당시키셨도다." 죄는 인간 안에서 보편적이다. 죄는 "우리 모두"를 전염시켰다. 그래서 우리는 모두 하나님으로부터 벗어났는데, 이 벗어남은 수동적이거나 실수가 아니다. 왜냐면 의도적으로 "각기 제 길로 갔기" 때문이다. 이런 이유로 사도 요한은 죄를 "불법"(요일 3:4)이라고 불렀다. 하나님이 우리를 다스릴 권한이 없는 것처럼 율법과 무관하게 행동했기 때문이다. 그래서 찰스 혼(Charles Horne)은 그의 고전 《구원의 교리》(the doctrine of salvation)에서 이렇게 말했다. "죄는…하나님의 법에 순종하지 못한 것일 뿐 아니라 그것을 어긴 것이다. 그리고 또한 (아마 이것이 훨씬 더 심각한 문제일 텐데) 자신을 신격화하고 하나님을 폐위시킨 것이다."[63] 죄는 사실 자기 숭배이다.

**이기적인 잔인함**

죄는 창조주로부터의 의지적인 독립일 뿐 아니라 철저한 자기중심주의이다. 인간의 마음은 자신의 방식을 따라 행하길 원하는데, 그 선택이 다른 사람에게 어떤 결과를 가져올지에 대해서는 아랑곳하지 않는다. 하지만 이것은 단순히 다른 사람을 아랑곳하지 않는 문제가 아니다. 죄는 죄인을 잔인하게 만든다. 예를 들어, 아담과 하와가 하나님을 왕의 자리에서 폐위하자 얼마 가지 않아 죄가 그 추악함을 드러냈다. 그들의 첫 아들인 가인은 동생의 의로움과 그가 하나님께 받아들여진 것을 시기하였고, 하나님과 사람에게 분노하며 먼저는 마음으로 아벨을 죽였고 이어서 실제로 동생의 생명을 취함으로써 그의 욕구를 실행에 옮겼다(창 4:4-8). 바로 이런 이유로 사도 요한은 가인의 죄를 성경적 사랑과 대조시킨다. 성경적 사랑은 다른 사람을 미워하지 않는 것일 뿐 아니라 다른 사람의 유익을 위해 자신의 생명을 희생하는 것이다(요일 3:11-16). 또한 이것이 한 율법사의 질문에 예수님이 대답하시면서 다른 모든 계명보다 하나님 사랑과 이웃 사랑이라는 두 "사랑 계명"을 가장 높이신 이유이기도 하다. "네 마음을 다하고 목숨을 다하고 뜻을 다하여 주 너의 하나님을 사랑하라 하셨으니 이것이 크고 첫째 되는 계명이요 둘째도 그와 같으니 네 이웃을 네 자신 같이 사랑하라 하셨으니 이 두 계명이 온 율법과 선지자의 강령이니라"(마 22:37-40). 하나님과 이웃을 늘 완벽하게 사랑한다면 절대 죄를 짓지 않을 거라는 말도 일리가 있다. "사랑은 이웃에게 악을 행하지 아니하나니 그러므로 사랑은 율법의 완성이니라"(롬 13:10).

러시아 소설가 표도르 도스토예프스키는 《카라마조프 가의 형제들》에서 인간의 부패함의 깊이를 아주 현실적으로 그리고 있다. 이 이야기는 네 아들 중 하나가 비열한 아버지를 죽이는 내용이다. 지적인 아들 이반은 동생에게 인생의 깊은 질문들을 이야기하다가 인간의 폭력성에 대해 바르게 지적한다. "사람들은 때로 짐승같이 잔인하다고 말하는데 그건 짐승들에 대한 모욕이고 무척이나 불공정한 말이야. 짐승은 절대 인간처럼 그렇게 잔인해질 수 없어. 그렇게 예술적으로 잔인할 수가 없지. 호랑이는 그냥 물어뜯는 게 전부야. 호랑이는 할 수 있어도 사람의 귀에 못을 박는 일은 절대 하지 않을 거야."[64] 인간의 비인간적인 행동이 먹이를 물어뜯는 야생 동물보다 더 잔인한 이유는, 동물들은 생존을 위해 본능적으로 죽이는 것이지만 인간은 자화자찬을 위해 죽이기 때문이다. 그리고 인간은 하나님의 형상대로 지어졌기 때문에 그의 양심이 그를 정죄하기 때문이다.

인간 안에 새겨진 하나님의 형상은 인간을 다른 모든 피조물과 구별되게 하고, 인간을 창조주 앞에서 도덕적 책임을 가진 존재로 만든다. 하나님의 형상대로 지음 받았다는 것은 또한 인간을 향한 인간의 행동과 하나님을 향한 인간의 행동을 서로 영원히 연결시킨다. 다른 말로 하면, 사람을 공격하는 것은 그의 창조주 하나님을 공격하는 것이다. 이것이 사형제도의 신학적 토대이다. "다른 사람의 피를 흘리면 그 사람의 피도 흘릴 것이니 이는 하나님이 자기 형상대로 사람을 지으셨음이니라"(창 9:6). 야고보 사도는 이러한 신학 위에서 우리가 사용하는 말에 대해 이렇게 말했다. "이것으로 우리가 주 아버지를 찬송하고 또 이것으로 하나님의 형상대로 지음을 받은 사람을 저주하나니"(약 3:9). 그러므로 죄는 그 사람과 하나님과의 관계에 영향을 미칠 뿐 아니라 인간적 차원의 관계에도 영향을 미친다. 죄는 인간관계를 파괴하고, 그렇게 하면서 창조주와의 관계도 파괴한다. 인간의 이기심이 하나님의 형상을 가진 다른 인간을 공격할 때, 하나님은 불쾌하게 느끼신다.

### 전적 타락

인간의 자치적인 마음은 인간의 타락성에 종속되어 있다. 인간이 타락했다는 것을 지속적으로 죄의 영향력 아래 있다는 의미이다. 그리고 인간이 전적으로 타락했다는 것은, 죄가 인간의 모든 측면(지성, 감정, 의지)에 부정적인 영향을 미쳐서 인간이 잉태되는 순간부터 존재의 깊은 핵심으로부터 악한 상태에 처해 있다는 의미이다. "전적 타락은 죄가 인간 존재의 모든 측면을 오염시킨다는 것을 의미한다."[65] 인간의 모든 측면이 다 오염되어 있다. 다른 말로 하면 죄를 짓는 것이 인간의 본성이다. 죄는 인간이 제일 잘하는 것이다.

죄는 단순히 선택이 아니다. 죄는 그 선택의 배후에 있는 강력한 영향력 혹은 끌어당기는 힘으로서 이에 의해 죄인은 자원해서 죄에 속박된다. 델 펠센펠드 주니어(Del Fehsenfeld, Jr.)는 다음과 같이 말한다. "죄는 처음에는 짜릿하지만 그 다음에는 죽음을 가져오는 것이 문제이다. 죄는 우리를 눈 멀게 하고 속박시킨다."[66] 이스라엘의 왕 다윗도 이것을 너무 잘 알고 있어서 하나님께 자신의 간음을 고백하며 이렇게 말했다. "내가 죄악 중에서 출생하였음이여 어머니가 죄 중에서 나를 잉태하였나이다 보소서 주께서는 중심이 진실함을 원하시오니 내게 지혜를 은밀히 가르치시리이다"(시 51:5-6). 예레미야 선지자는 유다의 죄를 목도하고 이렇게 말했다. "만물보다 거짓되고 심히 부패한 것은 마음이라 누가 능히 이를 알리요마는"(렘 17:9). 다른 말로 하면, 인간의 마음의 자기중심적인 부패함은 그 깊이를 헤아릴 수 없을 정도로 깊다.

### 영적 무반응

전적 타락은 때로 전적 무능[67]이라고 불리기도 한다. 인간은 부패한 본성에 속박되어 있어서 스스로는 이 엄청난 영적 문제를 해결할 능력이 전혀 없다. 예수 그리스도 없이는 인간은 속수무책이고, 죄로 인해 죽어 있고, 육체와 마음이 원하는 것을 하도록 남겨진 상태이다(롬 5:6; 엡 2:1,3). 그 결과 자연인(회심하지 않은 사람)은 하나님의 일을 깨닫지도 못하고 그것을 알고자 하는 욕구도 없다(고전 2:14; 롬 3:11). 오직 은혜와 능력의 하나님만이 이러한 인간을 구원하실 수 있다. 회심이 일어나기 위해서, 죄인은 먼저 중생

(regeneration)을 통해 영적 생명을 부여받아야 한다.

중생은 성령께서 죄인의 마음에 영적 생명을 나누어 주시는 초자연적인 역사로서, 영적으로 죽어 있던 사람이 이에 의해 그리스도 안에서 살아나게 된다(엡 2:1; 롬 3:10-18; 5:6; 골 2:13). 이 과정은 비록 순간적으로 일어나는 일이긴 하지만, 신학자들이 말하는 구원의 순서(ordo salutis)에서 하나님의 유효한 부르심의 결과로 일어나는 일이다. 영적으로 죽어 있던 사람이 회개하고 주 예수 그리스도를 믿음으로써 살아나게 되는데, 그 전에 먼저 복음을 들음으로(이것이 믿음이 생기게 하는 수단이다) 성령의 부르심에 의해 살아나야 한다. "그러므로 믿음은 들음에서 나며 들음은 그리스도의 말씀으로 말미암았느니라"(롬 10:17). 베드로는 이에 대해 이렇게 말했다. "너희가 거듭난 것은 썩어질 씨로 된 것이 아니요 썩지 아니할 씨로 된 것이니 살아 있고 항상 있는 하나님의 말씀으로 되었느니라"(벧전 1:23). 예수님도 니고데모에게 이렇게 말씀하셨다. "내가 네게 거듭나야 하겠다 하는 말을 놀랍게 여기지 말라 바람이 임의로 불매 네가 그 소리는 들어도 어디서 와서 어디로 가는지 알지 못하나니 성령으로 난 사람도 다 그러하니라"(요 3:7-8). 인간의 영적 무감각을 극복하기 위해서는 거듭남이 필요하고, 성령께서 일으키시는 이 놀라운 역사의 결과로 하나님의 원수였던 사람이 그리스도의 제자로 변하게 된다. "전에 악한 행실로 멀리 떠나 마음으로 원수가 되었던 너희를 이제는 그의 육체의 죽음으로 말미암아 화목하게 하사 너희를 거룩하고 흠 없고 책망할 것이 없는 자로 그 앞에 세우고자 하셨으니"(골 1:21-22).

### 회심의 환경

성경이 보여주는 회심의 예로, 죄가 만연하던 고린도에 있던 구원받은 성도들의 모임이 있다. 고린도는 도덕적 타락으로 유명한 곳이었다. 그곳에 있었던 다산의 여신 아프로디테의 신전에는 신전 창녀가 천 명이나 있었다. 그곳의 악명이 얼마나 자자했던지, 성적으로 문란한 일을 행하는 것을 "고린도화되다"[68]라고 말할 정도였다. 캠벨 모건은 고린도를 이렇게 묘사한다.

그곳은 로마 제국에서 가장 큰 도시 중 하나로 부와 화려함과 타락으로 유명했고 철학자들이 논쟁하며 지식을 뽐내는 곳이었다. 당시 고린도에서 사용되던 언어는 그리스어 중에서도 최고의 형태로 여겨졌다. 당시에는 "고린도 사람들이 하는 것처럼 말해라"라는 말이 있을 정도였다. 그들은 정확하고 아름답고 예술적인 기교까지 가미하여 말했다. 고린도는 철학에 있어서도 최고의 수준을 자랑했다. 하지만 그 속은 완전히 썩어 있었고 온갖 음란한 행위가 난무했다.[69]

하나님은 은혜를 베푸셔서 그중 몇을 이러한 부패함에서 건져내기로 하셨다. 사도 바울이 그들의 회심을 설명하는 부분을 살펴보기 전에(고전 6:9-11), 한 가지 주의할 것은 바울은 그들의 회심에 대해 말하기 전에 믿음을 고백한 그리스도인들 사이에서 죄를 용인한 것에 대해 강하게 비난했다는 점이다. 바울은 "어떤 형제라 일컫는 자"들의 삶의 모습이 그들의 신앙 고백과 완전히 모순된다고 강하게 비난했다(고전 5:1-13).

바울은 "너희가 알지 못하느냐?"(6:9)라고 묻는다. 물론 그들은 알고 있어야 했다. 바울이 말하려는 바가 바로 그것이다! 기본적인 진리는 이것이다. "불의한 자는 하나님 나라를 유업으로 받지 못할 것이다." 레온 모리스는 "불의한 자"(the unrighteous)라고 번역된 헬라어 단어에 "관사가 붙어 있지 않으므로 이것은 불의한 부류의 사람들을 가리키는 것이 아니라, 그들의 특성을 강조하는 것"[70]이라고 주장한다. 여전히 죄 가운데 거하기로 선택한 사람들은 영생을 유업으로 얻지 못할 것이다. 즉 영생의 "온전한 소유에 들어가지" 못할 것이다.[71] 이것은 엄중한 경고이다. 바울은 고린도의 그리스도인들이 자기 마음대로 살면서 은혜를 당연히 여기는 잘못을 범하지 않기를 원했다.

## 회심의 관점에서 상담하기

아래 제시되는 특정 죄들은 습관적으로 저지르는 죄들의 일종으로, 성경적 상담자들은 그리스도의 제자들이 이러한 죄들을 극복하도록 도와주어야 한다. 고린도전서 6장 9-11절은 죄의 종노릇하던 삶의 방식에서 회심한 제자들에게 중요한 구절이다.

### 음행

"음행하는 자"(pornos)는 "불법적인 성관계"[72]를 하는 사람들을 지칭한다. 하지만 이 단어는 일반적으로 부도덕한 사람들을 말하는 데도 사용할 수 있다(갈 5:19). 여기서 바울은 결혼이라는 신실한 서약을 통해 몸과 마음이 맺어진 관계 이외의 모든 성적 행위에 대해 경고한다. 포르노스(pornos)라는 단어에서 포르노라는 말이 나왔는데, 이것은 성적인 생각이나 감정을 자극하려고 성기나 성행위를 드러내어 보여주는 인쇄물이나 영상물을 말한다. 포르노는 음행의 한 형태로 그리스도인들 사이에서도 흔해서 상담자들은 늘 이런 문제를 만나게 된다. 그러나 그리스도를 아는 우리는 죄는 그 이름조차 부르지 말라고 요청받는다(엡 5:3). 그리스도를 따르는 자들로서 우리는 감각적인 사회에서 살고 있다. 그러나 이것이 우리의 근본 문제는 아니다. 예수님은 오히려 인간의 마음이 부도덕의 뿌리라고 말씀하신다. "속에서 곧 사람의 마음에서 나오는 것은 악한 생각 곧 음란과"(막 7:21). 우리가 사는 이 감각적인 시대는 이미 우리 마음 안에 있던 정욕을 부추기는 자극제일 뿐이다. "정욕이 가득한 이 세상에서 그리스도인들이 맞닥뜨리는 어려움은 성이나 성생활이 우리 원수가 아님을 기억하는 것이다. 우리 원수는 정욕이고, 이 정욕이 우리 성생활을 탈취해버렸다. 우리의 목표는 우리의 성생활을 이 정욕으로부터 구해내서 하나님이 의도하신 대로 회복시키는 것임을 늘 기억해야 한다."[73] 우리 마음은 자기 충족적인 욕망 때문에 정욕을 향해 자연스럽게 기울어져 있지만, 회심의 순간에 하나님의 은혜가 우리 안에 새로운 본성을 심음으로써 우리를 변화시킨다. "이로써 그 보배롭고 지극히 큰 약속을 우리에게 주사 이 약속으로 말미암아 너희가 정욕 때문에 세상에서 썩어질 것을 피하여 신성한 성품에 참여하는 자가 되게 하려 하셨느니라"(벧후 1:4).

우리의 목표인 제자 삼기는 신자들이 자신들 안에 거하는 욕망을 이해하고 성령님과 동행하면서 지혜와 거룩함과 절제에 있어서 자라가도록 돕는 것이다. 신자들이 절제하게 되면 부도덕한 생각과 행동으로 우리를 이끄는 주변의 자극들로부터 스스로를 보호하게 된다.[74] 부도덕함이 가져오는 고통스러운 결과들로 인해 고통받는 아직 회심하지 않은 피상담자들을 반드시 만나게 될 텐데, 우리는 죄인을 구원하고 온전히 변화시키는 복음의 능력을 신뢰하면서 제자 삼는 상담을 통해 그들에게 복음을 전해야 할 것이다.

제자 삼는 자들이 계속해서 맞닥뜨리게 되는 정욕의 또 다른 패턴은 우리 사회가 수용하는 동거 문화이다. 결혼하지 않은 상태에서 함께 사는 문화를 우리 사회는 받아들이고 있다. 그리스도의 제자로서 부도덕이라는 어둠 속에 우리의 빛을 비추려면, 반 고뎀이 말한 대로, "동거의 본질을 바르게 파악해야 한다. 동거는 결국 사람들에게서 하나님의 가장 좋은 것을 빼앗아버리는 속박의 형태"[75]이다. 따라서 우리는 하나님을 영화롭게 하는 언약 관계가 아닌 "결혼을 시도하는" 사람들에게 애정을 담아 진리를 말해 주어야 한다. 반 고뎀은 이렇게 결론 내린다. "성경에 따르면, 동거 관계는 성적인 죄의 일종이다. 동거는 결혼이 아니다. 동거는 계약 결혼이 아니다. 동거는 유사 결혼이 아니다. 동거를 '사실혼 관계' 혹은 '내연 관계'라는 말로 포장하지만 그렇다고 그 지위가 바뀌지 않는다. 동거를 모호하게 생각해서는 안 된다. 동거는 성적인 범죄이다. 이러한 결합은 부정한 결합이다."[76] 우리는 이런 커플들에게 결혼 관계 안의 잠자리의 신성성에 대한 성경적 가르침을 알려주어 그들이 부도덕을 회개하고 거룩함과 진리 안에서 살아가도록 담대하게 상담할 수 있어야 한다.

### 간음

"간음"은 음행과 다른데, 그것이 결혼관계를 파괴한다는 점에서 그렇다. 하나님은 첫 결혼식을 집전하시면서 이렇게 선포하셨다.

"둘이 한 몸을 이룰지로다"(창 2:24). 간음이 심각한 이유는 두 사람의 결합에 제3자가 끼는 것이기 때문이다. 이 침범자로 인해 한 몸을 이룬 관계가 깨어지고 하나님의 거룩한 언약이 더럽혀진다. 켄트 휴스(Kent Hughes)는 이렇게 설명한다. "간음은 신성모독적이고 영적으로 파괴적인 영향을 미친다는 점에서 독특하다. 간음은 결혼의 신성함을 깨뜨리는 죄로서, 자신의 몸뿐 아니라 '그리스도의 몸'(교회뿐 아니라 그리스도 자신)의 신성함도 파괴한다."[77] 지상의 결혼은 그리스도와 그의 신부인 교회 간의 관계를 보여주기(엡 5:32) 때문에, 신약성경은 하나님이 질투하는 마음으로 그것을 지키려고 하신다고 강조한다. "모든 사람은 결혼을 귀히 여기고 침소를 더럽히지 않게 하라 음행하는 자들과 간음하는 자들을 하나님이 심판하시리라"(히 13:4). 간음은 결혼에 대한 공격에 그치지 않는다. 결혼은 가족의 토대이기에, 결혼생활에 충실하지 못한 데서 비롯하는 파괴적 영향력은 언제나 그 범위가 훨씬 넓다. 간음 때문에 고통받은 사람들은 잠언 6장 26절 말씀에 동의할 것이다. "음녀로 말미암아 사람이 한 조각 떡만 남게 됨이며 음란한 여인은 귀한 생명을 사냥함이니라."

따라서 성경적 제자 상담사역은 부부가 성경적 회개와 용서를 실천하고, 마음을 깨끗하게 하고, 불성실로 인해 손상된 결혼생활을 다시 세워가도록 가르칠 수 있어야 한다. 또한 교회 내 모든 결혼생활을 건강하게 하려고 의도적으로 애써야 한다. 아무 문제없는 결혼생활은 없기 때문이다. 모든 결혼생활이 점점 건강해지거나 점점 약해지거나 둘 중 하나이다.[78] 결혼이 인간관계의 가장 근본적인 토대이기 때문에 주일 설교 말씀을 통해서건 소그룹 공부를 통해서건 1:1 양육을 통해서건 결혼과 가족에 대한 성경 말씀들을(엡 5:22-6:4; 골 3:16-21; 벧전 3:1-7) 정기적으로 가르쳐야 한다. 남편들은 희생적으로 아내를 사랑하고 이타적으로 그들을 이끄는 법을 배워야 한다.[79] 아내들은 집에서 하나님이 정해주신 역할을 완수하도록 격려 받고 지도 받아야 한다.[80] 부모들은 그리스도의 방법과 지혜로 자녀를 양육하도록 준비되어야 한다.[81] 지상명령에 헌신하는 지역 교회라면 가족 구성원을 제자 삼는 사역이 기존의 가족 관계를 강화해주고 가족 구성원 각자가 하나님을 영화롭게 하는 삶을 살도록 도움을 줄 뿐 아니라, 이러한 사역이야말로 죄로 망가진 세상을 효과적으로 전도하는 길임을 알게 될 것이다.

1600년대에 활동한 청교도 목회자 리차드 백스터는《개혁된 목회자》(The Reformed Pastor)라는 책으로 잘 알려져 있다. 이 책의 제목에 "개혁된(reformed)"이라는 말을 쓴 이유는 교리적 이유 때문이 아니라 복음을 전하는 동료 목회자들에게 개혁(reformation)을 요구하고 있기 때문이다. 이것은 책의 형태로 나온 교정 상담이었다. 이 책은 1656년에 처음 출간된 이래로 목회자들에게 복음과 개인 영성에 진지해지라는 요청을 지속적으로 해왔다. 윌리엄 브라운은 1829년 이 책의 서문에서 이렇게 말했다. "이 책을 읽으면서도 자신의 부족함에 마음이 녹아내리고 압도당하지 않는다면 그런 목회자의 마음은 딱딱하게 굳어 있는 것이 분명하다. 영혼을 그리스도께로 인도하는 일에 더 열심을 내고 깨어 성실히 행하지 않는 목회자의 마음은 굳어 있는 것이 분명하다."[82]

그러나 백스터의 목회 사역에서 잘 알려지지 않은 또 다른 측면이 있다. 바로 가족 제자양육에 헌신한 것이다. 지역 교회 구성원들이 진지하게 훈련받아야 할 가장 중요한 영역은 성경적 가족을 이루는 것이라고 그는 확신했는데 특히 아버지 역할에 초점을 집중했다.

> 우리(목회자를 의미함—편집주)는 가정을 잘 살펴봐야 하는데 가정 안에 질서가 잘 잡혀 있는지, 각 구성원이 자신의 역할을 잘 감당하고 있는지 유심히 살펴야 한다. 종교 생활과 교회와 국가의 안녕과 영광은 무엇보다 가정이 잘 서 있고 그 역할을 다하는 데 달려 있다. 이 일을 소홀히 하면 모든 것을 망칠 것이다. 회중을 개혁하기 위한 모든 일이 우리에게만 맡겨지고, 각 가정의 가장들은 우리를 도와야 함에도 자신들이 감당해야 할 의무를 소홀히 여긴다면 어떻게 되겠는가? 사역에 의해 한 영혼 안에 선한 일이 시작되었지만 그가 속한 가정이 부주의하고 기도하지 않는 세속적인 가정이라면 그러한 변화를 질식시켜 버리거나 엄청난 방해를 할 것이다. 반면 가정의 통치자들이 기꺼이 자신들의 의무를 감당하려 하

고 우리가 미처 상담하지 못한 부분을 가정이 감당한다면 얼마나 큰 유익이 있겠는가! 그렇기 때문에 당신의 교인들의 개혁과 안녕을 정말로 원한다면, 가정 안의 경건을 권장하기 위해 할 수 있는 모든 것을 다하라. 각 가정의 가장들이 자신의 의무를 감당하게 하라. 그러면 그는 당신의 수고를 엄청나게 덜어 줄 뿐 아니라 그 수고의 성공 확률을 훨씬 높여 놓을 것이다.[83]

가정의 가장들을 제자화하는 일에 집중하는 교회들은 하나님의 뜻을 행하는 것일 뿐 아니라 결국에는 "위기 상담" 횟수를 엄청나게 감소시키는 결과를 가져올 것이라고 확신한다. 물론 그렇다고 해서 질서가 잘 잡힌 가정을 만드는 것이 우리의 최종 목표라고 말하는 것은 아니다. 하지만 하나님이 그 일에 부여하신 우선순위와 그 일이 교회를 세우는 데 제공하는 엄청난 도움을 무시하는 것은 극도로 어리석다 할 것이다.

### 동성애

바울이 다루고 있는 그 다음 죄는 동성간의 관계인데, 바울은 두 단어로 비난한다. "여성노릇한다(effeminate)"는 문자 그대로는 "부드럽다"는 의미인데, 동성애 관계에서 수동적인 역할을 하는 사람을 가리킨다.[84] 시몬 J. 키스트메이커는 이 단어가 "수동성과 굴종"[85]을 뜻하는 단어로서 고린도에서는 아프로디테 신전에서 소위

"예배"를 위해 일하는 남창들을 가리키는 말이었다고 말한다. 그러나 "동성애자"는 적극적으로 상대를 찾는 사람을 지칭한다.[86] 두 단어 모두 동성끼리의 행위를 말하는 것으로, 분명한 것은 오늘날 흔히 볼 수 있는 의복 도착증, 성전환 수술, 성 역할 모호화 같은 죄들도 포함된다는 것이다.

성경은 만장일치로 동성애를 정죄하는데, 그것은 개인과 국가를 망치는 죄로서 하나님께 가증스러운 것이라고 말한다(레 18:22, 30). 러스 월튼은 이렇게 설명한다. "남색은 우상 숭배를 조장하고 거짓 신을 초대하며 배교를 조장한다. 남색은 추가적인 변태행위를 만들어낸다. 생명을 갉아먹고 영혼을 병들게 한다. 먼저는 그러한 욕망에 탐닉하는 사람들의 영혼을 병들게 하며 나중에는 그러한 행위를 허용한 국가의 영혼도 병들게 한다."[87] 하나님은 죄의 파괴하는 힘으로부터 당신의 백성을 보호하고, 마음의 악함을 드러내어 오직 하나님의 구속 안에 있는 소망과 자유와 용서로 나아오도록 율법을 주셨다. 동성애를 죄가 아닌 질병이나 유전적 장애로 재정의하면, 소망이 가장 절실한 자들에게서 그것을 빼앗는 격이 된다. 우리가 질병에서 치유되는 것이 항상 하나님의 뜻이라는 보장은 없지만 죄에서 벗어나는 것은 언제나 하나님의 뜻이기 때문이다. 동성애는 부자연스러운 것으로서 창조주와 그분의 자연질서를 거부한 결과이다. 로마서 1장은 사람들이 하나님을 잊을 때 자연스럽게 점점 악화되어 가는 인간의 타락에 대해 말한다. 특히 하나님을 알면서 하나님으로 높이지 않을 때 그렇게 된다고 말한다(롬 1:21-27). 하나님을 거부하면 마음이 어두워지고 우상숭배로 이끌린다. 그렇게 되면 하나님은 모든 정지 표지판을 없애시고 그들이 마음으로 탐하던 것들을 실제로 행하도록 내버려두신다. "이 때문에 하나님이 그들을 부끄러운 욕심에 내버려 두셨으니 곧 그들의 여자들도 순리대로 쓸 것을 바꾸어 역리로 쓰며 그와 같이 남자들도 순리대로 여자 쓰기를 버리고 서로 향하여 음욕이 불 일듯 하매 남자가 남자와 더불어 부끄러운 일을 행하여 그들의 그릇됨에 상당한 보응을 그들 자신이 받았느니라"(롬 1:26-27).

좋은 소식은 다른 죄들과 마찬가지로 동성애도 용서받을 수 있다는 것이다. 그리고 구주께서는 다른 죄인들과 마찬가지로 동성애자들도 찾으신다는 것이다. 성경은 동성애자들의 정욕과 행동을 "죄"라고 정직하게 명명함으로써 그들에게 복음의 문이 열리는 소망을 준다. 예수님은 우리를 깨끗하게 하고, 죄의 속박에서 풀어 주고, 우리와 하나님과의 관계를 바르게 하려고 죄인을 위해 죽으셨다. 예수님은 의로운 자가 아닌 죄인을 부르러 오셨다(마 9:13).

따라서 성경적 상담자들은 복음의 능력이 사람들을 동성애로부터 구해낼 것이기에, 그들을 죄의 속박에서 그리스도 안에 있는 자유로 이끌 수 있음을 믿어야 한다. 그리고 지상명령에 순종하는 것에 진심인 교회들은 복음의 소망을 가지고 동성애자들에게도 손을 내밀어야 한다. 에드 웰치는 이렇게 권고한다.

설교와 공기도와 예배 안에서 그리스도를 높임으로써, 교회는 동성애자들을 끌어들여야 한다. 교회는 이미 교회 안에 들어와 있는 사람들에게 말씀을 가르쳐 자기기만에 빠진 자를 몰아내고, 정직하지 못한 자를 진리에 노출시키고, 반역자의 죄를 직접적으로 대면하여 말해주고, 동시에 죄에 찌든 사람들에게는 용서를 제안하고 소망을 주어야 한다. 교회는 또한 동성애와 씨름하는 사람들도 환영해야 하지만 동성애가 교회에 들어오게 해서는 안 된다. 교회는 사랑과 가족애로 그들을 환대해야 하고 자기 의에 치우친 정죄는 하지 말아야 한다. 교회는 동성애자들이 이전에는 한 번도 들어본 적이 없는 근본적으로 다른 방식, 매력적이고 유죄를 선고하는 방식으로 복음을 전해야 한다.[88]

고린도에서 그랬던 것처럼 이런 유혹을 이겨내려는 싸움은 오랜 기간 계속된다는 것을 또한 알아야 한다. 제자 삼는 사역은 죄인들을 만나는 데서 그치지 않는다. 일단 그들이 그리스도께로 회심하고 나면, 그들이 거룩함이라는 새로운 길을 따라 어떻게 살아야 하는지 가르쳐 주어 내주하는 죄와 싸울 준비를 시켜야 한다. 죄를 "죄"라고 부를 때, 믿지 않는 자들에게는 구원의 소망을 주게 되고, 이미 구원받았지만 여전히 유혹을 받는 그리스도인들에게는 하나님의 은혜로 계속해서 하나님 말씀에 매일 순종하는 삶을 살 능력을 주게 된다. "능히 너희를 보호하사 거침이 없게 하시고 너희로 그 영광 앞에 흠이 없이 기쁨으로 서게 하실 이 곧 우리 구주 홀로 하나이신 하나님께 우리 주 예수 그리스도로 말미암아 영광과 위엄과 권력과 권세가 영원 전부터 이제와 영원토록 있을지어다 아멘"(유 24-25).

### 우상숭배

"우상숭배자"로 번역된 헬라어는 문자 그대로는 형상 숭배자를 말한다.[89] 구약 성경에 보면 하나님이 우상숭배에 진노하시는 예들이 나온다(예를 들어 사사기). 신약에서는 사도 요한이 우상으로부터 스스로를 보호하라고 경고(요일 5:21)했고, 우상숭배자들은 불못에 던져질 것이라고 가르쳤다. "그러나 두려워하는 자들과 믿지 아니하는 자들과 흉악한 자들과 살인자들과 음행하는 자들과 점술가들과 우상 숭배자들과 거짓말하는 모든 자들은 불과 유황으로 타는 못에 던져지리니 이것이 둘째 사망이라"(계 21:8). 하나님은 우리가 오직 하나님 한 분만 섬기기를 바라시고, 하나님은 그럴 만한 자격이 있으시고, 하나님은 그것을 요구하신다. 토마스 슈라이너가 모든 인간의 죄는 "우상숭배가 근원이다"[90]라고 말한 것은 맞는 말이다. 결과적으로 우리는 우리 안에 세상의 것을 더 가치 있게 여기거나 하나님 자신보다 우리 자신의 정욕을 더 만족시키려는 성향이 있음을 인정해야 한다(요일 2:15-16). "내 사랑하는 자들아 우상 숭배하는 일을 피하라"(고전 10:14)는 경고에 귀 기울이는 법을 배워야 한다.

우리는 성경적 상담자들로서, 우리 자신뿐 아니라 다른 사람도 생각과 말과 행동을 주도하는 숨은 욕망이나 동기들인 "기능적 신들"[91] 혹은 "마음의 우상"[92]이라고 종종 언급되는 것들에 이끌리는 것은 아닌지 지속적으로 살펴보아야 한다. 우리의 가장 깊은 내면에 하나님이 원하시는 깊은 변화가 생겨났는지 살펴보아야 한다. 우리 마음에서 "걱정스런 생각들"을 찾아내고 "해로운 길"을 식별하여 하나님의 "영원한 길"로 걸어가는 법을 배우기 위해서는 성령님이 필요하다(시 139:23-24). 타고난 우리의 눈 멀음에서 벗어나 우리 내면 깊이 도사린 자기를 만족시키려는 숨은 동기들을 노출시키기 위해서는 하나님 말씀이 필요하다(히 4:12; 약 4:1-3).

### 탐욕

"탐욕"은 바울이 표현한 다른 단어들을 요약하는 말인데, 물건을 쌓아놓으려는 악한 습성을 가리킨다. "도둑"은 자신의 것이 아닌 것을 사기나 비밀스런 방법으로 빼앗아 사용하는 사람들을 말하고, "강도"는 폭력으로 그렇게 하는 사람들을 말한다.[93] "협잡꾼"은 킹제임스 성경에서 "폭리를 취하다"로 번역된 단어로 원래 형용사이다. 이 단어의 명사형은 "약탈, 탈취, 강도…('압수하다, 강제로 빼앗다'의 뜻인 *arpazo*와 비슷하다)"[94]로 표현된다. 조용한 방법으로든 물리적 힘으로든 부당한 이득을 취하려는 탐욕을 하나님은 싫

어하신다. "도둑질하지 말라"(출 20:15)는 하나님의 계명은 이 모든 것을 포함한다.

"시기"라고 번역된 헬라어는 더 가지려는 욕망을 말한다.[95] 《신약성경 동의어 사전》은 플레오넥시아(pleonexia)라는 어근을 "돈을 사랑함" 혹은 "탐욕"이라는 뜻의 필라르구리아(philarguria)와 구별한다. 필라르구리아(philarguria)는 인색한 행동을 가리키는 반면, 플레오넥시아(pleonexia)는 "하나님을 버린 사람이 감각이라는 하위대상에서 만족을 얻으려고 하는 끝없는 욕망"[96]을 뜻한다. 다른 말로 하면, 수전노들은 그들이 이미 가진 것을 쓰지 않음으로 그들의 욕심을 드러내는 반면, 시기하는 사람들은 끊임없이 다른 사람의 소유를 탐낸다. 그러나 두 경우 모두 더 가지려는 같은 욕망에서 나온 행동들이다.

바울은 젊은 목회자 디모데에게 훈계하기를, 부자 그리스도인들이 재물의 유혹을 깨달아 후히 베푸는 삶을 통해 재물이 가진 유혹의 힘과 싸우도록 계속해서 경고해야 한다고 했다.

> 네가 이 세대에서 부한 자들을 명하여 마음을 높이지 말고 정함이 없는 재물에 소망을 두지 말고 오직 우리에게 모든 것을 후히 주사 누리게 하시는 하나님께 두며 선을 행하고 선한 사업을 많이 하고 나누어 주기를 좋아하며 너그러운 자가 되게 하라 이것이 장래에 자기를 위하여 좋은 터를 쌓아 참된 생명을 취하는 것이니라(딤전

6:17-19).

제자 삼는 자들은 그리스도를 따르는 자들이 잘못된 행동으로부터 잘못된 욕구들까지 거슬러 생각해 보도록 가르침으로써 부당한 이익을 거부하도록 도와주어야 한다. 그런 다음에는 그들에게 회개하고 "육신의 정욕과 안목의 정욕"을 버리고 "이 세상이나 세상에 있는 것들을 사랑하지 말라고" 요청할 수 있다(요일 2:15-16).

### 술 취함

성경은 언제나 "술 취함"을 죄의 범주에 넣고, 그 이기심의 결과들을 다각도로 보여준다. 예를 들어, 홍수 이후 노아가 술 취하여 그의 가족이 수치를 당했고, 롯의 딸들은 가문이 이어지게 하려고 포도주로 롯을 유혹하여 잠자리를 했다(창 9:21; 19:32-35). 술은 또한 사람의 영적 감각을 무디게 한다. 예수님은 이렇게 경고하셨다. "너희는 스스로 조심하라 그렇지 않으면 방탕함과 술취함과 생활의 염려로 마음이 둔하여지고 뜻밖에 그 날이 덫과 같이 너희에게 임하리라"(눅 21:34). 과한 음주는 또한 관계를 파괴한다. "포도주는 거만하게 하는 것이요 독주는 떠들게 하는 것이라 이에 미혹되는 자마다 지혜가 없느니라"(잠 20:1). 마지막으로 술 취함은 사람의 자원을 고갈시킨다. "술 취하고 음식을 탐하는 자는 가난하여질 것이요 잠 자기를 즐겨 하는 자는 해어진 옷을 입을 것임이니라"(잠

23:21).

성경적 상담자들은 "알콜 중독"(도움이 되지 않는 명칭)은 병이 아니라 죄악된 삶의 방식이라는 결론을 끝까지 견지해야 한다. 에드 웰치는 이렇게 말한다. "성경은 술에 대한 엄청난 충동을 질병으로 설명하지 않으며, 대신에 우리 동기와 욕망, 우리 삶을 장악할 만큼 강력한 힘이라고 말한다. 우리가 먼저 우리의 중독을 선택하는 것이고 그런 다음 우리의 중독이 우리를 선택하는 것이라고 성경은 말한다."[97] 불행하게도, 이러한 견해는 스스로 돕는 산업(self-help industry)에 종사하는 사람들 사이에서는 지배적인 사고방식이 아니다. 오히려 끝없이 늘어나는 "~주의(isms)"가 사람들 안에 있는 모든 상상 가능한 형태의 죄와의 싸움을 설명하는 데 사용된다. 모든 것이 "질병 모델"로 설명되는데 특히 알콜 남용의 경우가 가장 그러하다. 이렇게 된 데에는 '익명의 알코올 중독자들'(Alcoholics Anonymous)이라는 모임의 창시자 빌 윌슨의 영향이 상당히 크다. 웰치는 이렇게 요약한다.

질병 모델은 1930년대 익명의 알코올 중독자들(Alcoholics Anonymous) 모임을 만든 빌 윌슨에 의해 제일 먼저 대중화되었다. 실용주의에 심취했던 윌슨이 이 질별 모델을 발전시킨 것은 사례 연구를 통해 증명되었기 때문이 아니다. 질병의 관점에서 접근할 때 사람들이 자신들의 음주 문제를 좀 더 솔직하게 털어놓을 수 있다고 생각했기 때문이다. 다른 말로 하면, 그는 음주 문제가 질병과 유사하다고 비유법을 사용한 것이다. 그런데 50년이 지나면서 이 질병 모델은 원래의 비유적 기능을 잃어버린 채 "음주 문제는 질병이다"라고 축약되어 버렸다. '~와 흡사하다'라는 짧은 단어의 실종이 엄청난 차이를 만들어버렸다.[98]

우리는 질병 모델을 죄 모델보다 열등한 것으로 거부해야 한다. 그것은 전혀 도움이 되지 않는다. 왜냐면 음주 문제를 질병으로 보게 되면 그 근본 문제가 영적인 것이 아니라 생물학적인 것이 되고 그렇게 되면 복음을 통한 하나님의 구원을 바라는 소망이 설 자리가 없어지기 때문이다. 평생에 걸쳐 "알콜 중독에서 벗어나려는" 더 저급한 소망을 추구하는 대신, 성경은 알콜중독자들이 자신들의 죄악된 습관에서 완전히 벗어나 그리스도 안에서 완전히 새로운 삶을 얻을 수 있다고 열정적으로 제안한다.

**언어폭력**

"욕하는 사람"은 혀를 무기로 선택한 사람이다. 불량한 자의 말은 "맹렬한 불"과 같다(잠 16:27). 잠언 19장 1절은 이렇게 말한다. "가난하여도 성실하게 행하는 자는 입술이 패역하고 미련한 자보다 나으니라." 말이 갖는 파괴력에 대해 가장 강하게 경고하는 신약성경의 말씀은 야고보서이다.

이와 같이 혀도 작은 지체로되 큰 것을 자랑하도다 보라 얼마나 작은 불이 얼마나 많은 나무를 태우는가 혀는 곧 불이요 불의의 세계라 혀는 우리 지체 중에서 온 몸을 더럽히고 삶의 수레바퀴를 불사르나니 그 사르는 것이 지옥 불에서 나느니라(약 3:5-6).

이 말씀은 혀는 제어하기 힘들기 때문에 말로 짓는 죄를 해결하기 위해 제자양육 과정에서 상당히 많은 시간을 할애해야 한다는 것을 알려준다.

따라서 성경적 상담자들은 말은 문제의 한 측면일 뿐이라는 것을 사람들에게 인식시킬 수 있어야 한다. 예수님은 이렇게 가르치셨다. "입에서 나오는 것들은 마음에서 나오나니 이것이야말로 사람을 더럽게 하느니라"(마 15:18). 혀가 제어되어야 하는 것도 맞지만, 혀를 통해 마음속의 분노, 증오, 교만 같은 것들이 드러나는 것이기에 먼저 마음속의 죄에 대한 회개가 필요하다(마 5:22). 교만과 분노와 증오를 벗어 버리고 다른 사람을 나보다 더 귀히 여기는 성경적 사랑에서 우러나는 말을 해야 한다(엡 4:29; 빌 2:3).

여기에 제자 삼는 자들이 성화되기 위해 모델로 삼아야 할 것이 있다. 바로 말로 짓는 죄를 바로잡기 위해서는 그런 말을 안 하는 것이 답이 아니라는 것이다. 오히려 자신의 혀를 그리스도의 권위에 복종시키는 법을 배워 "서로 친절하게 하며 불쌍히 여기며 서로 용서하기를 하나님이 그리스도 안에서 너희를 용서하심과 같이"(엡 4:32) 해야 한다. 성령의 능력을 받아서 자신과 다른 사람이 사랑 안에서 진리를 말하도록 훈련시켜야 한다(엡 4:15). 폴 데이빗 트립은 이것을 "속죄적으로 말하기"라고 부른다.

> 속죄적으로 말하기는 신중하게 말을 골라서 하는 것이다. 속죄적으로 말하기는 합당한 때에 합당한 말을 하도록 준비하는 것이고 자기 통제를 연습하는 것이다. 속죄적으로 말하기는 열정이나 개인적인 욕구에 따라 말하지 않고 대신 하나님의 목적에 맞게 대화하는 것이다. 그것은 주어진 상황 속에서 하나님이 행하시는 일의 일부가 되도록 믿음을 사용하는 것이다…속죄적으로 말하기는 올바른 어휘를 선택하는 것과 같은 피상적인 문제가 아니라, 특정 상황에서 하나님이 일하시도록 최선을 다해 말을 선택하려는 시도로서 근본적으로 마음의 문제이다…속죄적으로 말하는 사람은 죄악된 본성의 열정과 욕구에 매몰되기를 원하지 않는다. 자만과 질투로 다른 사람이 죄를 짓도록 부추기길 원하지 않는다. 오히려 말로 서로 사랑으로 섬기는 일에 열심을 다하기 원한다.[99]

고린도전서 6:9-11에 나오는 경고가 성경적 상담에서 매우 유용하다. 이런 죄악된 삶의 방식으로 사는 사람은 "하나님의 나라를 유업으로 받지" 못할 것이다(10절). 바울의 요지는 이런 죄들 때문에 하나님 나라에 들어가지 못한다는 것이다. 그렇기 때문에 이런 죄들은 정죄를 받아 마땅하고, 단순히 "질병"으로 여겨 사정을 봐 주어서는 안 되고, 심각하게 다루어 회개하게 해야 한다.

**실제적인 경고**

위에서 언급한 모든 죄들은 교회의 징계 대상으로서(고전 5:9-13), 제자 삼는 자는 더욱 강력히 훈계하기 위해 다른 증인들을 내세워야 할 때를 아는 분별력이 있어야 한다(마 18:15-20). 사랑으로 하는 권면을 받아들이지 않고 회개하지 않는 사람은 회개를 거부한 사람이기에 불신자처럼 대해야 한다. 즉 그 사람은 예전에 위선의 가면을 쓰고 참여하던 기독교 모임에 더 이상 참여할 수 없게 된다. 그리고 이제 그 사람을 위한 모든 "상담"은 긴급한 회개의 촉구가 되어야 한다. 《정직하게》(On the Level)의 저자들은 진정한 사랑에 대해 이렇게 말한다.

> 진정한 사랑은 느낌의 문제가 아니며, 주님이 구원받은 자들에게 부여하신 가치를 나도 부여하는 것이다. "내 계명은 곧 내가 너희를 사랑한 것 같이 너희도 서로 사랑하라 하는 이것이니라"(요 15:12). 자신의 형제를 존귀하게 여기는 자는 "서로 권면하라"(살후 3:15)는 지시를 주의 깊게 따를 것이다. 그래서 형제가 죄를 깨닫고 그의 죄악된 행위가 거룩한 관계에 미치는 영향들을 직시할 수 있도록 모든 수단을 동원할 것이다. 죄는 다른 신자들과의 교제를 파

괴한다. 형제의 죄 때문에 성도의 교제로부터 얻는 개인적 유익을 포기하지 않으려면 그 형제에게 성경적 사랑의 진정한 특징을 보여주어야 한다.[100]

성경적 사랑은 죄의 위험성을 올바로 인식하기에 강력한 경고와 사랑의 호소로 순종을 촉구하며 보살펴준다.

요한계시록 22:14-15은 그러한 경고의 용도로 사용할 수 있는 말씀이다. "자기 두루마기를 빠는 자들은 복이 있으니 이는 그들이 생명나무에 나아가며 문들을 통하여 성에 들어갈 권세를 받으려 함이로다 개들과 점술가들과 음행하는 자들과 살인자들과 우상 숭배자들과 및 거짓말을 좋아하며 지어내는 자는 다 성 밖에 있으리라."

회개하라는 사랑의 호소로는 히브리서 3:15이나 마태복음 11:28-30 말씀이 있다. "오늘 너희가 그의 음성을 듣거든 격노하시게 하던 것 같이 너희 마음을 완고하게 하지 말라." "수고하고 무거운 짐 진 자들아 다 내게로 오라 내가 너희를 쉬게 하리라 나는 마음이 온유하고 겸손하니 나의 멍에를 메고 내게 배우라 그리하면 너희 마음이 쉼을 얻으리니 이는 내 멍에는 쉽고 내 짐은 가벼움이라 하시니라."

성경적 상담자는 "어떤 형제라 일컫는 자"(고전 6:11)에게 경고하여, 죄에 매여 있는 것에 만족하는(요일 5:18) 사람들로 천국이 붐비지 않도록 해야 한다. 그러나 성경적 상담자는 또한 예전에는 죄에 매여 있었지만 지금은 예수의 피로 옷을 빤 많은 죄인이 천국에 있게 될 거라는 소망을 견지해야 한다. "너희 중에 이와 같았던 자들이 있다"(고전 6:11, 의미를 위해 역자 사역). 하나님을 찬양하라! 천국은 예전에 술주정뱅이였고 간음하던 자였고 동성애자였고 협잡꾼이었던 사람들로 넘쳐날 것이다. 그리고 은혜가 무엇인지를 개인적인 경험을 통해 아는 많은 죄인이 천국에 있을 것이다. 이 은혜는 하나님의 형상대로 창조되었지만 그분을 반역하고 떠난 자격 없는 죄인에게 베푸시는 하나님의 주권적인 호의이다.

하나님의 은혜는 자격이 없는 자에게 주시는 것이기에 우리가 그것을 얻기 위해 무엇을 할 수는 없지만, 그리스도를 믿는 자들은 그 은혜를 남용하여 다시 죄를 짓는 일이 없도록 조심해야 한다. 바울은 이러한 경향을 지적한다. "그런즉 우리가 무슨 말을 하리요? 은혜를 더하게 하려고 죄에 거하겠느냐? 그럴 수 없느니라. 죄에 대하여 죽은 우리가 어찌 그 가운데 더 살리요?"(롬 6:1-2). 은혜는 우리 마음대로 사는 자유가 아니다. 오히려 거룩함을 위한 신적 격려이면서 능력부여이다. "모든 사람에게 구원을 주시는 하나님의 은혜가 나타나 우리를 양육하시되 경건하지 않은 것과 이 세상 정욕을 다 버리고 신중함과 의로움과 경건함으로 이 세상에 살고"(딛 2:11-12).

## 회심에 뒤따르는 변화

고린도전서 6장으로 돌아가서 "너희 중에 이와 같은 자들이 있더니"(11절)라는 말은 삶을 변화시키는 복음의 능력에 대한 담대한 선포이다. 그 다음에 나오는 "그러나"는 그들의 과거의 모습과 현재 그리스도 안에 있는 모습이 얼마나 다른지를 강조한다. 이것이 회심이다. 이것이 죄에서 하나님께로 돌이키는 것이다. 이것이 하나님의 변화시키시는 은혜이다. 고든 피(Gordon Fee)는 이렇게 말한다.

> 바울이 볼 때, 어떤 사람의 은혜의 경험과 이를 증명하는 그의 행동 사이의 거리는 최대한 가까워야 했다… 행동에는 별 관심이 없고 은혜에만 신경 쓰는 사람들은 바울의 신학 안에 내포된 절박성을 놓치고 있다. 그들은 바울이 전하는 경고의 메시지들을 정말 심각하게 받아들여야 한다. 그리스도 안에 있으면 안전한 것은 사실이다. 그러나 "너희 중에 이와 같은 자들이 있더니"라는 말을 심각하게 받아들이지 않는 죄인들을 의롭게 여겨 주는 것은 거짓된 안전이다. 그것은 회심이나 변화 없이 죄인들의 겉모습만 희게 하는 것이다. 바울은 그런 신학을 절대로 양해하지 않을 것이다.[101]

고린도에 있는 신자 중 몇몇은 이런 죄에서 구원받았다. 실제로 악행을 저지른 자들은 일부였지만 모두가 그런 삶을 살 수 있는 부패함을 소유했다. 존 칼빈은 이 구절을 언급하면서 이렇게 말했다. "인간의 본성 안에 모든 악의 씨가 보편적으로 함유되어 있지만, 어떤 악행은 만연하고 어떤 이들에게서 더 많은 악행이 발견된다. 주님은 행위의 열매를 볼 때 육체의 부패를 깨달으라고 말씀하셨다."[102] 이런 사고를 갖고 있어야만 하나님의 말씀이 단호한 책망을 요구할 때에도 동료 죄인들에게 냉혹하지 않고 은혜를 베풀 수 있다. 바울은 하나님의 변화시키는 역사를 세 가지 방식으로 설명한다.

### 하나님은 죽은 죄인들을 다시 살리시고 용서하신다

하나님은 중생의 씻음을 통해 죄인들에게 그분의 생명을 불어넣으신다. 고린도에 있는 몇몇은 "씻음을 받았다." 부정 과거 시제는 과거에 일어난 결정적 행위를 가리킨다. 다른 말로 하면 하나님이 이 죽은 죄인들에게 영적 생명력을 불어넣으신 순간에 완전한 죄 씻음이 있었다. 디도서 3:5-6은 이렇게 말한다. "우리를 구원하시되 우리가 행한 바 의로운 행위로 말미암지 아니하고 오직 그의 긍휼하심을 따라 중생의 씻음과 성령의 새롭게 하심으로 하셨나니 우리 구주 예수 그리스도로 말미암아 우리에게 그 성령을 풍성히 부어 주사." 사도 요한은 그리스도를 우리를 사랑하는 분, 그리고 "그의 피로 우리 죄에서 우리를 해방하신"(계 1:5) 분으로 말한다.

예수님의 구속 사역과 용서를 분리해서는 절대로 안 된다. 그렇게 되면 은혜라는 유일한 성경적 기반을 잃게 된다. 카슨(D. A. Carson)은 이렇게 말한다. "용서는 십자가와 절대 분리될 수 없다. 다른 말로 하면, 용서는 절대 사랑만의 산물이 아니다. 용서는 역겨운 감정주의는 더더욱 아니다. 용서는 진짜 범죄가 있었고 그 범죄를 상쇄할 만한 진짜 희생제사가 있었기 때문에 가능하다."[103] 용서는 우리에게 공짜로 주어지지만 하나님께는 공짜가 아니었다. 하나님은 그분의 외아들의 생명으로 값을 치르셨다. "사랑은 여기 있으니 우리가 하나님을 사랑한 것이 아니요 하나님이 우리를 사랑하사 우리 죄를 속하기 위하여 화목 제물로 그 아들을 보내셨음이라"(요일 4:10).

성경적 용서는 빚을 탕감하는 것이다. 즉 성경적 용서는 하나님 앞에 쌓여 있는 죄책을 제거하는 것이다. 고린도에서 몇몇 사람이 회심하면서 그들은 완전히 새로운 삶을 시작했다. 그들의 과거는 지워졌다. 혹은 미가 선지자가 말하듯이 "깊은 바다에 던져졌다"(미 7:19). "용서는 과거의 편린들을 제거하여 새롭고 좋은 것으로 대신하는 것이다."[104] 그것이 바로 하나님이 죄인을 구원하시는 방법이고, 그리스도 안에서 새로운 피조물로 다시 세워지는 평생에 걸친 과정의 시작이다(고후 5:17).

**하나님은 죄인을 당신의 소유물로 따로 떼어 놓으신다**

하나님은 죄인의 과거를 그분의 은혜의 바다에 던져버리실 뿐 아니라 그분 자신을 위해 죄인을 성화시키신다. "거룩함을 받았다"(고전 6:11)는 말은 "거룩하게 되다" 혹은 "거룩하게 구별되다"라는 의미를 가진 헬라어에서 나온 말이다.[105] 하기오스(hagios)라는 어근인데 "거룩함"이라는 의미이다. 다른 말로 하면 하나님은 죄인들을 그들의 죄에서 불러내어 세상에서 하나님의 거룩함을 드러내게 하려는 목적으로 그들을 따로 떼어놓으신다. 하나님은 "우리를 구원하사 거룩하신 소명으로 부르셨다"(딤후 1:9).

성화는 회심의 순간에 즉각적으로 따로 구별되는 것도 의미하지만, 살면서 지속적으로 영적으로 성장하게 하시는 하나님의 역사도 의미한다. 바울은 데살로니가 성도들에게 이렇게 썼다. "주께서 사랑하시는 형제들아 우리가 항상 너희에 관하여 마땅히 하나님께 감사할 것은 하나님이 처음부터 너희를 택하사 성령의 거룩하게 하심과 진리를 믿음으로 구원을 받게 하심이니"(살후 2:13). 점점 거룩해지는 성화는 신자의 삶에서 기대되는 성령의 역사로서 "이것이 없이는 아무도 주를 보지 못"한다(히 12:14). 밀라드 에릭슨은 성화를 "신자의 삶에서 일어나는 하나님의 지속적인 역사로서 그 사람을 실제로 거룩하게 만들어서" 구원받은 죄인이 "하나님의 실제 형상"을 갖게 만드는 것이라고 정의한다[106].

신자의 성화는 3중적이다. 성화는 지위와 관련이 있는데

(positional), 하나님이 당신을 위해 죄인을 따로 불러내신다(갈 1:6). 성화는 점진적인데(progressive), 신자의 삶 속에서 성령께서 지속적으로 역사하여 그 사람이 그리스도의 형상을 닮아가게 하신다(고후 3:18; 골 3:10). 그리고 성화는 궁극적이다(영화). 신자의 신분과 현재 상태가 하나가 되는 날이 오는데 신자는 그날에 영광 중에 완벽하게 된다(요일 3:2; 살전 5:23). 짐 버그는 이 지속적인 역사에서 성령의 필수적인 역할을 상기시킨다. "그리스도의 모습으로 변화되는 것은…우리 스스로 할 수 있는 일이 아니다. 이는 우리가 하나님 말씀에 우리 자신을 노출시키고 하나님이 당신의 영광을 우리에게 드러내실 때 성령의 중재를 통해 초자연적으로 일어나는 일이다."[107]

### 하나님은 그리스도 안에서 죄인을 의롭다 선포하신다

하나님은 죄인을 중생시키시고 성화시키실 뿐 아니라 그들을 의롭게 하신다. 칭의는 법적 행동으로서 하나님이 완전히 충분한 당신 아들의 죽음과 부활 안에서 아무 공로 없는 죄인들의 믿음을 보시고 그들을 의롭다고 선포하시는 것이다(롬 4:25; 빌 3:9). "법적"이란 말이 이 정의에서 중요한 단어인데, 칭의는 경험적인 것이 아니라는 사실을 강조하기 때문에 그렇다. 대신 칭의는 "천국 법정"에서 내린 선언이다. 칭의는 그것으로 하나님이 우리를 거룩하게 만드시는 행위가 아니다. 우리를 거룩하게 만드시는 것은 성화로서 하나의 과정이다. 반대로 칭의는 일회적인 사건으로서 전가된 의(imputed righteousness)에 근거하여 죄인의 지위를 하나님 앞에서 영원히 변화시키는 것이다.

전가된 의란 회심의 순간에 믿음으로 받게 되는 하나님 은혜의 선물로서 우리의 "영적 계좌"에 입금된 그리스도의 완벽한 의이다. 핵심 구절은 고린도후서 5:21이다. "하나님이 죄를 알지도 못하신 이를 우리를 대신하여 죄로 삼으신 것은 우리로 하여금 그 안에서 하나님의 의가 되게 하려 하심이라." 그리스도께서 십자가에 달리셨을 때 하나님 아버지가 우리 죄를 그분에게 전가하셨다. 그런 다음 하나님 아버지는 우리 대신 그리스도를 죄인인 것처럼 심판하셨다. 우리가 그리스도를 믿고 우리를 대신해서 그분이 죄를 속하신 것을 믿을 때, 하나님 아들의 완벽한 의가 우리 죄 대신 우리에게 전가된다. 그러면 하나님은 우리를 의롭다고 선포하시고 우리가 예수님처럼 하나님의 율법을 완벽히 순종한 것처럼 우리를 대하신다. 이것은 놀라운 교환이다! 그 결과 "믿음으로 서 있는 이 은혜에 들어가게 해주신 분"(롬 5:2)을 통해 "더욱 은혜와 의의 선물을 넘치게 받는 자들은 한 분 예수 그리스도를 통하여 생명 안에서 왕 노릇 한다"(롬 5:17). 이것은 행위가 아니라 전적으로 은혜이다. "그러므로 율법의 행위로 그의 앞에 의롭다 하심을 얻을 육체가 없나니 율법으로는 죄를 깨달음이니라"(롬 3:20). "그러므로 사람이 의롭다 하심을 얻는 것은 율법의 행위에 있지 않고 믿음으로 되는 줄 우리가 인정하노라"(롬 3:28). "사람이 의롭게 되는 것은 율법의 행위로 말미암음이 아니요 오직 예수 그리스도를 믿음으로 말미암는 줄 알므로 우리도 그리스도 예수를 믿나니 이는 우리가 율법의 행위로써가 아니고 그리스도를 믿음으로써 의롭다 함을 얻으려 함이라 율법의 행위로써는 의롭다 함을 얻을 육체가 없느니라"(갈 2:16). 그러나 이러한 칭의는 하나님을 영화롭게 하는 일들을 하게 만드는 살아 있는 믿음과 떼려야 뗄 수 없다(요 15:8; 엡 2:10).

## 요약

중생, 성화, 칭의, 이 세 가지 하나님의 역사는 회심에 있어서 성령의 능력을 의기양양하게 외친다. 찰스 핫지(Charles Hodge)는 고린도인들에 대해 이렇게 말한다. "그들은 회심했다. 즉 완전히 변화되었다. 그들은 옛사람을 벗어 버렸고 새사람을 입었다. 더러운 것으로 여겨지던 그들의 죄는 씻겼다. 그들은 오염되었다고 여겨졌으나 깨끗해졌다. 그들은 죄인이었으나 하나님의 의로 덮여졌다."[108] 우리가 예수 그리스도의 제자를 만들 때, 우리는 사람들에게 하나님이 죄를 어떻게 보시는지 진실을 말해주어야 하고 동시에 속박되어 있는 그들에게 희망을 제시할 수 있어야 한다. 우리 중에 그와 같은 자들이 있었기 때문이다.

하나님은 죄인을 완벽하게 구원하신다. 하나님은 당신의 은혜로 구원하시고 당신의 영광을 위해 구원하신다. 하나님의 복음을 통해 죄인에게 전달된 하나님의 은혜는 학대자들, 동성애자들, 술주정꾼들, 그 외 모든 종류의 죄인들을 변화시키는 하나님의 능력이다. 이것이 회심인데, 하나님의 말씀을 통해 하나님의 영에 의해 행해지는 역사이다. 제레마이어 버로우즈(Jeremiah Burroughs)는 이렇게 증언한다. "오랫동안 이런저런 죄를 저지르며 살던 죄인이 하나님 말씀을 듣게 되면 하나님 말씀의 열기가 그에게 역사하여 그의 가슴을 녹인다. 그러면 하나님의 성령께서 죄악된 옛 마음을 벗겨버리고 그 안에 말씀을 새겨 넣어 그를 영예로운 그릇으로 만든다."[109] 이처럼 성령님이 이끄는 회심이 일어나면, 그 후 예수 그리스도의 형상으로 변화되어 가는 여정이 시작된다. 이 성화의 과정에는 그리스도 안에서 얻게 된 신자의 새로운 지위를 실제로 적용하여 지속적으로 거룩함을 연습하는 개인적인 훈련이 필요하다. 이에 대해 다음 장에서 살펴보려고 한다.

**더 생각할 점과 소그룹 토론 질문**

1. 데살로니가전서 1:8-10을 읽으라. 성경이 말하는 "회심"과 현대 교회가 강조하는 그리스도를 믿기로 "결단"하는 것은 어떻게 다른지 논해 보라.
2. 요한일서 3:4을 읽으라. 이번 장에서 소개한 죄의 속성 네 가지를 논해 보라. 마음의 초자연적 회심을 위해 결론적으로 필요한 것이 무엇인지 논해 보라.
3. 고린도전서 6:9-11을 읽으라. "너희 중에 이와 같은 자들이 있더니"라는 말의 의미를 논해 보라.
4. 고린도전서 5:9-13을 읽으라. 진정한 신자와 바울이 말하는 "형제라 일컫는 자"가 어떻게 다른지 논해 보라. "형제라 일컫는 자"에게 신자들이 어떤 책임감을 가져야 하는가? 왜 그런가?
5. 당신의 회심 이야기를 소그룹 사람들과 나누어 보라.

# 4장
# 훈련된 경건에 대한 요구

그러므로 너희 마음의 허리를 동이고 근신하여 예수 그리스도께서 나타나실 때에 너희에게 가져다 주실 은혜를 온전히 바랄지어다 너희가 순종하는 자식처럼 전에 알지 못할 때에 따르던 너희 사욕을 본받지 말고 오직 너희를 부르신 거룩한 이처럼 너희도 모든 행실에 거룩한 자가 되라 기록되었으되 내가 거룩하니 너희도 거룩할지어다 하셨느니라(베드로전서 1:13-16).

진정한 성경적 상담을 하기 위해서는 신자들이 그리스도 안에서 새로운 피조물로서 얻게 된 고귀한 지위에 걸맞게 살기 위해 성령의 능력을 덧입어 자기 훈련을 해야 할 개인적 책임이 있다는 것과 하나님이 신자들을 거룩하게 부르셨다는 것을 알아야 한다. 또한 하나님이 생각하시는 제자 삼는 사역이 되기 위해서는 신자 안에서 벌어지는 전쟁을 알아야 한다. 우리 안에 내재하는 죄는 회심 전에 우리의 마음을 지배했던 주도권을 유지하려고 계속 싸움을 건다. 그래서 성경적 상담자들은 변화를 목표로 하는 제자 삼기가 되기 위해서는 진리의 말씀으로 사람들의 마음을 새롭게 하는 일과 성령의 능력으로 내적 욕망들을 회개하는 일과 죄악된 습관 대신 거룩한 실천들로 대체하는 일 모두가 필요하다는 것을 알아야 한다. 요약하면, 건전한 교리와 거룩한 삶의 훈련을 연결시키고자 했던 사도들의 노력은 지속적인 성화의 과정에서 꼭 필요한 것이었다는 말이다.

그러나 제임스 몽고메리 보이스(James Montgomery Boice)는 그리스도인들이 게을러져서 거룩이라는 어려운 길을 계속 가려는 의지가 없어졌다고 말한다. 그리스도인들은 오히려 쉬운 길을 찾으려고 한다. 그 결과 영적 성장이 이루어지지 않는다. 보이스는 그리스도인들이 세 가지 방식으로 죄와 싸우려는 노력을 회피한다고 말한다.[110] 먼저, 그리스도인들은 영적 성공을 위한 간단한 조제법인 공식을 찾으려고 한다. "내려 놔, 하나님이 하시도록" 혹은 "예수님이 다스리게 하자"와 같은 슬로건들은 우리의 영적 게으름에 딱 들어맞는다. 두 번째는 패배하는 그리스도인에서 승리하는 그리스도인으로 즉각 변화시켜 주는 은사주의적인 "제 2의 은총"과 같은 새로운 경험을 찾으려고 한다. 세 번째로 죄와 싸우는 것을 아예 피하는 것인데, 가장 흔한 반응이다. 이 세 가지 유형에 공통된 것이 하나 있는데, 매일의 훈련 없이 그리스도인으로서 영적 승리를 하려고 한다는 것이다. 그러나 이런 일은 절대 일어날 수 없다. 성경은 점점 거룩해지는 것과 반복적인 제자훈련을 연결시킨다.

- "… 경건함에 이르도록 네 자신을 연단하라."(딤전 4:7)
- "그러므로 여러분은 열성을 다하여 여러분의 믿음에 덕을 더하고, 덕에 지식을 더하고,"(벧후 1:5)
- "그러므로 형제자매 여러분, 더욱 더 힘써서, 여러분이 부르심을 받은 것과 택하심을 받은 것을 굳게 하십시오. 그러면 여러분은 넘어지지 않을 것입니다."(벧후 1:10)
- "너희는 좁은 문으로 들어가기를 힘쓰라. 내가 너희에게 말한다. 들어가려고 해도 들어가지 못하는 사람이 많을 것이다."(눅 13:24)
- "그대는 젊음의 정욕을 피하고, 깨끗한 마음으로 주님을 찾는 사람들과 함께, 의와 믿음과 사랑과 평화를 좇으십시오."(딤후 2:22)
- "그러므로, 사랑하는 여러분, 여러분이 언제나 순종한 것처럼, 내가 함께 있을 때뿐만 아니라, 지금과 같이 내가 없을 때에도 더욱 더 순종하여서, 두렵고 떨리는 마음으로 자기의 구원을 이루어 나가십시오."(빌 2:12)

수동적인 슬로건 대신, 성경은 "훈련하라" "힘쓰라" "피하라" "좇으라"와 같은 단어를 사용한다. 다른 말로 하면 그리스도인의 삶은 죄와 싸우는 훈련의 삶이다. 그것은 유혹을 거부하려고 애쓰면서 하나님의 의를 실제적으로 적용하는 훈련이다. 또한 이 훈련은 예수님이 다시 오시는 날까지 지속해야 하는데, 그때가 되면 "우리도 그와 같이 될 것이다. 그의 참모습 그대로 볼 것이기 때문이다"(요일 3:2).

불행하게도 많은 그리스도의 제자가 이 싸움에서 이기는 것 같지 않다. 켄트 휴스(Kent Hughes)는 그의 책 《구별되다 : 세속적인 교회를 경건한 삶으로 부르시다》(Set Apart: Calling a Worldly Church to a Godly Life)에서 다음과 같이 말한다.

> 우리 문화와 교회 안에서 실제로 지금 무슨 일이 일어나고 있는지 조사해 볼 필요가 있다. 우리는 둘 중 어느 하나도 제대로 이해하지 못하는 것이 분명하다. 그리스도인들이 (한편으로) 설교와 여러 기독교 자료를 통해 믿고 이해한 바와 (또 한편으로) 그것을 실제로 살아내는 것 사이에 큰 괴리가 있다…현대 복음주의 교회는 도덕적, 영적 가르침이 부족한 것이 아니다. 비기독교적인 생각과 현대 문화의 도덕성에 오염되지 않는 능력이 부족하다.[111]

다른 말로 하면 그리스도인들은 점점 세속적으로 되어가고 있다. 복음주의를 조금만 살펴봐도 이런 현상을 확실히 알 수 있고 믿음을 고백한 제자들의 삶의 방식이 세상적인 삶의 방식과 그리 다르지 않다는 것을 알게 된다. 휴스는 이 책에서 많은 예들을 말하는데 다음의 다섯 가지도 포함된다.

세상이 물질적 부를 추구하는 것과 보통의 그리스도인이 부를 추구하는 것이 크게 다르지 않다. 오늘날 신자들은 믿지 않는 자들과 마찬가지로 일시적이고 세속적인 꿈을 좇는 것처럼 보인다. 그리스도를 알지 못하는 자들이 개인적 즐거움이라는 길을 내달리는 동안, 신자들도 점점 쾌락적으로 되어가고 있다.

그리스도인들이 텔레비전을 보는 습관은 세상 사람들과 그리 다르지 않은데, 그로 인해 성적 도덕성이 낮아졌다. 휴스는 이렇게 말한다.

> 1997년 정부 관리의 감독(Oversight of Government Management)에 관한 상원 소위원회에 제출된 보고서에서 인류학자 데이비드 머레이 박사는 "TV가 성생활을 바꿔놓는다"고 설득력 있게 주장했다. 우리 문화의 젊은 세대는 TV가 보여주는 본보기들과 가치관에 영향을 받아 그들의 성행위를 사회화하고 있다. TV는 누구나 마음대로 성행위를 할 수 있다고 보여줄 뿐 아니라, 거의 올림픽 출전 선수 같은 건장한 몸을 가진 완벽한 성행위 선수들을 출연시켜 이국적이면서도 거부할 수 없는 강한 유혹을 제공한다. 그 외에도 그러한 행위를 정상적이고 자연스럽고, 기대할 만하고, 용인되고 심지어 장려되는 것처럼 말한다.[112]

폭력성도 점점 커지고 있다. 1992년 출간된 연구에 따르면 "보통 어린이가 초등학교를 졸업하기 전에 TV를 통해 보는 살인 장면은 8천 번 정도 되고 그밖의 폭력적인 행위는 수십만 번 정도 된다고 한다. 그 아이들이 고등학교를 졸업할 때 즈음에는 그 숫자가 2배 이상은 될 것이다."[113]

복장규제는 사실상 폐지되었는데, 크게는 패션 산업, 신체 관련 산업, 미용 관련 산업들 덕분이다. 휴스는 그의 아내가 쓴《경건한 여성의 훈련》(Disciplines of a Godly Woman)에서 그의 아내가 겪었던 당혹스러운 경험을 인용한다.

> 다른 행성에서 오지 않은 한, 단정함(modesty)이 사라졌다는 사실을 눈치 못 챌 수가 없을 것이다. 이제 단정함은 완전히 사라져 버렸다! 잘 모르겠다면 10대들과 함께 쇼핑을 해보라. 요즘 10대 여자아이들이 원하는 모든 품목이 순결함이 아닌 다른 생각을 촉발하도록 디자인되고 있다고 패션 전문가들은 말한다. 선지자 예레미야의 탄식이 생각난다. "그들이 가증한 일을 행할 때에 부끄러워하였느냐? 아니라. 조금도 부끄러워 하지 않을 뿐 아니라 얼굴도 붉어지지 않았느니라"(렘 6:15).[114]

슬프게도 일반 교회 내 10대들의 옷을 보면 세상이 추구하는 것과 별반 다르지 않다.

신자들이 주일을 보내는 방식도 세상 사람들과 별로 구분되지 않는다. 예전에는 주일에 다른 그리스도인들과 함께 하나님을 예배하며 온전히 시간을 보냈는데, 지금은 너무나 많은 사람이 주일을 각자의 즐거움을 찾는 자유 시간으로 삼고 있다.

이렇듯 그리스도인과 비그리스도인의 삶의 방식이 차이가 없다는 것을 생각할 때, 한 사람을 제자로 세워가는 사역은 사도들이 보여준 모범으로 돌아가야 할 강한 필요성을 갖게 된다. 이것은 신약 성경에서 분명히 식별해낼 수 있는 패턴이다. 제자를 세우는 사람들은 이 패턴에 따라 오랜 시간에 걸쳐 제자를 세워갔다. 그들은 제자들을 교리적으로 잘 세우고 또한 그 배운 교리를 즉각적으로 삶으로 실천하게 하여 삶에 신실한 간증들이 쌓이도록 인도했다. 이렇게 신학적으로 생각하는 것에서 경건한 삶으로 의식적으로 옮겨가는 것을 "그러므로"라는 단어로 종종 표현하고 있다. 다음의 세 가지 예를 보자.

먼저, 로마서에서 이 패턴을 볼 수 있다. 로마서의 첫 열한 장(1장-11장)은 교리적 기반을 철저히 세운다. 그런 후 12장부터 16장까지는 그 교리를 읽는 자들의 삶에 논리적으로 적용하는 것을 다룬다. 12장은 이렇게 시작한다. "그러므로 형제들아 내가 하나님의 모든 자비하심으로 너희를 권하노니." 다른 말로 하면, "지금까지 내가 가르친 11장까지의 내용을 살펴보았으니, 이제 다르게 살아라. 이것이 너희를 향한 하나님의 뜻이다."라고 말하는 것이다.

두 번째로, 에베소서도 같은 패턴을 따른다. 에베소서 처음 세

장은 신학으로 가득 차 있고, 나머지 세 장은 그 진리를 삶으로 살아내는 문제를 다룬다. 4장은 이렇게 시작한다. "그러므로 주 안에서 갇힌 내가 너희를 권하노니 너희가 부르심을 받은 일에 합당하게 행하여." 바울은 그들이 배운 교리로 뭔가를 하라고 촉구한다.

세 번째로, 이 패턴은 골로새서에서도 발견된다. 골로새서 처음 두 장은 교리를 가르치고, 3장과 4장은 그 성경적 진리에 따라 어떻게 삶을 사는지에 초점을 맞춘다. "그러므로 너희가 그리스도 예수를 주로 받았으니 그 안에서 행하되"(2:6). 골로새서의 그 다음 나머지 부분은 우리의 매일의 삶에서 그리스도의 주되심을 어떻게 실천하는지에 대한 설명이다. 이러한 패턴을 보면 신약성경 저자들은 신학을 사람의 행동은 바꾸지 못하면서 머리만 채우는 것으로 보지 않았음을 알 수 있다.

이러한 같은 패턴이 베드로전서에서도 분명하게 드러난다. 베드로전서 1장 1절부터 5절에서는 신자들이 하나님 아버지께 선택되었고 성령에 의해 성화되고 하나님 아들의 피로 구원받는다고 확신시킨다. 그리고 다음 일곱 구절(1:6-12)에서 우리가 천국에서 받게 될 위대한 유산을 소중히 여길 때 지금 여기서 받는 시련을 잘 이겨내어 하나님을 영화롭게 할 뿐 아니라 "금보다 더 귀한"(7절) 믿음을 증명하게 된다고 말한다. 그런 다음 13절에서는 이러한 교리를 진리에 순종하는 삶으로 의식적으로 이끌어간다.

"그러므로 너희 마음의 허리를 동이고 근신하여 예수 그리스도께서 나타나실 때에 너희에게 가져다주실 은혜를 온전히 바랄지어다 너희가 순종하는 자식처럼 전에 알지 못할 때에 따르던 너희 사욕을 본받지 말고 오직 너희를 부르신 거룩한 이처럼 너희도 모든 행실에 거룩한 자가 되라 기록되었으되 내가 거룩하니 너희도 거룩할지어다 하셨느니라"(13-16절).

여기서 다시 한 번 "그러므로"라는 말을 통해 교리에서 실천으로 의식적인 전환을 하고 있다. 베드로는 마음과 정신과 삶을 훈련하여 그들이 받은 위대한 구원을 살아냄으로써 죄와 싸우라고 제자들에게 요청한다. 우리도 이런 훈련 패턴을 따르는 것을 배워야 한다.

### 마음의 생각을 훈련하라(벧전 1:13)

거룩함에서 자라기 위해서는 하나님 말씀으로 우리 마음을 새롭게 하는 것이 중요하다는 것을 알아야 한다. 우리는 정신적으로 준비되고 경계태세를 갖추고 예수 그리스도의 재림을 소망해야 한다.

#### 마음의 허리를 동이라

경건하지 않은 세상에서 경건하게 살기 위해서는 영적 싸움을 싸울 준비가 되어 있어야 한다. 베드로는 독자들에게 "마음의 허리를 동이고 근신하라"(13절 상반절)고 결론적으로 말한다. "마음의 허리를 동이라"로 번역된 단어는 "준비하라"는 의미이다. "긴장하다"로 번역되기도 한다.[115] 베드로 당시 사람들은 길고 펑퍼짐한 옷을 입었는데 그 옷을 끌어올려 허리띠로 묶어 몸을 움직일 준비를 하였다. 엘리야가 "허리를 동이고…아합 앞에서 달려갔던"(왕상 18:46) 것처럼 신자들도 그리스도인의 경주(고전 9:24)를 달릴 준비를 해야 한다. 베드로는 "너희들의 옷을 동이고 행동할 준비를 하라!"라고 말한 것이다. 오늘날의 말로 표현하면, "옷소매를 걷어붙이고 일할 준비를 하자"에 해당한다.

베드로가 독자들에게 마음의 허리를 동이라고 호소한 것이 적절한 이유는 신자들은 "나그네"(1:1)이기 때문이다. 즉 우리는 무엇보다 이 세상의 시민이 아니고 하나님이 당신의 목적을 이루기 위해 세상 여기저기에 흩어놓으신 외국인들이다. 출애굽 당시 이스라엘 백성처럼 우리도 준비되어야 한다. "너희는 그것을 이렇게 먹을지니 허리에 띠를 띠고 발에 신을 신고 손에 지팡이를 잡고 급히 먹으라 이것이 여호와의 유월절이니라"(출 12:11). 베드로전서가 말하는 이 "준비"는 이스라엘 백성이 얼마나 급하게 애굽을 빠져나갔는지 상기시켜 주기도 하지만 또 한편으로는 그의 편지를 읽는 독자들은 외국 땅에 거하는 순례자이자 이방인이자 나그네이기 때문에 언제든 움직일 준비를 하고 있어야 한다는 급박한 요청이기도

하다. 우리 역시 우리의 진정한 시민권은 하늘에 있음을 기억하도록 스스로 훈련해야 한다. "그러나 우리의 시민권은 하늘에 있는지라 거기로부터 구원하는 자 곧 주 예수 그리스도를 기다리노니 그는 만물을 자기에게 복종하게 하실 수 있는 자의 역사로 우리의 낮은 몸을 자기 영광의 몸의 형체와 같이 변하게 하시리라"(빌 3:20-21).

베드로의 요청은 "마음"과 관련이 있다는 사실에 주목하는 것이 중요하다. 영적으로 준비되는 것은 우리가 어떻게 생각하느냐에 달려 있다. 사도 바울은 하나님의 전신갑주를 나열하다가 마지막 부분에 가서 이렇게 말한다. "그런즉 서서 진리로 너희 허리 띠를 띠고"(엡 6:14). 제자들처럼 우리도 진리에 흠뻑 젖어서 진리에 이끌리는 사람들이어야 한다. 즉 하나님 말씀이 우리 마음을 채우고 우리의 생각을 주관하여 우리 삶의 방식이 하나님을 기쁘시게 해드려야 한다는 의미이다. 우리 마음은 "만물보다 거짓되고 심히 부패"(렘 17:9)했기 때문에 우리 생각이 하나님 보시기에 합당한지 알 수 있는 유일한 객관적 기준은 성경이다(시 19:14).

### 근신하라

경건함의 두 번째 중요한 요소도 마음과 관련이 있다(13절 하반절). 베드로는 "근신하라"는 단어를 선택했는데 이 또한 마음을 분명하게 하거나 마음을 통제하는 것을 의미한다.[116] 케네스 위스트

(Kenneth Wuest)는 "근신이란 침착하게 정신을 집중하여 절제하고 냉철하게 조심하는 것이다. 이것은 마음을 제대로 잘 사용하는 것으로, 자신을 잘 통제하여 걱정이나 두려움으로 인한 왜곡 없이 사물을 바르게 볼 수 있는 마음의 상태이다."[117]라고 정의한다. 술을 마시지 않은 상태를 "온전한 정신(근신)"이라고 표현하는데, 그들의 마음이 더 이상 술에 의해 통제되지 않기 때문이다. 이럴 때 그들의 마음은 차분하고 집중되고 온전히 통제된다. 이와 같은 방식으로 신약성경은 제자들에게 다음의 네 가지 이유로 영적 근신(온전한 정신)을 실천하라고 요청한다.

첫째로, 정신적인 경각심은 복음을 위해 어려움을 견디도록 우리를 준비시켜 준다. 사도 바울은 디모데에게 이렇게 말했다. "그러나 너는 모든 일에 신중하여 고난을 받으며 전도자의 일을 하며 네 직무를 다하라"(딤후 4:5). 간단히 말해 하나님을 섬기는 일에 진지한 마음으로 임해야 한다는 말이다.

두 번째로, 점점 경건해지려면 예수님의 재림을 준비하고 있어야 한다. 사도 바울은 데살로니가 교회에게 이렇게 가르쳤다. "형제들아 너희는 어둠에 있지 아니하매 그 날이 도둑 같이 너희에게 임하지 못하리니 너희는 다 빛의 아들이요 낮의 아들이라 우리가 밤이나 어둠에 속하지 아니하나니 그러므로 우리는 다른 이들과 같이 자지 말고 오직 깨어 정신을 차릴지라"(살전 5:4-6). 예수님이 다시 오셨는데 세상 철학이라는 술에 취해 있는 것을 원할 사람은 없을 것이다.

세 번째로, 영적 경각심은 훈련된 기도의 삶으로 이끈다. 베드로는 편지 말미에서 독자들에게 이렇게 경고했다. "만물의 마지막이 가까이 왔으니 그러므로 너희는 정신을 차리고 근신하여 기도하라"(벧전 4:7). 마태복음 26장 41절에서 예수님은 기도하지 못하고 잠에 빠진 제자들에게 이렇게 경고하셨다. "시험에 들지 않게 깨어 기도하라 마음에는 원이로되 육신이 약하도다." 이 구절은 기도의 훈련과 그리스도인의 삶이 점점 경건해지는 것이 관련이 있음을 보여준다.

네 번째로, 그리스도의 제자들은 영적으로 깨어 있으려고 애쓸 때 교활하고 교묘한 원수의 존재를 알고 있어야 한다. 베드로는 사탄을 먹이에게 슬며시 접근하는 사자로 비유했다. "근신하라 깨어라 너희 대적 마귀가 우는 사자 같이 두루 다니며 삼킬 자를 찾나니"(벧전 5:8). 루시퍼는 한때는 하나님이 만드신 모든 천사들 중에서 가장 아름답고 강력한 존재였지만, 교만으로 자신을 높이려 했을 때 그 자리에서 쫓겨났고(겔 28:1-19; 사 14:12-15) 지금은 하나님의 구원 사역을 밤낮으로 훼방한다. 사탄은 믿지 않는 자들의 마음을 꽉 잡고서 그들이 그리스도의 영광을 보지 못하게 하고(고후 4:4), 진리의 씨앗이 그들의 마음에 뿌리 내리기 전에 뽑아 버리고(막 4:15), 거짓 교리를 선전하여 유혹하고(딤전 4:1; 딤후 2:26), 거짓 교사들을 부추긴다(고후 11:13-15). 믿는 우리들과 관련해서는 우리를 고소하고(계 12:10), 우리 사역을 훼방하고(행 13:10; 살전 2:18), 우리를 죄로 유혹한다(살전 3:5).

결과적으로 사탄의 파괴적인 일에 대항하는 가장 강력한 방어는 우리 마음이 진리의 말씀으로 지속적으로 새로워지는 것이다. 워렌 위어스비(Warren Wiersbe)도 이에 동의한다. "신자들의 마음은 신적 진리로 흠뻑 적셔 있어서 모든 질문과 사건과 결정사항에 신적 관점을 적용할 수 있어야 한다. 새로워진 마음은 세상의 거짓 철학과 사탄의 교묘한 전략에 깨어 있는 마음이다."[118]

### 소망을 가지라

마음의 생각을 훈련하는 세 번째 핵심적인 부분은 우리의 소망을 철저히 우리에게 부어진 은혜에 두는 것이다(13절 마지막 부분). 이것은 완전한 소망으로, 우리 관심을 예수님과 그분이 나타나실 때 성취될 그분의 약속에 집중하는 것이다. "가져다주실 은혜"라는 어구는 원래 현재 시제로서 우리에게 임한 은혜, 즉 우리에게 와서 지금 우리가 누릴 수 있는 은혜를 의미한다. 디도서 2장 11-13절에 따르면, (동기를 부여하는) 이러한 은혜로 인해 우리는 그리스도의 오심을 기다리며 거룩하게 살 수 있다. "모든 사람에게 구원을 주시는 하나님의 은혜가 나타나 우리를 양육하시되 경건하지 않은 것과 이 세상 정욕을 다 버리고 신중함과 의로움과 경건함으로 이 세상에 살고 복스러운 소망과 우리의 크신 하나님 구주 예수 그리스도의 영광이 나타나심을 기다리게 하셨으니." 이 구절에 과거와 현재와 미래의 은혜가 언급되었다는 점에 주목하라. 하나님의 은혜는 과거에 이미 나타났고 인류에게 구원을 가져다주셨다. 미래의 은혜는 주 예수님이 다시 오실 때 완전히 드러날 것이다. 그러나 하나님은 과거와 미래 사이 현재에도 은혜를 부어주신다. 이 현재의 은혜는 지속적으로 "우리로 하여금 불경건과 세상적인 욕망을 거부하고 현 세대 안에서 깨어서 바르고 경건하게 살도록 가르친다." 다른 말로 하면 성경적 은혜는 우리를 부도덕으로 이끌지 않는다. 대신 현재적 은혜는 우리를 성화시킨다. 현재적 은혜는 우리를 죄에서 떠나 의로 향하게 한다. 현재적 은혜는 예수님이 다시 오실 때 임하게 될 구원의 절정을 미리 맛보는 것이다. 우리는 거룩해지기 위해 이 "복스러운 소망"으로 우리 마음을 새롭게 해야 한다.

메릴 엉거(Merrill Unger)는 소망을 "선한 것에 대한 기대로…영원한 구원을 기쁨으로 기대하는 것"[119]이라고 정의한다. 그것은 복음의 진리와 그리스도 예수 안에 있는 하나님의 약속에 기반을 둔 확신에 찬 기대이다. 예수님 자신이 "우리 소망"이시고(딤전 1:1), 하나님 아버지는 "예수 그리스도를 죽은 자 가운데서 부활하게 하심으로 말미암아 우리를 거듭나게 하사 산 소망이 있게 하셨다"(벧전 1:3). 하나님은 예수님을 "죽은 자 가운데서 살리시고 영광을 주셔서 너희 믿음과 소망이 하나님께 있게 하셨다"(벧전 1:21). 그리고 우리는 "영생의 소망을 따라 상속자가 되었기"(딛 3:7) 때문에 올바르게 행동하기 위해 마음을 다잡아야 한다. "주를 향하여 이 소망을 가진 자마다 그의 깨끗하심과 같이 자기를 깨끗하게 하느니라"(요일 3:3). 지속적으로 거룩함을 추구하는 그리스도의 제자로서, 우리는 예수님을 대면하여 보게 될 때에 이루어질 우리의 완전한 성화를 확신할 수 있다. "사랑하는 자들아 우리가 지금은 하나님의 자녀라 장래에 어떻게 될지는 아직 나타나지 아니하였으나 그가 나타나시면 우리가 그와 같을 줄을 아는 것은 그의 참모습 그대로 볼 것이기 때문이니"(요일 3:2).

성화의 과정에서 중요한 부분은 옛 자아를 벗어 버리고 "하나님을 따라 의와 진리의 거룩함으로 지으심을 받은 새 사람을 입는 것이다"(엡 4:24). 그러나 이러한 변화를 위해서는 "심령이 새롭게 되는 것"(엡 4:23)이 먼저 필요하다. 사도 바울은 로마서에서 이와 같은 패턴을 가르쳤다.

"그러므로 형제들아 내가 하나님의 모든 자비하심으로 너희를 권하노니 너희 몸을 하나님이 기뻐하시는 거룩한 산 제물로 드리라 이는 너희가 드릴 영적 예배니라 너희는 이 세대를 본받지 말고 오직 마음을 새롭게 함으로 변화를 받아 하나님의 선하시고 기뻐하시고 온전하신 뜻이 무엇인지 분별하도록 하라"(롬 12:1-2).

이 구절에 따르면 세속성은 무엇보다 정신적인 무질서이다. 즉 생각을 잘못 사용하는 것이다. 우리는 그리스도의 제자들로서, 우리 마음이 세상에 동화되게 게으르게 내버려두는 대신, 하나님의 말씀을 따라 하나님과 같이 생각하도록 스스로를 훈련해야 한다.

위 로마서 말씀은 진노를 받아 마땅한 죄인들을 예수 그리스도로 말미암아 구원하시는 하나님의 자비하심을 의지하라는 긴급한 촉구로 시작한다. 바울은 "너희 몸을 드리라"고 촉구한다. 신자들이 거룩해지기 위해서는 그들의 몸을 하나님께 드려야 한다는 것이다. 이러한 요청이 합리적인 이유는 우리는 하나님의 소유이기 때문이다. "너희 몸은 너희가 하나님께로부터 받은 바 너희 가운데 계신 성령의 전인 줄을 알지 못하느냐 너희는 너희 자신의 것이 아니라 값으로 산 것이 되었으니 그런즉 너희 몸으로 하나님께 영광을 돌리라"(고전 6:19-20). 이러한 몸으로 드리는 제사는 구약의 제물들과는 달리 살아 있다. 이 제사가 하나님을 기쁘시게 하기 위해서는 하나님의 거룩한 기준(부정적이고 긍정적인 면 모두)을 충족시켜야만 한다.

제자들을 향한 하나님의 기준은 "본받지 말고"라는 점에서 부정적이다. "본받다(conform)"라는 단어는 이 맥락에서 "어떤 형틀대로 물건을 만들어내거나 찍어낸다"[120]는 의미이다. 이 단어는 전통적으로 로마서 12장 2절에서와 같이 "본받다(conformed)"라는 수동구문으로 번역된다. J.B. 필립스와 같은 몇몇 번역가들에 의해 이런 수동 구문의 번역이 대중화되었다.[121] 그러나 헬라어로는 중간태로 번역이 가능해서 "자신을 일치시키지 마라"[122]로 읽을 수 있다. 중간태로 보게 되면 개인적 경건에 대한 책임은 거룩하라는 요청을 받은 제자들 자신에게로 돌아간다. 결과적으로 이 구절은 세상이 우리를 만들어가는 것도 조심해야 하지만 우리 또한 스스로 세상의 가치와 우선순위와 태도를 흉내 내며 따라가는 것을 조심하라는 말이다. 예수님이 세상으로부터 우리를 구해내시려고 죽으셨기에, 세상의 기준을 따르는 것은 거룩하라는 하나님의 요청에 대한 합당한 반응이 아니다. 예수님은 "하나님 곧 우리 아버지의 뜻을 따라 이 악한 세대에서 우리를 건지시려고 우리 죄를 대속하기 위하여 자기 몸을 주셨다"(갈 1:4).

제자들을 위한 하나님의 기준은 또한 긍정적인 면이 있는데 "변화를 받으라"고 말한다. "변화를 받으라"고 번역된 헬라어는 번데기가 나비로 변하는 것과 같은 탈바꿈을 뜻하는 단어에서 유래된 말이다. 존 스토트는 이 단어를 다음과 같이 설명한다.

> 이 단어는 마태와 마가가 예수님의 모습이 변형되었다는 것을 말할 때 사용했다. 복음전도자들은 그때 변형된 것이 예수님의 피부나 얼굴이나 옷이었다는 식으로 다양하게 말하지만, 마가는 예수님 자체가 "그들 앞에서 변형되었다"고 분명히 말한다. 완전한 변화가 일어났다. 그분의 몸 전체가 투명해졌는데, 예수님은 함축적

으로 말씀하셨지만 제자들은 예수님이 부활하실 때까지 그 의미를 이해할 수 없었다. 로마서 12장 2절과 고린도후서 3장 18절(변형이라는 단어가 쓰인 몇 안 되는 구절들)에서 그려지는 하나님의 사람들에게서 일어나는 변화는 인격과 행위가 근본적으로 변화되는 것이다. 즉 세상의 기준과 멀어지고 그리스도의 형상을 닮는 것이다.[123]

예수님 형상으로의 이러한 완벽한 변형은 성령의 역사이다. "우리가 다 수건을 벗은 얼굴로 거울을 보는 것 같이 주의 영광을 보매 그와 같은 형상으로 변화하여 영광에서 영광에 이르니 곧 주의 영으로 말미암음이니라"(고후 3:18). 그러나 이러한 성령의 역사는 제자들 편에서의 개인적인 훈련을 요구한다. 그것은 거울을 보는 것 같이 주의 영광을 보는 것, 마음을 새롭게 하는 것으로 시작된다.

"새롭게 하다"로 번역된 단어는 무언가를 "새롭고 더 나은 것이 되게 하는 것"[124]을 의미한다. 즉 마음을 새롭게 한다는 것은 세상적으로 생각하는 아담적 본성을 씻어버리고 성경에서 찾을 수 있는 새롭고 신선한 하나님 방식의 사고방식으로 채우는 것이다. 우리가 주 예수를 바라보는 "거울"은 하나님 말씀이다(참조. 약 1:23). 에베소서 5장 26절은 그리스도께서 "물로 씻듯이 말씀으로 씻는" 방식으로 그의 교회를 정화하신다고 말한다. 밤낮으로 하나님의 말씀을 묵상하고(시 1편), "모든 생각을 사로잡아 그리스도에게 복종하게 하여"(고후 10:5), 그리스도를 영화롭게 하지 않는 것은 거부하는 것이 제자 개인의 책임이다. 빌립보서 4장 8절은 우리 모든 생각을 점검하는 시금석을 제공한다. "끝으로 형제들아 무엇에든지 참되며 무엇에든지 경건하며 무엇에든지 옳으며 무엇에든지 정결하며 무엇에든지 사랑 받을 만하며 무엇에든지 칭찬 받을 만하며 무슨 덕이 있든지 무슨 기림이 있든지 이것들을 생각하라." 성경적 상담자들은 피상담자들이 자신의 생각 패턴을 식별하도록 돕기 위해 이 구절을 사용할 수 있다. 예를 들면 상담자들은 부정한 생각과 씨름하는 사람들이 이 빌립보서 4장 8절 말씀을 큰 글씨로 인쇄해서 TV나 컴퓨터에 붙여 놓게 해서 하나님의 기준을 반복적으로 상기하게 할 수 있다. 이것은 사람들 안에 있는 생각의 패턴을 인식하도록 성경을 이용하는 한 예이다. 마음을 새롭게 하는 이러한 훈련은 약속된 상급을 받게 한다. 그 상급은 "하나님의 선하시고 기뻐하시고 온전하신 뜻"(롬 12:2)을 완전히 받아들이는 축복으로 이루어진다.

히브리서 기자는 예수 그리스도와 그분의 구원 사역을 묵상하는 힘을 잘 알고 있었다. 오늘날의 제자들도 세상 미디어에 빠져 정신을 잃지 말고 "그 앞에 있는 기쁨을 위하여 십자가를 참으신 믿음의 주요 또 온전하게 하시는 이인 예수를 바라보자"(히 12:2)라는 요청을 받고 있다. 아메리칸 인디언 선교사인 데이빗 브레이너드는 복음을 묵상하는 것이 거룩함을 추구하는 데 어떻게 도움이 되는지에 대해 다음과 같이 쓰고 있다.

> 나는 예수님의 십자가의 도를 결코 벗어나지 않았다. 사람들이 예수님이 십자가에 못 박혔다는 이 위대한 복음의 교리에 붙들려 있을 때는 그들에게 도덕성에 대해 따로 가르칠 필요가 없었다. 나는 도덕적 행위가 복음의 교리를 필연적으로 뒤따를 수밖에 없음을 알게 되었다…내 인디언 친구들이 그리스도께서 십자가에 못 박히셨다는 교리에 붙들리자, 그들은 거룩함의 옷을 입기 시작했고 그들의 일상은 성화되기 시작했다.[125]

우리 구주께서 죄의 힘과 형벌에서 우리를 자유케 하려고 고통과 죽음을 견디셨다는 것을 기억할 때 우리는 기꺼이 경건을 위한 훈련을 하게 된다. 우리 눈을 우리의 구원을 위해 그분이 치르신 대가에 집중할 때, 우리는 무엇이 그분을 기쁘시게 하는지를 더욱 생각하는 훈련을 할 수 있다.

## 마음의 사욕을 훈련하라 (벧전 1:14)

경건의 훈련을 하라는 요청은 또한 마음의 내적 동기를 바꾸라는 요청이기도 하다. 베드로는 이렇게 말한다. "너희가 순종하는 자식처럼 전에 알지 못할 때에 따르던 너희 사욕을 본받지 말라"(벧전 1:14). 경건한 삶을 살려는 동기는 우리를 은혜로 구원하신 분에게 순종하고 그분을 사랑하려는 것이어야 한다. 우리는 하나님의 "순종하는 자식"이어야 한다. 이렇게 되기 위해서는 "전에 따르던 사욕"을 본받지 말아야 하는데, 다른 말로 하면 회심 이전의 방식으로 살지 말아야 한다. 위에스트는 이전과 같은 방식으로 사는 것은 "세상의 옷을 차려 입은 신자"[126]와 같다고 말했다. 전에 따르던 사욕에 이끌리고 세상에 있는 회심하지 않은 자들과 똑같이 사는 대신, 우리는 예전의 삶의 방식을 특징짓던 죄와 확실하게 단절되어야 한다(벧전 4:2-3). 그러나 인간의 마음에는 이를 방해하는 심각한 두 가지 문제가 있다.

### 만족할 줄 모르는 탐욕의 문제

인간의 마음 깊은 곳에는 성화되는 것을 방해하는 큰 장애물이 있다. 베드로가 신자들에게 부지런히 떨쳐버리라고 촉구했던 "예전에 따르던 사욕"이다. 이 강한 욕구들에 대해서는 예수님의 형제인 야고보 사도가 더 분명히 보여준다.

> 너희 중에 싸움이 어디로부터 다툼이 어디로부터 나느냐 너희 지체 중에서 싸우는 정욕으로부터 나는 것이 아니냐 너희는 욕심을 내어도 얻지 못하여 살인하며 시기하여도 능히 취하지 못하므로

다투고 싸우는도다 너희가 얻지 못함은 구하지 아니하기 때문이요 구하여도 받지 못함은 정욕으로 쓰려고 잘못 구하기 때문이라(약 4:1-3).

이 글의 첫 수신자는 "흩어져 있던"(1:1) 유대인 신자들이었다. 맥아더는 이렇게 흩어진 것이 "스데반의 순교의 결과(행 7장, AD 31-34년)였을 수도 있지만, 그것보다는 헤롯 아그립바 1세(행 12장, AD 44년) 치하에 있었던 박해 때문이었을 가능성이 더 크다"[127]고 말한다. 그러나 외적인 박해보다 더 깊은 문제는 이 신자들이 욕심을 품고서 서로 다투고 반목했다는 것이다. 성령께서는 야고보를 통해 그들의 부패한 동기를 드러내셨다.

야고보는 그들이 습관적으로 싸우는 근본 원인에 대해 묻고는 그것이 "쾌락" 때문이라고 스스로 대답한다. 원 헬라어에서 영어 "hedonism"이라는 단어가 나왔는데, "자신의 욕구를 충족시켜서 얻는 기쁨, 혹은 자기 사랑의 갈망… 즐거움 자체를 탐하는 것"[128]을 의미한다. 야고보는 편지 앞부분에서 죄악된 유혹의 기원은 자기 욕심에 끌려 미혹되는 것이라고 밝힌 바 있다(1:14). 성경은 우리 죄에 대한 원인을 다른 어떤 것으로 돌리도록 허용하지 않는다. 우리 죄는 언제나 우리 책임이다. 모세와 달리 우리는 많은 경우 "잠시 죄악의 낙"(히 11:25)을 누리는 것을 선택한다. 그것이 우리 마음이 정말로 탐하는 것이기 때문이다.

이러한 자기중심적인 욕망들은 우리의 "지체들" 안에서 "싸움을 일으킨다"(약 3:6과 비교). 해리 아이언사이드(Harry Ironside)는 이러한 탐욕을 "우리 자신을 채우려는 제어되지 않은 불법적인 욕망들"[129]이라고 정의내린다. 히버트(Hiebert)는 이러한 열정을 "충돌하는 욕심들로 개인을 내적 소용돌이 속에 빠지게 하는 것으로… 자기만족을 추구하는 신자의 옛 본성을 표현"[130]한 것이라고 정의내린다. 다른 말로 하면, 마음 깊은 곳에는 자기 사랑이라는 욕망이 있는데 이것은 너무나 강하고 너무나 결정적이어서 이것이 좌절되면 그것을 방해한 사람들과 갈등을 일으키게 된다. "너희는 욕심을 내어도 얻지 못하여 살인하며 시기하여도 능히 취하지 못하므로 다투고 싸우는도다"(4:2). 이러한 욕구들은 종종 마음의 우상이 되는데, 이것을 제대로 회개하지 않으면 그리스도 안에 있는 형제자매들을 향해 분노와 적개심을 갖게 된다. 제리 브리지스(Jerry Bridges)는 《경건의 연습》(The Practice of Godliness)에서 이러한 자기 사랑을 이렇게 정의내린다. "분노, 적개심, 자기 연민이 마음 안에 쌓여 서서히 퍼져 가는 암 덩이처럼 우리의 영적 생명을 갉아먹는다. 이런 모든 죄악된 내적 감정들은 공통적으로 자기 자신에게 집중하게 만든다. 우리의 실망, 상처받은 자존심, 부서진 꿈들을 우리 마음의 왕좌에 앉히고, 그것들을 우상으로 삼는다."[131]

"우상숭배"는 우리 마음에서 빈번히 일어나는 일을 표현하기에 너무 강한 단어가 아니다. 야고보 사도는 우리에게는 하나님과 상관없이 이러한 즐거움들을 충족시키려는 본능이 있다고 말한다. "너희가 얻지 못함은 구하지 아니하기 때문이요." 히버트는 야고보 사도가 이 편지를 쓴 대상들(그래서 우리도 포함된다)에 대해 다음과 같이 말한다. "온갖 좋은 은사와 온전한 선물을 주시는 하나님 (1:17)께로 돌아서는 대신, 그들은 자신들의 노력으로 그들의 끝없는 욕구를 채우려고 시도한다. 그들의 시도는 자기중심적이고 세속적이다. 그들은 기도하며 하나님과 씨름하는 대신에 사람과 피 터지게 언쟁한다."[132] 모든 욕구가 다 악한 것은 아니기 때문에 우리 욕구를 가지고 하나님께 기도하는 것은 정당하다. 그러나 우리가 그런 욕구들을 하나님의 뜻과 별개로 인간적인 방식으로 스스로 만족시키려고 하면 선한 욕구들도 악해진다. "너희는 욕심을 내어도 얻지 못하여 살인하며 시기하여도 능히 취하지 못하므로 다투고 싸우는도다 너희가 얻지 못함은 구하지 아니하기 때문이요 구하여도 받지 못함은 정욕으로 쓰려고 잘못 구하기 때문이라"(4:2-3).

결론적으로 말하면, 점점 거룩해지기 위해서는 우리 행동 뒤에 숨겨진 마음의 숨은 탐욕을 더 민감하게 파악할 수 있어야 한다. 이러한 자기만족적인 동기들이 깨달아지면 그것들을 회개하고, 성령께서 우리 욕구를 하나님을 기쁘시게 하려는 욕구들로 완전히 새롭게 대체해 주시도록 자신을 내어드려야 한다. "그런즉 우리는 몸으로 있든지 떠나든지 주를 기쁘시게 하는 자가 되기를 힘쓰노라"(고후 5:9). 우리도 바울처럼 이것을 최고의 소망으로 여겨야 한다.

성경적 상담자들의 임무는 제자들이 자기 안에서 탁월함을 찾는 동기들을 밝혀내도록 그들의 저변에 깔린 갈등을 직면하도록 돕는 것이다. 마음의 죄악된 염원들(우리를 움직이게 하는 진짜 동기)을 드러내고 하나님을 거스르면서까지 그토록 얻고자 하는 것이 무엇인지 밝혀내지 못한다면 경건 안에서 성장하는 일은 불가능하다. 이런 자기중심적인 욕망들이 일단 드러나면 그것들을 회개하고 하나님을 기쁘시게 하는 것을 최고의 소원으로 삼아야 한다. 사도 바울은 로마서에서 이러한 내적 갈등과 내재하는 죄의 문제를 드러낸다.

**내재하는 죄의 문제**

모든 제자가 경건을 추구하다 겪게 되는 어려움을 완전히 이해하기 위해서는, 로마서 6장과 7장의 가르침을 순서대로 살펴보면 된다. 여기서 사도 바울은 죄와 싸우는 어려움을 토로하는데, 제자로서 실제로 어떤 싸움을 싸우는지 잘 배울 수 있다.

### 죄에 대하여 죽고, 하나님에 대하여 산다

로마서 6장은 예수 그리스도 안에 있는 신자는 그리스도에게 영적으로 연합되었기에 죄에 대하여 "죽고" 하나님에 대하여 "살아" 있으며, 이것을 지속적으로 인식하는 것을 통해 죄와 싸워 이길 수 있다고 말해 줌으로써 승리의 바른 길을 제시한다. 우리는 이것이 사실임을 알기에, 믿음으로 이 사실을 받아들여야 한다. "이와 같이 너희도 너희 자신을 죄에 대하여는 죽은 자요 그리스도 예수 안에서 하나님께 대하여는 살아 있는 자로 여길지어다"(6:11).

고전 영화 "지붕 위의 바이올린"에서 딱 맞는 예를 볼 수 있다. 주인공 테비에는 제정 시대 러시아에 살던 유대인 남성이다. 영화의 주된 줄거리는 테비에가 자신의 세계관을 뒤집어 엎는 문화적 변화를 받아들이려고 애쓰는 내용이다. 특히 다섯 딸 중에서 세 명이 중매결혼을 거부하는 문제와 씨름한다. 그의 작은 세계를 견고하게 지탱해주던 "전통"이 눈앞에서 와해되는 것을 볼 때 그가 얼마나 내적으로 고통스러웠을지 짐작이 간다. 첫째 딸 자이틀은 재단사 모틀과 사랑에 빠지는데, 아무도 이 사실을 모른다. 그래서 중매쟁이가 마을의 푸줏간 주인인 라자르 울프가 그들의 딸에게 관심이 있다고 알려 주자 부모들은 매우 흥분한다. 푸줏간 주인은 늙었고 그들의 딸은 젊었지만, 그가 부자였기에 가난하게 자란 딸이 적어도 배고픔을 겪지는 않을 터였다. 이런 이유로 테비에는 푸줏간 주인과 약혼을 한다. 물론 자이틀은 부모가 남편감을 골랐다는 말을 듣고 경악을 금치 못한다. 그래서 자이틀은 아버지에게 자신은 모틀을 사랑하고 둘은 "서로 결혼을 맹세"했기 때문에 라자르 울프와 결혼할 수 없다고 간청한다. 테비에는 딸이 남은 평생을 비참하게 사는 모습을 보고 싶지 않았기에 마지못해 푸줏간 주인과의 약혼을 깨고 딸이 유약한 재단사와 결혼하도록 허락한다.

둘째 딸의 이름은 호들인데 젊고 솔직한 청년 페르칙과 사랑에 빠진다. 페르칙은 혁명을 통해 자유를 지키려 하다가 결국 감옥에 가고 시베리아로 이송된다. 그가 호들에게 편지를 써 그에게로 오라고 하자, 그녀는 가족을 떠나기로 결심하고 꽁꽁 얼어붙은 황무지를 건너 그에게로 가서 결혼한다.

  이쯤 되자 테비에는 어쩔 수 없이 남자와 여자가 스스로 배우자를 선택하는 새로운 행태를 받아들이기 시작한다. 하지만 호들의 결혼은 그의 막내딸의 선택에 비하면 아무 것도 아니었다. 하바는 그의 막내딸인데 책을 사랑하던 친구 피에드카를 사랑하게 된다. 그러나 그녀의 선택과 언니들의 선택 사이에는 거대한 간극이 있다. 언니들은 같은 유대인과 결혼했다. 그러나 피에드카는 이방인으로, 젊은 유대인 여자에게 금기 영역이었다. 하지만 믿음의 영역 밖에 있는 사람과 절대 결혼해서는 안 된다는 아버지의 명령은 아무 소용이 없었다. 테비에가 일을 하고 있는데, 아내 골데가 소리치며 달려온다. 그가 무슨 일이냐고 묻자 막내딸의 결혼소식을 알린다. 그는 아버지로서 너무나 당혹스러워한다. 잠시 후 그는 결연한 표정을 지으며 이렇게 말한다. "하바는 우리에게 죽은 딸이요. 그 애를 잊읍시다. 집으로 갑시다." 극중에서 막내딸은 정말 죽은 것이 아니라 그에게 죽은 존재였다. 그리고 그가 살던 당시의 관습으로는 막내딸은 이제 죽은 것으로 간주되어 아버지의 기억에서 의식적으로 지워버려야 했기에 다시는 거론해서도 안 되고 집으로 맞아들일 수도 없었다.

이와 마찬가지로 그리스도의 제자는 "그리스도와 함께 죽었기"(8절) 때문에 옛 죄악된 본성은 죽은 것으로 여겨야 한다. 그러므로 우리는 믿음으로 그리스도 안에서 얻게 된 지위를 받아들이고 이것을 지속적으로 인식해야 한다. 테비에가 막내딸을 거부했던 것처럼 우리도 육신을 거부해야 한다. 우리는 그것을 우리 집으로 환영해 들여서는 안 된다. 죄가 우리의 유한한 육신을 통제하여 그 탐심에 복종하도록 허용해서는 안 된다(12절). 우리 육체를 죄에게 드리는 일을 멈추고 우리 자신을 "죽은 자 가운데서 다시 살아난 자 같이 하나님께"(13절) 드려야 한다. 옛 사람은 우리에게 죽어야 한다! 마찬가지로 우리는 우리 자신을 하나님께 대하여 살아 있는 자로 여겨야 한다. 신자들은 "신성한 성품에 참여하는 자"(벧후 1:4)가 되었기에 성령에 의해 힘을 얻은 우리의 새 본성은 죄의 노예에서 벗어나 자유롭게 살 능력을 갖게 된다. "그러나 이제는 너희가 죄로부터 해방되고 하나님께 종이 되어 거룩함에 이르는 열매를 맺었으니 그 마지막은 영생이라"(롬 6:22).

### 하나님의 율법이 우리를 그리스도께로 이끈다

바울의 독자들이 율법의 제약들을 죄와의 지속적인 싸움을 위한 치료책으로 볼 수 있는 위험성이 있었다. 따라서 바울은 그러한 오해를 다룬다(롬 7:1-6). 그가 말하는 요지는 율법은 오직 살아 있는 것만 주관할 수 있다는 것이다. 그러므로 신자가 죄에 대해 죽었기에 율법은 해답이 아니다. 율법은 영혼을 새롭게 할 능력이 없고(4절) 죄악된 열정을 통제할 능력이 없고(5절) 내적 자아를 바꿀 능력이 없다(6절). 그러나 이것이 율법이 나쁘다는 의미는 아니다. 반대로 하나님의 율법은 선하다. 왜냐면 율법은 우리의 핵심 문제인 죄악됨을 드러내기 때문이다(7절). 죄는 율법을 이용하여 우리가 율법대로 살지 못할 때 우리를 저주함으로써 영적 생명을 죽인다(8-12절). 율법의 목적은 예수 그리스도께로 우리를 이끌어서 믿음으로 온전히 의롭게 되게 하는 것이다. 이것이 바울이 빌립보서 3장 8절과 9절에서 말하는 요지이다.

> 또한 모든 것을 해로 여김은 내 주 그리스도 예수를 아는 지식이 가장 고상하기 때문이라 내가 그를 위하여 모든 것을 잃어버리고 배설물로 여김은 그리스도를 얻고 그 안에서 발견되려 함이니 내가 가진 의는 율법에서 난 것이 아니요 오직 그리스도를 믿음으로 말미암은 것이니 곧 믿음으로 하나님께로부터 난 의라

율법은 악하지 않다. 율법은 선하고 거룩하다. 하지만 인간 마음의 문제를 다루기에는 적합하지 않다. 그래서 예수님이 오셨다. 율법은 죄를 직면하게 하지만 죄인을 변화시키지는 못한다. 죄인을 변화시키는 것은 복음의 일이다!

### 영적 싸움의 원천

바울은 독자들이 아직도 이해하지 못할 것을 대비해 더 분명하게 설명한다. 즉, 율법이 문제가 아니라 인간 마음 안에 내주하는 죄의 원리가 문제이다(14절-24절). 여기서 그는 세 가지 사실을 말하고 각각이 사실임을 증명한다. 그리고 각각에 대해 결론을 도출한다. 첫 번째 사실은 율법이 신령하고 인간은 육신에 속하여 "죄 아래 팔렸다"는 것이다(14절). 육신은 죄의 원리를 가리키며, 이것은 몸과 마음을 통해 자신을 드러낸다. 바울이 제시한 증거(proof)는 그가 여전히 자신이 하고 싶지 않은 것을 행하고, 하고 싶은 것을 행하지 않을 때가 있다는 것이다(15절-16절). 그의 결론은 내주하는 죄가 근본 문제라는 것이다. "이제는 그것을 행하는 자가 내가 (새 사람) 아니요 내 속에 거하는 죄니라"(17절).

두 번째 사실은 "내 속" 곧 내 육신에 "선한 것이 거하지 않는다"는 것이다(18절). 바울은 전적 타락, 즉 죄가 인간 존재의 모든 면에 퍼져 있다는 것을 알고 있다. 그가 제시하는 증거는 그가 선을 행하고 싶으면서도 그렇게 하지 않는다는 것이다. "도리어 원하지 아니하는 바 악을 행하는도다"(19절). 그의 결론은 같다. "내 속에 거하는 죄"(20절)가 근본 문제이다.

세 번째 사실은 "선을 행하기 원하는 나에게 악이 함께 있다"(21절)는 것이다. 바울이 제시한 증거는 그의 지체 속에서 일어나는 전쟁이다(22절-23절). 그의 결론은 이번에도 내주하는 죄가 근본 문제라는 것이다. 그는 "내 지체 속에 있는 죄의 법"(23절)에 대해 말한다.

바울은 신자들이 거룩해지기 위해 계속해서 겪는 싸움의 실재를 세 번이나 제시한다. 이 세 번 모두에서 그의 결론은 같다. 바로 내주하는 죄가 근본 문제라는 것이다. 슈라이너는 이렇게 말한다. "죄의 주도성이 무너졌는데도 불구하고 죄와의 싸움은 계속된다."[133] 하지만 그것이 이야기의 끝이 아니다.

### 영적 승리의 원천

복음의 영광스러운 소식은 그리스도의 제자가 죄와 어려운 싸움을 계속하고 "오호라 나는 곤고한 사람이로다 이 사망의 몸에서 누가 나를 건져내랴?"(24절)라고 종종 부르짖지만 그럼에도 구원의 마지막 승리는 진행되고 있다는 것이다. 바울과 함께 우리도 확신에 차서 "우리 주 예수 그리스도로 말미암아 하나님께 감사하리로다"(25절)라고 외칠 수 있다. 그리스도께서 우리를 죄와 죽음의 육신에서 건지실 때 마지막 승리가 임할 것이다. 인간 몸을 통해 일하고, 죽음을 가져오는 죄는 부활 시에 반드시 패할 것이다. "사망이 쏘는 것은 죄요 죄의 권능은 율법이라 우리 주 예수 그리스도로 말미암아 우리에게 승리를 주시는 하나님께 감사하노니 그러므로 내 사랑하는 형제들아 견실하며 흔들리지 말고 항상 주의 일에 더욱 힘쓰는 자들이 되라 이는 너희 수고가 주 안에서 헛되지 않은 줄 앎이라"(고전 15:56-58).

## 삶의 습관을 훈련하라(벧전 1:15-16; 2:1-3)

신자들이 경건의 훈련을 하기 위해서는 실천적인 의를 실천하여 평생의 습관을 바꾸어야 한다. 베드로는 경건하라고 요청하면서 구체적으로 하나님과 같이 되라고 권면한다. "오직 너희를 부르신 거룩한 이처럼 너희도 모든 행실에 거룩한 자가 되라"(1:15). "내가 거룩하니 너희도 거룩하라"고 기록되어 있다. 여기서 베드로는 레위기 11장 44절 말씀을 직접 인용하는데, 여기서 하나님은 이스라엘 백성에게 하나님의 거룩한 성품을 드러내기 위해 다른 나라들과 구별되라고 요청하신다. 따라서 하나님의 거룩함을 기본적으로 이해하고 있어야 우리도 거룩하라는 요청에 맞게 살 수 있다. 하나님의 거룩함은 하나님의 "구별됨"이다. 켄트 휴스의 말은 참 옳다. "거룩함은 하나님의 핵심적인 본성이다. 그것은 하나님의 속성이면서 하나님의 존재의 기반이다. 거룩함은 하나님의 구분됨 혹은 다름을 보여준다."[134] 거룩함은 하나님을 그분의 피조세계와 구별한다. 하나님은 모세에게 이렇게 선언하셨다. "온 천하에 나와 같은 자가 없다"(출 9:14).

신약성경에서 "거룩"으로 번역된 헬라어는 "분리하다, 구별하다"[135]라는 뜻을 갖는다. "성도"라는 단어도 같은 뜻으로서 하나님이 신자들을 자신을 위해 따로 떼어놓으신 것을 일컫는다. 하나님이 "거룩하신 소명으로 우리를 부르셨기"(딤후 1:9) 때문에 우리는 "순종하는 자녀"가 되어야 한다. 알바 맥클라인(Alva J. McClain)은 신자를 성도라고 부르는 것에 대해 다음과 같이 말한다.

> 바람직한 삶을 살지 못하는 그리스도인은 종종 이렇게 변명한다. "나는 성인(성도)인 척 하지 않는 거야." 무엇인 척 하는 것은 중요하지 않다. 당신이 그리스도인이라면 당신은 성도이다. 성도라 불리기를 거부하는 것은 겸손의 증거가 아니다. 하나님이 우리에게 주신 그 이름을 받아들이려 하지 않는 것은 겸손이 아니라 겸손을 가장한 불신이다…하나님은 죄인에게 다가가서 성인(성도)답게 한 번 살아보라고 말씀하시지 않는다. 그분은 우리를 진흙 속에서 건져내시고 "너는 성도다"라고 말씀하신다. 우리는 믿는 척하는 것이 아니다. 우리는 거룩하기에 우리 지위에 맞게 살아야 한다.[136]

따라서 성경이 우리에게 거룩해야 한다고 말씀할 때는 무엇보다 회심하지 않은 죄인들에게 하나님을 정확하게 보여주는 방식으로 사는 것을 의미한다. 이것은 다름 자체가 목적이라는 의미는 아니다. 또한 어떤 특정한 모습을 보임으로써 우리 자신에게 이목이 집중되게 하는 것을 의미하지도 않는다. 이것은 우리를 구원하신 하나님을 닮고자 애쓰는 것을 의미한다. 그렇게 하다 보면 저절로 구별된 삶을 살게 된다. 웨인 그루뎀은 이렇게 설명한다. "하나님의 백성이 거룩해야 한다는 것은 단순하게는 '구별'되어야 한다는 의미이고, 구체적인 도덕적 의미로는 악을 떠나 의로운 삶을 산다는 의미이다."[137] 이런 이유에서 베드로는 우리가 모든 행위, 모든 태도, 모든 실제적인 삶, 특히 "다른 사람과의 관계에서"[138] 거룩해야 한다고 강조한다. 어떤 주석가는 거룩함이 우리의 "트레이드마크"가 되어야 한다는 의미라고 말한다[139]. 다른 말로 하면 거룩함은 세상에서 우리가 얻어야 할 명성이다.

 그리스도 안에서 은혜로 구원받은 신자라면 당연히 그리스도인의 삶을 이렇게 바라볼 수 있어야 한다. 죄와 파괴의 삶에서 하나님의 은혜로 구원을 받았다면 우리의 현재적 소명은 그 받은 은혜에 감사하여 불의한 세상에게 하나님의 의를 보여주는 방식으로 사는 것이다. 이런 이유에서 우리는 먼저 마음을 새롭게 하여 죄악된 습관 대신 의로운 행위를 실천하려는 내적 욕구를 길러 완전한 삶의 변화를 추구해야 한다. 이를 위해서는 옛 자아를 벗어 버리고 새 사람을 입음으로써 지속적으로 거룩을 적용해야 한다.

### 죄를 벗어 버리고 의를 덧입자

 신약성경에서 '벗어 버리고/덧입는다'는 표현이 나오는 구절들은 진정한 성경적 상담사역에서 매우 중요하다. 왜냐면 이러한 표현들을 통해 성화의 큰 부분이 옛 죄악된 습관 대신 새로운 거룩한 습관을 기르는 것임을 가르쳐주기 때문이다. 많은 중요한 구절들이 이 원리를 가르친다.

에베소서 4:25-32

그런즉 거짓을 버리고 각각 그 이웃과 더불어 참된 것을 말하라 이는 우리가 서로 지체가 됨이라 분을 내어도 죄를 짓지 말며 해가 지도록 분을 품지 말고 마귀에게 틈을 주지 말라 도둑질하는 자는 다시 도둑질하지 말고 돌이켜 가난한 자에게 구제할 수 있도록 자기 손으로 수고하여 선한 일을 하라 무릇 더러운 말은 너희 입 밖에도 내지 말고 오직 덕을 세우는 데 소용되는 대로 선한 말을 하여 듣는 자들에게 은혜를 끼치게 하라 하나님의 성령을 근심하게 하지 말라 그 안에서 너희가 구원의 날까지 인치심을 받았느니라 너희는 모든 악독과 노함과 분냄과 떠드는 것과 비방하는 것을 모든 악의와 함께 버리고 서로 친절하게 하며 불쌍히 여기며 서로 용서하기를 하나님이 그리스도 안에서 너희를 용서하심과 같이 하라

에베소서의 이 부분은 "대체 원리"로 종종 일컬어지는 것을 가르치는 가장 광범위한 구절이다[140]. 신자들은 구원받지 못했던 과

거의 옛 방식으로 열매 없이 사는 것을 그만두라는 요청을 받는다. 죄악된 습관들 대신, 신자들은 마음(그들의 생각이 바뀌어야 한다)을 새롭게 하여 습관적으로 "하나님을 따라 의와 진리의 거룩함으로 지으심을 받은"(엡 4:24) 새 자아를 덧입어야 한다. 사도는 죄악된 습관들의 예를 열거하고, 죄악된 습관을 대체할 의로운 습관들도 열거한다.

### 골로새서 3:8-14

이제는 너희가 이 모든 것을 벗어 버리라 곧 분함과 노여움과 악의와 비방과 너희 입의 부끄러운 말이라 너희가 서로 거짓말을 하지 말라 옛 사람과 그 행위를 벗어 버리고 새 사람을 입었으니 이는 자기를 창조하신 이의 형상을 따라 지식에까지 새롭게 하심을 입은 자니라 거기에는 헬라인이나 유대인이나 할례파나 무할례파나 야만인이나 스구디아인이나 종이나 자유인이 차별이 있을 수 없나니 오직 그리스도는 만유시요 만유 안에 계시니라 그러므로 너희는 하나님이 택하사 거룩하고 사랑 받는 자처럼 긍휼과 자비와 겸손과 온유와 오래 참음을 옷 입고 누가 누구에게 불만이 있거든 서로 용납하여 피차 용서하되 주께서 너희를 용서하신 것 같이 너희도 그리하고 이 모든 것 위에 사랑을 더하라 이는 온전하게 매는 띠니라 다시 한 번 사도 바울은 골로새 사람들에게 신자는 "분함과 노여움과 악의와 비방과 입의 부끄러운 말"과 거짓말과 옛 자아의 악한 행위와 같은 죄악된 반응들을 벗어 버릴 책임이 있다고 가르쳤다. 이런 옛 습관들 대신, 신자들은 "자기를 창조하신 이의 형상을 따라 지식에까지 새롭게 하심을 입은" 새 사람을 입어야 한다. 신자들이 말씀에 순종하여 새사람을 입을 때, 그들은 점점 더 성령의 인도를 따라 그들의 창조주의 형상이신 예수 그리스도를 닮게 되는데, 이것이 모든 신자를 향한 하나님의 목적이다(롬 8:29). 신자들이 덧입도록 훈련해야 할 구체적인 "하나님의 옷"에는 "긍휼과 자비와 겸손과 온유와 오래 참음과 용납과 용서…이 모든 것 위에 온전하게 매는 띠인 사랑"이 포함된다.

### 히브리서 12:1-2

이러므로 우리에게 구름 같이 둘러싼 허다한 증인들이 있으니 모든 무거운 것과 얽매이기 쉬운 죄를 벗어 버리고 인내로써 우리 앞에 당한 경주를 하며 믿음의 주요 또 온전하게 하시는 이인 예수를 바라보자 그는 그 앞에 있는 기쁨을 위하여 십자가를 참으사 부끄러움을 개의치 아니하시더니 하나님 보좌 우편에 앉으셨느니라

이 구절에서 우리는 그리스도인의 삶이 지속적으로 방어적이기

도 하고 공격적이기도 하다는 것을 알게 된다. 우리는 우리 안에서 우리를 짓눌러 성장을 방해하는 죄를 계속해서 벗어 버려야 하고 영적 경주에서 이길 수 있도록 돕는 의로운 습관들을 계속해서 덧입어야 한다. 예수님은 거룩함의 경주를 달리고 하나님의 뜻을 성취하는 삶의 본보기가 되신다.

### 베드로전서 2:1-3

> 그러므로 모든 악독과 모든 기만과 외식과 시기와 모든 비방하는 말을 버리고 갓난 아기들 같이 순전하고 신령한 젖을 사모하라 이는 그로 말미암아 너희로 구원에 이르도록 자라게 하려 함이라 너희가 주의 인자하심을 맛보았으면 그리하라

베드로전서 말씀으로 돌아와서 2장을 보면 마음을 새롭게 하고 옛 탐욕을 회개하라던 사도의 요청이 구체적인 의를 적용하라는 요청으로 발전하고 있는 것을 보게 된다. 거룩함을 이루는 열쇠는 하나님 말씀을 우리 삶에 지속적으로 적용하는 것이라고 베드로는 말하는데, 이를 통해 우리가 지속적으로 두 가지를 할 수 있다고 말한다. 우리가 너무나 쉽게 걸려드는 죄를 벗어 버리고 그리스도의 성품인 의를 덧입을 수 있다고 말한다.

**성장을 방해하는 죄를 벗어버리라**

우리가 제자로서 주님 안에서 지속적인 성장을 경험하고 싶다면 우리의 영적 성장을 방해하는 죄를 벗어 버려야 한다. 베드로전서 2장의 인용 말씀을 계속 보면, "그러므로"(2:1)라는 말로 베드로가 이전 장에서 설명한 세 가지 핵심 진리, 즉 구원받을 때 신자들은 진리에 순종한다는 것(1:22)과 하나님에 의해 다시 태어나게 되었다는 것과(1:23) 불멸의 말씀의 능력으로 구원받았다는 것(1:23-24)과 우리를 연결시킨다.

"버리고"(2:1)로 번역된 헬라어는 거절할 때 쓰는 말인데 특히 사람, 몸 혹은 마음과 관련해서 적용된다.[141] 다른 말로 하면, 거절해야 할 죄악된 삶의 패턴들이 있다. 중간태로 쓰여 있어서 우리가 스스로 해야 하는 일들이라는 의미를 갖는다. 즉 다음과 같이 번역될 수 있다. "너희들 스스로 지속적으로 죄를 벗어 버려야 한다." 다른 말로 하면, 누구도 우리를 위해 이것을 해줄 수 없다는 말이다. 우리가 적극적으로 죄를 버리고 거부해야 한다. 청교도인 토머스 왓슨은 이렇게 말했다. "모든 죄에서 지옥 불을 볼 수 있다면 죄를 짓기 두려울 것이다. 가장 포악한 피조물도 불을 두려워한다. 모세의 지팡이가 뱀으로 변했을 때 모세는 두려워서 도망갔다. 죄는 독을 쏘는 뱀과 같을 것이다. 아, 어서 달아나라!"[142] 하나님의 거룩하심에 집중하면 할수록 우리는 우리 죄를 더 미워하게 될 것이다. 솔로몬도 이렇게 말했다. "여호와를 경외하는 것은 악을 미워하는 것이라"(잠 8:13).

그런 다음 베드로는 우리가 적극적으로 거부해야 하는 죄의 다섯 가지 예를 든다. 3장에서도 보았듯이, 죄의 목록이 다 거론되지는 않았지만 성경적 상담자들이 사람들을 변화시키도록 도울 때 필요한 대표적 행동들을 포함한다.

### 악독

"악독"은 악함을 모두 포괄하는 말이고[143], 우리의 구원받지 못한 과거를 보여준다. "우리도 전에는 어리석은 자요 순종하지 아니한 자요 속은 자요 여러 가지 정욕과 행락에 종 노릇 한 자요 악독과 투기를 일삼은 자요 가증스러운 자요 피차 미워한 자였으나"(딛 3:3). 다른 말로 하면 우리는 하나님이 아닌 죄를 따르고 있었다. 우리는 진노의 자녀들이었다(엡 2:3). 제리 브릿지스가 잘 말해준다. "진짜로 거룩한 사람은 그가 한때는 하나님의 거룩하고 공의로운 진노의 대상이었다는 것을 잊지 않는다."[144] 우리가 예전에 "그리스도 밖에 있었던"(엡 2:12) 것을 기억하는 것이 거룩을 추구해야 할 동기가 되고 우리 구주를 향한 사랑으로 나아갈 수 있게 한다(고후 5:14-15).

에베소서 4장 31절과 32절은 악독을 벗어 버리라고 단언한다. "너희는 모든 악독과 노함과 분냄과 떠드는 것과 비방하는 것을 모든 악의와 함께 버리고 서로 친절하게 하며 불쌍히 여기며 서로 용서하기를 하나님이 그리스도 안에서 너희를 용서하심과 같이 하라." 친절과 용서의 미덕이 악독과 노함과 그들의 가까운 친척인 분냄의 자리에 놓여야 한다. 분내는 사람은 주로 다른 사람을 용서하지 않으려는 사람이거나 고통스러운 시련을 거치면서도 하나님의 주권에 겸손히 복종하지 않으려는 사람이다. 그러므로 히브리서 기자는 분냄을 은혜받지 못함과 동일시한다. "너희는 하나님의 은혜에 이르지 못하는 자가 없도록 하고 또 쓴 뿌리가 나서 괴롭게 하여 많은 사람이 이로 말미암아 더럽게 되지 않게 하며"(히 12:15).

### 기만

악독을 벗어 버리는 것과 더불어 신자들은 "기만"도 벗어야 한다. 헬라어로 이 단어는 "미끼로 잡다"[145]라는 의미를 갖는다. 이것은 미끼에 걸려들도록 만반의 준비를 한 어부의 모습이다. 혹은 자기가 잡고자 하는 동물을 샅샅이 찾아다니는 사냥꾼과 같다. 그는 사냥감이 좋아하는 먹이가 무엇인지, 잠자는 습관은 어떤지, 생활 습관들은 어떤지를 다 알고 있어서 언제 어떻게 어디에 매복해야 하는지 안다. 복음서에서는 서기관들과 바리새인들이 예수님을 잡으려고 할 때 이런 모습이었다고 기록한다. 이런 식의 미리 계획된 기만은 거룩한 사람의 삶에서 설 자리가 없다. 시편 32편 2절은 이렇게 말한다. "마음에 간사함이 없고 여호와께 정죄를 당하지 아니하는 자는 복이 있도다!" 다른 말로 하면 우리는 기만을 벗어버려야 한다. 어떻게? 진리를 말하는 새로운 습관을 배워서이다. "그런즉 거짓을 버리고 각각 그 이웃과 더불어 참된 것을 말하라 이는 우리가 서로 지체가 됨이라"(엡 4:25). 우리가 의식적으로 기만을 회개하고 이러한 불경건한 습관 대신, 손해를 감수하고서도 늘 진리를 말하려고 할 때 우리는 새 사람을 덧입고 서로 사랑하는 법을 배울 수 있다.

### 외식

베드로는 독자들에게 "외식"을 벗으라고 또한 촉구했다. 케네스 위에스트는 신약성경이 이 단어를 어떻게 사용하는지 설명한다.

> 이런 사람의 진짜 정체성은 가려져 있다. 외식은 사칭이나 기만하는 행동들을 말한다. 이것은 그리스 연극 무대에서 배우에게 사용하던 말이었다. 그러다 신약성경 안에서 사용되면서 우리가 말하는 위선자, 즉 다른 사람의 버릇이나 말이나 성품을 흉내 내면서 자신의 진짜 정체성을 숨기는 사람을 일컫는 말로 쓰이게 되었다. 기독교는 신자들이 솔직하고 공명정대하기를 요구한다. 그들은 솔직해야 한다. 그들의 삶은 누구나 쉽게 읽을 수 있는 열린 책과 같아야 한다.[146]

예수님은 다음과 같이 경고하신다. "바리새인들의 누룩 곧 외식을 주의하라"(눅 12:1). 예수님이 이 말씀을 하신 이유는 바리새인들이 능숙한 위선자들이었기 때문이다. 그들은 영성의 가면을 썼지만 안에는 죽은 자의 뼈로 가득했다. 바리새인들은 사람들을 제자로 삼으면서 그들이 내면의 괴상한 모습을 그대로 갖고 있으면서 겉으로만 그럴싸하게 보이게 만드는 것으로 만족했다. 그래서 예수님은 위선을 강하게 비판하시며 화를 선포하신다.

> 화 있을진저 외식하는 서기관들과 바리새인들이여 너희는 천국 문을 사람들 앞에서 닫고 너희도 들어가지 않고 들어가려 하는 자도 들어가지 못하게 하는도다 화 있을진저 외식하는 서기관들과 바리새인들이여 너희는 교인 한 사람을 얻기 위하여 바다와 육지를 두루 다니다가 생기면 너희보다 배나 더 지옥 자식이 되게 하는도다(마 23:13-15).

회개 없이 도덕적인 사람을 만드는 것은 바리새인보다 "두 배나 더 지옥 자식"으로 만드는 것이다. 즉, 위선을 통해 "경건의 모양은 있으나 경건의 능력은 부인하는"(딤후 3:5) 것을 배우게 되면 진정한 구원으로 이끌기가 더 어렵다. 죄인들에게 필요한 것은 도덕성이 아니다. 그들에게는 예수 그리스도의 복음이 필요하다! 그리고 그들이 그리스도를 갖게 되면 도덕성은 저절로 따라올 것이다.

### 시기

"시기"는 "다른 사람이 잘 되는 것을 보거나 들었을 때 안 좋은 감정을 느끼는 것"[147]이다. 시편 기자는 이렇게 고백했다. "나는 거의 넘어질 뻔하였고 나의 걸음이 미끄러질 뻔하였으니 이는 내가 악인의 형통함을 보고 오만한 자를 질투하였음이로다"(시 73:2-3). 신약성경에서 시기는 언제나 악한 의미를 담고 있다. 예를 들어, 마태는 성난 군중이 예수님을 빌라도에게 내어준 것을 "시기해서"라고 말한다(27:18). 갈라디아서 5장 20절은 시기가 육체의 일이라고 말한다. 시기심이 든다면 지금 성령의 통치를 받지 않고 육체의 소욕을 따르고 있다는 분명한 증거이다. 시기심을 이기는 세 가지 방법이 있다.

첫째로, 시기는 감사하지 않을 때 생기기 때문에 감사하는 마음을 갖는 것이 필요하다. 성경은 이렇게 권면한다. "범사에 감사하라 이것이 그리스도 예수 안에서 너희를 향하신 하나님의 뜻이니라"(살전 5:18). 두 번째로 우리 마음을 시기로부터 지키려면 만족할 줄 알아야 한다. 하나님이 우리에게 주신 것에 만족해야 한다. "우리가 먹을 것과 입을 것이 있은즉 족한 줄로 알 것이니라"(딤전 6:8). 바울도 이렇게 간증한 바 있다. "어떠한 형편에든지 나는 자족하기를 배웠노니"(빌 4:11). 세 번째로 시기 대신 실천적인 의로 우리 마음을 채우기 위해서는 다른 신자들이 받은 복이 더 커보일 때도 그들과 함께 즐거워하는 것을 배워야 한다. 자기 훈련을 통해 우리는 즐거워하는 자들을 불편해 하는 이기적인 감정을 극복해서 진정으로 "기뻐하는 자들과 함께 기뻐할 수 있어야 한다"(롬 12:15). 이런 마음을 기를 때 시기를 벗어버릴 수 있다.

### 비방

"비방"이라는 단어는 "낮추다"와 "말하다"라는 두 단어가 합쳐서 된 말이다. 따라서 "누군가에 대해 낮춰서 말하다"라는 의미이다. 킹제임스 성경은 "악하게 말하기"라고 번역했다. 루이스 바비에리(Louis Barbieri)는 비방을 "누군가를 얕잡아 보거나 다른 사람을 과소평가하려는 의사소통 방법"[148]이라고 정의한다. 잠언 20장 19절 말씀에 따르면 비방에는 비밀을 떠들고 다니는 것이나 뜬소문 같은 것들도 포함된다. "두루 다니며 한담하는 자는 남의 비밀을 누설하나니 입술을 벌린 자를 사귀지 말지니라." 뜬소문과 비방은 함께 가는 것으로 웨인 맥은 그의 책 《당신의 가족 하나님의 길》(Your Family God's Way)에서 다음과 같이 말한다.

> 당신에게 소문을 전하는 사람은 당신에 관한 소문도 전할 사람이다. 처음에는 이 사람이 당신과만 사적인 정보를 공유하는 것이 특권처럼 생각될 수도 있다. 하지만 나중에는 이 사람이 당신에 대해서 다른 사람들에게 나쁜 소식을 퍼뜨리고 다녔다는 것을 알게 될 것이다.[149]

비방은 신중하게 벗어 버려야 할 죄이다. 왜냐하면 혀는 강력하고 가장 통제하기 어렵기 때문이다(약 3:8). 그러나 비방은 우선적으로 혀의 문제는 아니다. 예수님은 비방이 "마음에서" 나온다고 경고하신다(마 15:19). 그러므로 우리에게 필요한 내적 변화는 "마음으로 뜨겁게 서로 사랑"하는 것이고(벧전 1:22), "겸손한 마음으로 각각 자기보다 남을 낫게 여기는"(빌 2:3) 것이다. 야고보서 4장 11절은 이렇게 경고한다. "형제들아 서로 비방하지 말라." 즉 이 말은 "비방을 버리라"는 말과 같은 말이다.

지금까지 5가지 죄의 예를 살펴보았는데, 이것들을 거부하지 않으면 우리의 영적 성장은 방해받을 것이다. 그러므로 성경적 상담자들은 제자들이 이것들과 다른 마음의 죄들을 벗어 버리는 법을 배우도록 도울 필요가 있다. 하지만 우리가 덧입어야 할 혹은 간절히 구해야 할 경건의 또 다른 측면이 있다.

### 성장을 약속하는 말씀을 사모하라

그리스도의 제자는 뿌리 깊은 죄악된 습관을 벗어 버리는 동시에 하나님 말씀을 갈망하는 새로운 습관을 길러서 예수님이 명령하시는 모든 것을 행할 수 있어야 한다. 이제 막 태어난 젖 먹는 아기처럼, 우리는 순순하고 오염되지 않은 하나님의 말씀을 간절히 사모해야 한다. 베드로는 우리가 그것을 "간절히 원하면" 성장할 것이라고 말한다(벧전 2:2). 성경은 믿음으로 구원에 이르는 도구이다(롬 10:17). 하지만 성경은 또한 경건의 성장을 위한 도구이기도 하다. 그러므로 성경을 읽고 싶은 열망이 약한 사람은 성장이 제한적일 수밖에 없다. 하지만 말씀에 대해 강한 열망을 갖고 있고 하나님의 진리를 목말라하는 사람들은 성경의 진리를 삶에 적용하면서 그리스도인으로 성장하게 된다. 욥은 경건하게 다음과 같이 증언한다. "내가 그의 입술의 명령을 어기지 아니하고 정한 음식보다 그의 입의 말씀을 귀히 여겼도다"(욥 23:12). 야고보서 1장 21절은 신자들에게 이렇게 촉구한다. "그러므로 모든 더러운 것과 넘치는 악을 내버리고 너희 영혼을 능히 구원할 바 마음에 심어진 말씀을 온유함으로 받으라."

그러나 이러한 지속적인 성화가 이루어지기 위해서는 거룩한 욕구가 있어야 한다. 잠시 생각해 보자. 당신은 음식에 대해 어떤 욕구를 가졌는가? 그 욕구와 하나님 말씀에 대한 욕구를 비교해 보라. 음식보다 하나님 말씀이 더 귀한가? 하나님 말씀을 즐거워하는가? 예레미야 6장 10절은 악한 자들에게 이렇게 말한다. "보라 그 귀가 할례를 받지 못하였으므로 듣지 못하는도다 보라 여호와의 말씀을 그들이 자신들에게 욕으로 여기고 이를 즐겨 하지 아니하니." 이와 대조적으로, 예언자의 개인적인 증언은 다음과 같다. "만군의 하나님 여호와시여 나는 주의 이름으로 일컬음을 받는 자라 내가 주의 말씀을 얻어 먹었사오니 주의 말씀은 내게 기쁨과 내 마음의 즐거움이오나"(렘 15:16). 말씀을 지속적으로 먹기 위해서는 두

가지 섭취 방법(개인적, 공적)을 스스로 훈련해야 한다.

### 개인적인 섭취

말씀을 개인적으로 섭취하기 위해서는 매일의 묵상과 연구가 필요하다. 복 있는 사람은 하나님 말씀을 밤낮으로 묵상하는 것이 기쁘기 때문에 세상의 꾀를 거부하는 사람이다. 이렇게 하면 영적으로 성장하고 열매를 맺게 된다(시 1:1-3). 베드로는 우리가 하나님 말씀과 어떤 관계를 맺느냐가 "구원에 이르도록"(벧전 2:2) 자라는 데 있어서 핵심이라고 말한다. 이것은 영적 성장을 통해 비로소 구원을 받는다는 말이 아니라 영적 성장을 통해 이미 받은 구원을 외부로 드러내는 것을 말한다. 다른 말로 하면 우리가 하나님의 구원을 경험했기 때문에, 즉 "하나님의 사랑을 맛보았기" 때문에 우리를 계속 성장시킬 말씀을 갈망해야 한다. 이런 관점에서 볼 때, 존 파이퍼의 말은 특히 도전이 된다. "우리는 성경을 골드러쉬의 구두쇠처럼 혹은 집안 어딘가에서 약혼 반지를 잃어버린 약혼녀처럼 대해야 한다."[150] 성경을 대하는 우리의 태도는 바로 이러해야 한다! 시편 기자는 말씀을 기뻐하는 것과 순종하는 것의 관계를 알았기에 다음과 같이 기도했다. "나로 하여금 주의 계명들의 길로 행하게 하소서 내가 이를 즐거워함이니이다"(119:35).

### 공적인 섭취

성장하는 제자는 또한 하나님 말씀이 공적으로 선포되는 것을 가장 우선시하며 듣는 사람이다. 바울은 디모데에게 마지막 날은 "사람들이 자기를 사랑"(딤후 3:2)해서 그리스도인이라 자처하던 자들이 건전한 설교를 듣는 대신 그들의 귀를 즐겁게 해주는 인간 중심의 신화에 귀를 기울이는(딤후 4:1-4) 때가 될 것이라 경고했다. 이와는 반대로 예수님을 신실하게 따르는 자들은 그들 자신과 그들의 가족들이 지역 교회에 참여하여 공예배를 드리는 일에 최우선 순위를 둔다. "어떤 사람들의 습관과 같이"(히 10:25) 지역 교회에서 모이는 일을 버리지 않는다. 대신 함께 모여 예배하고 교제하고 하나님 말씀을 듣고 서로 격려하여 예수님을 닮아가며 예수님의 재림을 간절히 기다린다.

### 요약

지속적으로 제자로서 자라가는 것은 평생 걸리는 일로서 우리를 부르신 하나님의 성화시키는 은혜를 받아 그분을 닮아가는 것이다. 그러나 우리 몸에 남아 있는 자기를 높이는 죄의 원리로 인해 우리는 부지런히 마음을 새롭게 하고 부패한 탐욕을 회개하고 불경건한 습관을 그리스도의 거룩함으로 대체하기 위해 개인적인 훈런을 해야 한다. 우리는 언젠가 그리스도의 온전한 형상으로 성장할 것이다. 제임스 보이스는 이렇게 말한다.

> 그리스도인의 삶은 쉽지 않다. 책임감 있는 사람이라면 그렇게 말할 것이다. 그것은 언제나 전쟁과 같다. 하지만 그 싸움은 승리로 끝날 것이다. 싸움에서 승리할 때, 승리를 거둔 우리는 우리 왕관을 주 예수 그리스도의 발아래 드리게 될 것이다. 그리스도께서 그 승리를 이루기 위해 우리 안에서 일하셨기에 우리는 그분을 영원히 찬양하게 될 것이다.[151]

그리스도인의 삶은 어려운 싸움이기에 어떤 군사들은 전쟁터에서 부상을 당하기도 할 것이고 그렇기에 제자 삼는 자들이 제공하는 특별한 보살핌이 필요할 때도 있을 것이다. 이때 성경적 계획이 작동되어야 한다. 이제 타락한 제자들의 회복을 위한 하나님의 계획을 자세히 살펴보자.

**더 생각할 점과 소그룹 토론 질문**

1. 베드로후서 1:5-10을 읽으라. 경건에서 자라가는 과정에서 개인적 훈련의 중요성을 논해 보라. 성화의 과정(이번 장 앞부분에서 언급했다)에서 우리의 역할과 관련하여 어떤 신자들이 갖는 공통적인 오해에 대해 논해 보라. 당신도 이런 오해를 한 적이 있는가?
2. 베드로전서 1:13-16을 읽으라. 거룩하라는 하나님의 요청과 그리스도를 닮아가야 하는 당신의 개인적인 책임을 논해 보라. 성령께서는 당신이 어떤 변하기 원하는 것은 무엇인가?
3. 로마서 12:1-2을 읽으라. "마음을 새롭게 하기"와 하나님의 능력으로 변화되는 것의 연관성에 대해 논해 보라.
4. 야고보서 4:1-3을 읽으라. 마음의 탐욕이 다른 사람과의 갈등 조장에 어떠한 역할을 하는지 논해 보라. 화가 날 때 "나의 죄악된 마음이 너무 갈망해서 그것을 얻기 위해서라면 물불 안 가리려고 하고 있는가?"라고 스스로 물어보는 것이 중요하다는 점에 대해 논해 보라.
5. 로마서 7:14-25을 읽으라. 내재하는 죄의 문제와 예수 그리스도 안에서 우리가 얻는 승리에 대해 논해 보라. 로마서 6장과 7장에 나오는 진리 가운데 어떤 것을 매일 새롭게 환기할 필요가 있는가?

6. 에베소서 4:25-32을 읽으라. "대체 원리"가 어떻게 개인적 경건에 영향을 미치는지 논해 보라. 바울은 어떤 논리적 근거로 가르침을 펼치는가? 이 구절에서 그가 제시하는 예는 무엇인가? 어떤 죄악된 습관을 의로운 습관으로 대체해야 하는가?

7. 요한복음 17:7을 읽으라. 하나님의 기록된 말씀이 우리의 성화에서 어떤 역할을 하는가? 당신이 말씀을 사적으로 또 공적으로 섭취할 때 성령께서 당신은 어떤 부분이 변화되어야 한다고 말씀하시는가?

# 5장
# 형제 사랑의 마음

형제들아 사람이 만일 무슨 범죄한 일이 드러나거든 신령한 너희는 온유한 심령으로 그러한 자를 바로잡고 너 자신을 살펴보아 너도 시험을 받을까 두려워하라 너희가 짐을 서로 지라 그리하여 그리스도의 법을 성취하라 만일 누가 아무 것도 되지 못하고 된 줄로 생각하면 스스로 속임이라 각각 자기의 일을 살피라 그리하면 자랑할 것이 자기에게는 있어도 남에게는 있지 아니하리니 각각 자기의 짐을 질 것이라(갈 6:1-5).

진정한 성경적 상담은 내재하는 죄와의 싸움에서 영적 실패를 경험한 형제자매를 회복하는 데 앞장서면서 하나님의 구속하시는 사랑(redeeming love)을 삶 속에서 구현해내는 것이다. 하나님이 바라시는 제자 삼는 사역은 죄의 힘에 포획당한 사람들을 돕는 데 헌신하여 "죄와 분투하는 자들"이 예수 그리스도를 순종적으로 따르면서 성령의 새롭게 하심 가운데 행하게 하는 것이다. 그렇기 때문에 우리는 제자 삼는 사역을 하다 보면 때로는 일이 제대로 풀리지 않을 수도 있다는 것을 받아들여야 한다. 죄는 건드리는 모든 것을 망가뜨리고 모든 사람에게 상처를 입히기 때문이다. 이런 현실 때문에, 성경적으로 사랑하기로 헌신한 사람은 그리스도의 동정심으로 사역하여 죄에 매인 사람들을 구해낼 준비가 늘 되어 있어야 한다.

먼저 형제를 관찰하는 것부터 해야 한다. 피상담자 스스로 자신이 덫에 갇혔고 도움 없이는 스스로 죄의 속박에서 벗어날 수 없다는 것을 깨달아서 자발적으로 성경적 상담을 받으려고 할 때도 있지만, 성경적 상담자들이 그리스도 안에 있는 형제자매가 잘못된 선택을 하거나 죄악된 삶의 방식을 살고 있는 것을 보고서 상담을 시작할 수도 있다. 덫에 걸린 형제자매가 죄에 속박당한 자신들의 상태를 아는지 모르는지는 중요하지 않다. 사랑이 동기가 되어서 형제를 회복시켜 교제와 축복의 자리로 데려가는 일을 시작한다. 인디애나주 라파예트에 있는 훼이쓰 침례 교회 목사이자 훼이쓰 침례 상담사역 창시자인 윌리엄 구드(William Goode)는 다음과 같이 설득력 있게 말한다.

상담을 선택적인 사역으로 여기는 것은 신자의 삶에서 성경적 사랑이 가장 필요할 때(곤경에 처했을 때) 사랑의 손길을 거두는 것에 다름 아니다…우리는 그런 그리스도인들을 무시하기보다는 회복시키는 일에 집중해야 한다…신자들이 삶 속에서 죄와의 싸움에서 이기지 못하고, 다른 사람을 위해 자신의 삶을 쏟아붓지 못한다면 절대 그리스도를 닮아가지 못할 것이다. 그리고 곤경에 처한 제자를 돕기 위한 계획이 없다면 제자 삼는 일이 일어날 수 없다.[152]

갈라디아서 6장 1-5절은 그의 말을 강력하게 지지한다.

## 성경적 상담의 전제들

사도 바울은 이 본문에서 세 가지 기본 전제를 가지고 시작한다. 이 원리들을 이해하면 곤경에 처한 형제를 회복시키는 과정에서 그리스도의 사랑을 제대로 보여줄 수 있을 것이다.

### 성경적 상담은 영적 관계를 전제한다

본문 첫 단어가 의미심장하다. "형제들"이라는 말은 상담이 가족 문제임을 보여준다. 즉 하나님의 가족 안에서 제자를 삼는 것이다. 사실 교회는 다름 아닌 보이지 않는 하나님의 보이는 가족이다. 신약성경에는 신자들을 "형제들", "형제", "자매"와 같은 가족 용어로 지칭한 경우가 약 250번 정도 나온다. 교회는 원상의 "형제" 관계이다(벧전 2:17). 이 비유는 많은 것을 함축한다. 우리는 "서로 우애해야 하고"(롬 12:10), 서로의 필요를 돌볼 수 있어야 하고(행

2:44-45; 4:32; 11:29-30; 요일 3:17-18; 딤전 5:1-16), 서로를 위해 기도해 주어야 한다(약 5:13-16). 그러나 형제애라는 가족적 헌신에는 책망하는 것도 필요하다. 그리고 필요하다면 죄를 짓는 가족 구성원을 징계할 수 있어야 한다. 회복을 위한 성경의 계획은 형제를 위해 형제에 의해 수행된다.

### 성경적 상담은 영적 문제를 전제한다

"사람이 만일 무슨 범죄한 일이 드러나거든"이라는 구절은 무슨 일이 일어났고 회복을 위한 사역을 시작해야 할 때라는 것을 보여 준다. 이것은 마치 "벗어나기 전에"[153] 갑자기 기습당한 사람의 모습을 연상케 한다. 이러한 영적 패배는 "실족, 큰 실수"[154]를 범해서 일어난 것이다. 토마스 왓슨은 《죄의 해악》이라는 제목의 책에서 이렇게 말한다.

> 죄는 먼저 유혹하고 그 다음에는 파멸시킨다. 처음에는 여우이고 나중에는 사자이다. 야엘이 시스라에게 한 것과 같다. 야엘은 시스라에게 우유를 주고 나서 그를 끝장내 버렸다. 사사기 5장 26-27절은 이렇게 전한다. "손으로 장막 말뚝을 잡으며 오른손에 일꾼들의 방망이를 들고 시스라를 쳐서 그의 머리를 뚫되 곧 그의 관자놀이를 꿰뚫었도다 그가 그의 발 앞에 꾸부러지며 엎드러지고 쓰러졌고 그의 발 앞에 꾸부러져 엎드러져서 그 꾸부러진 곳에 엎드

러져 죽었도다." 죄는 처음에는 우리의 감각을 즐겁게 하며 유혹하여 즐거움을 주지만 그 다음에는 말뚝과 방망이로 공격한다. 죄는 압살롬이 암논에게 행한 것처럼 죄인을 파멸시킨다. 사무엘하 13장 28절을 보면 암논이 포도주를 마시고 마음이 즐거워지자 압살롬은 그를 죽인다. 죄의 마지막 행동은 언제나 비극적이다.[155]

동료 신자들이 죄의 힘에 굴복하여 하나님의 길에서 벗어났을 때, 그들은 하나님과의 교제를 회복하고 피해를 입은 형제들과의 관계를 회복하기 위해서 우리의 사랑어린 도움이 필요하다. 성경적 상담은 제자양육 병원의 응급실이자 집중치료실일 수 있다. 죄악된 선택으로 인해 몸의 일부가 상처를 입으면, 그 멤버를 옆으로 데려가서 "심장 수술"과 "재활"을 위해 좀 더 개인적인 돌봄을 받도록 조치를 취해야 한다.

### 성경적 상담은 영적 목표를 전제한다

이러한 개인적 사역의 목적은 "그러한 자를 바로잡는" 것으로, 이것이 언제나 목표가 되어야 한다. 죄를 짓는 형제자매는 하나님께 회개함으로 하나님과의 관계를 회복하고, 고백과 용서를 통해 동료 그리스도인들과 화해해야 한다. "바로잡다"라는 의미로 사용된 단어는 '부러진 뼈를 다시 맞춘다'는 뜻을 가진 의학 용어이다. 에베소서 4장 12절에서는 이 같은 단어가 "구비시키다(equipping)"

로 번역되어 있다(개역개정 한글 성경에는 "온전하게 하다"로 번역되어 있음—편집주). 이를 통해 볼 때 목사 겸 교사(pastor-teachers, 목사인 동시에 가르치는 사람이라는 의미—편집주)는 교회 안에 있는 성도들이 서로의 죄를 바로잡아 줄 수 있을 정도로 서로 사랑하도록 구비시켜(equipping), 성도들에 의한 사역이 이루어지도록 훈련시켜야 한다. 너무나 많은 신자들이 죄를 경계하고 권면하고 바로잡는 일을 목회자의 몫이라고 생각하는데, 절대 그렇지 않다. 이런 식의 타겟형 제자 삼는 사역이 되기 위해서는 모든 신자가 영적인 실패를 극복하기 위해 분투하는 형제자매를 내치거나 포기하지(혹은 그들을 전문 상담자에게 맡기지) 않겠다는 헌신을 해야 한다.

여기서 한 가지 개념을 정리하고 넘어가겠다. 여기서 내가 말하는 "전문 상담자"는 심리학과 심리치료 분야에서 일하는 사람들이다. 그들은 인간의 비물질적인 부분인 영혼을 다룬다. 그런데 영혼은 하나님이 인간과 소통하기 위해 만드신 부분이다. 나는 실제로 유기적, 생물학적 원인에 기초하여 문제를 진단하고 치료하는 의사의 조력을 받는 것을 금지하는 것이 아니다. 현명한 상담자는 피상담자가 가진 문제에 생물학적인 원인이 있는 것은 아닌지 알아보기 위해 가족 주치의의 진찰을 받아보라고 조언하거나 요청할 것이다. 그렇게 해서 실제로 육체와 관련된 질병이 밝혀지지 않으면, 성경적 상담자는 성경적 상담을 필요로 하는 영혼 관련 문제들을 철저히 다룰 수 있게 된다. 성경은 우리 삶에서 약이 필요한 영역을 인정한다. 예수님은 죄로 저주를 받은 육신을 갖고 살아가는 우리 삶에 의사가 필요하다고 말씀하신다(마 9:12). 그리고 사도 바울은 선교 여행에 동행한 의사 누가로부터 개인적인 도움을 받았다(골 4:14; 딤후 4:11). 그러나 야고보서 5장 13-16절에서 가르치듯이, 교회 지도자를 찾아가 기름을 바르고 기도해달라고 요청해야 하는 질병도 있다. 이를 통해 목회적 돌봄을 받게 되고 죄에 기인한 원인이 밝혀지고 성경적 고백으로 나아가게 되는 경우가 있다. 성경말씀은 하나님의 도움을 구하는 대신 의사의 도움을 구하지 말라고 경고한다(대하 16:12). 성경적 상담을 통해 주님으로부터 오는 도움을 추구한다면, 지혜로운 청지기로서 하나님이 은혜로 허락하신 방대한 의학지식의 혜택을 받지 않을 이유가 없다. 물론 의학이 우리 마음의 영적 문제를 없는 것처럼 가리는 마스크가 되어서는 안 될 것이다.

요지는 이것이다. 하나님의 가족은 영적 형제자매를 거부하거나 그들의 필요를 외면하지 않고, 그들의 마음과 정신에 생긴 상처를 치료하기 위해 적극적으로 함께하며, 그들이 하나님의 길로 돌아가도록 가르치고, 그들이 하나님의 방식으로 계속해서 살아가도록 훈련한다. 여러 가지 문제를 놓고 씨름하는 형제자매를 돌보는 과정에서 전문 의료진이 개입할 수도 있지만 그렇다고 그들을 돌보고 치료하는 우리의 책임을 그들에게 전가해서는 안된다.

폴 브랜드 박사는 필립 얀시와 함께 쓴 책 《치유》(Fearfully and

Wonderfully Made)에서 골절을 치유하는 과정을 설명하면서, 그리스도의 몸이 어떻게 기능해야 하는지 딱 맞는 예를 보여준다.

뼈가 부러지면 정교한 회복 과정이 시작된다. 흥분한 회복 세포들이 떼를 지어 침투한다. 2주 내에 캘러스(callus)라고 불리는 연골 같은 덮개가 부러진 부분을 둘러싸고 시멘트 역할을 하는 세포가 젤리 덩어리 안으로 들어간다. 이 세포들은 뼈의 홈을 메우는 골아(骨芽) 세포이다. 이 세포들은 연골 같은 살을 점차적으로 없앤 후 그 자리를 새 뼈로 대체한다. 2~3개월이 지나면 골절 부위는 정원 호스의 연결 부위처럼 부러진 양쪽 끝이 새로운 뼈 덩어리로 부풀어 오른다. 나중에는 부풀어 오른 부분이 사라지면서 거의 원래 뼈처럼 회복된다. 이것이 뼈의 정상적인 회복 과정이다.[156]

부러진 뼈가 치유되도록 인간의 몸을 경이롭게 디자인하신 하나님은 그리스도의 몸도 유사하게 디자인하셨다. 즉, 그 몸의 모든 구성원이 죄로 손상된 망가진 부분을 회복하는 과정에서 자기 역할을 하도록 디자인하셨다. 인간의 몸이 부러진 뼈에 반응하듯이, 죄를 지은 형제자매를 치유하는 것도 "정상적인 회복 과정"이어야 한다. 하나님께로 회복시키려는 목적(하나님 가족과의 화해도 포함하여)은 지속적으로 성경 말씀의 인도를 받아야 한다.

- "그러므로 예물을 제단에 드리려다가 거기서 네 형제에게 원망들 만한 일이 있는 것이 생각나거든 예물을 제단 앞에 두고 먼저 가서 형제와 화목하고 그 후에 와서 예물을 드리라"(마 5:23-24).
- "네 형제가 죄를 범하거든 가서 너와 그 사람과만 상대하여 권고하라 만일 들으면 네가 네 형제를 얻은 것이요 만일 듣지 않거든 한두 사람을 데리고 가서 두세 증인의 입으로 말마다 확증하게 하라 만일 그들의 말도 듣지 않거든 교회에 말하고 교회의 말도 듣지 않거든 이방인과 세리와 같이 여기라"(마 18:15-17).
- "내 형제들아 너희 중에 미혹되어 진리를 떠난 자를 누가 돌아서게 하면 너희가 알 것은 죄인을 미혹된 길에서 돌아서게 하는 자가 그의 영혼을 사망에서 구원할 것이며 허다한 죄를 덮을 것임이라"(약 5:19-20).
- "너희가 참음은 징계를 받기 위함이라 하나님이 아들과 같이 너희를 대우하시나니 어찌 아버지가 징계하지 않는 아들이 있으리요 징계는 다 받는 것이거늘 너희에게 없으면 사생자요 친아들이 아니니라 또 우리 육신의 아버지가 우리를 징계하여도 공경하였거든 하물며 모든 영의 아버지께 더욱 복종하며 살려 하지 않겠느냐 그들은 잠시 자기의 뜻대로 우리를 징계하였거니와 오직 하나님은 우리의 유익을 위하여 그의 거룩하

심에 참여하게 하시느니라 무릇 징계가 당시에는 즐거워 보이지 않고 슬퍼 보이나 후에 그로 말미암아 연단 받은 자들은 의와 평강의 열매를 맺느니라"(히 12:7-11).

이 구절 모두 목적은 동일하다. 언제나 회복적 목적을 가지며 절대 가혹하지 않다. 특히 히브리서 말씀에서 하나님은 당신의 자녀를 벌하시는 것이 아니라 징계하신다고 결론적으로 말한다. 벌과 징계는 서로 큰 차이가 있는데 다음 쪽의 도표에 정리되어 있다.

벌은 내치지만 징계는 회복시킨다. 벌은 진노의 그릇이 받는 것이지만 징계는 하나님 자녀가 받는 것이다. 벌은 죄에 대한 대가를 요구하지만, 징계는 예수님에 의해 이미 죄의 대가가 지불되었기 때문에 보호하고 축복하기 위해 바로잡는 것이다. 벌은 과거의 죄에 초점을 맞추지만 징계는 죄를 다루면서도 진정한 회개에 수반되는 순종의 미래적 축복을 바라본다. 그래서 벌은 종종 신자들에게 분노를 일으키는 반면, 성경적 징계는 회개로 이어지는 근심을 불러일으킨다.

사법적 형벌과 부모의 징계의 차이를 아는 것이 효과적 징계에 중요하다. 하나님이 우리의 본보기가 되신다. 하나님은 당신의 자녀를 절대 벌주지 않으신다. 하나님은 부정행위를 집계해서 내밀지 않으신다. 대신 하나님은 더 어려운 일을 하시는데, 죄를 지은 사람들과 함께하시며 사랑 안에서 그들을 직면하시고 그들을 회개와 성경적 고백으로 이끄시고 교제를 회복하셔서 계속해서 성화되도록 하신다. 가혹한 방법으로 성화를 향해 잡아끄는 것이 효과를 거두지 못하는 가장 큰 이유는, 진정한 변화를 위해 필요한 마음의 문제를 제대로 다룰 수 없기 때문이다. 가장 심각한 위험은 그렇게 하면 십자가에서 우리 대신 형벌을 받으신 그리스도의 구속사역을 이해하지 못하고 확신하지 못하게 만들 수 있다.

| | 징계의 신학 | |
|---|---|---|
| | 벌 | 징계 |
| 성질 | 가혹하다<br>"내가 세상의 악과 악인의 죄를 벌하며 교만한 자의 오만을 끊으며 강포한 자의 거만을 낮출 것이며"(사 13:11) | 교정한다<br>"…하나님은 우리의 유익을 위하여 그의 거룩하심에 참여하게 하시느니라"(히 12:10) |
| 동기 | 분노, 진노, 증오<br>"보라 여호와의 날 곧 잔혹히 분냄과 맹렬히 노하는 날이 이르러 땅을 황폐하게 하며 그 중에서 죄인들을 멸하리니"(사 13:9) | 사랑, 책임감, 죄에 대한 슬픔<br>"주께서 그 사랑하시는 자를 징계하시고 그가 받아들이시는 아들마다 채찍질하심이라 하였으니"(히 12:6) |
| 목적 | 벌을 주기 위해,<br>죄에 대한 대가를 치르도록<br>"하나님을 모르는 자들과 우리 주 예수의 복음에 복종하지 않는 자들에게 형벌을 내리시리니"(살후 1:8) | 교정하고 보호하고 축복하기 위해<br>"내 아들아 나의 법을 잊어버리지 말고 네 마음으로 나의 명령을 지키라 그리하면 그것이 네가 장수하여 많은 해를 누리게 하며 평강을 더하게 하리라"(잠 3:1-2) |
| 관점 | 과거에 머문다<br>"…주께서 그 행한 대로 그에게 갚으시리니"(딤후 4:14) | 미래를 소망한다<br>"…그의 거룩하심에 참여하게 하시느니라"(히 12:10) |

| | | |
|---|---|---|
| 공통된 반응 | 분노하며 비탄에 잠긴다<br>"…그 우박의 재앙 때문에 하나님을 비방하니…"(계 16:21) | 슬퍼하며 회개한다<br>"무릇 징계가 당시에는 즐거워 보이지 않고 슬퍼 보이나…"(히 12:11상) |
| 관계에 나타나는 결과 | 단절/고립<br>"그들은 영벌에… 들어가리라 하시니라"(마 25:46) | 화해/회복<br>"징계는 다 받는 것이거늘 너희에게 없으면 사생자요 친아들이 아니니라"(히 12:8) |
| 끝 | 파멸<br>"이런 자들은 주의 얼굴과 그의 힘의 영광을 떠나 영원한 멸망의 형벌을 받으리로다"(살후 1:9) | 성품의 변화<br>"…후에 그로 말미암아 연단 받은 자들은 의와 평강의 열매를 맺느니라"(히 12:11하) |

이것은 의미론 이상이다! 제자 삼는 과정에서 징계가 어떻게 취급되는지에 따라 십자가의 신학을 확고히 할 수도 있고 아니면 교묘하게 행위 중심의 경건을 말할 수도 있다. 경건을 행위 중심으로 접근하다 보면 경건을 추구하는 동기가 그리스도를 향한 최고의 사랑이기보다는 두려움이 될 수 있다. "그가 모든 사람을 대신하여 죽으심은 살아 있는 자들로 하여금 다시는 그들 자신을 위하여 살지 않고 오직 그들을 대신하여 죽었다가 다시 살아나신 이를 위하여 살게 하려 함이라"(고후 5:15).

성경적으로 제자를 삼는 자들은 하나님이 헌신하신 목적과 같은 목적에 헌신해야 한다. 하나님은 죄를 짓는 자녀를 교제와 순종과 축복의 자리로 회복시키기 위해 헌신하셨다. 제자들이 성경적 도움을 거부하며 반항적으로 떠나는 시간이 올 수도 있다. 그러나 그때까지는 "영적인" 사람은 사랑으로 형제의 죄를 회피하지 않고 직면하고, 자기 자녀를 대하시는 하나님의 방법을 드러내고, 신자가 성장할 수 있도록 은혜를 나눠주는 환경을 만들어 가는 일을 계속해야 한다.

## 성경적 상담자가 가져야 할 자질들

사랑으로 사람을 회복시키기 위해서 문제에 처한 사람의 죄를 직면하는 사람은 "영적"이어야 한다고 바울은 분명히 말한다. 이 단어는 프뉴마티코스(*pneumatikos*)를 번역한 것인데 이 맥락에서는 "하나님을 기쁘시게 하기 위해 행하는, 그리스도 안에 있는 사람"[157]을 말한다. 다른 말로 하면, 성령 안에서 행하고 성장하는 사람은 죄를 지은 형제자매와 함께하며, 그들을 회복시켜 그들이 순종을 통해 흘러나오는 영적 축복을 받을 수 있게 하는 사람이다. 성령 없이는 성경적 상담은 존재할 수 없다. 성령님은 예수님이 보내시겠다 약속하신 신적 상담자이시다(요 14:16). 제자들이 주님께 그들의 마음을 복종시킬 때, 성령께서 그들을 경건 안에서 성장하게 하시고 다른 사람의 삶에 변화를 가져오는 도구로 삼으실 수 있다.

## 성경적 상담자의 책무

갈라디아서 6장 말씀은 성경적 상담자가 죄를 지은 형제자매를 믿음의 길로 회복시킬 때 수행해야 할 책임에 대해서도 말한다.

### 은혜롭게 온유한 심령으로 회복시키라

먼저, "온유한 심령"으로 회복시켜야 한다(갈 6:1). 다른 말로 하면, 거칠고, 비판적이고, 판단적인 마음으로 행해서는 안 된다는 말이다. 성령 안에서 행하는 법을 배우다 보면 온유의 열매(갈 5:23)를 맺게 되는데, 하나님은 이 열매를 가지고 우리가 돕고자 애쓰는 사람의 마음을 만지는 데 사용하신다. 폴 트립의 다음의 말은 옳다.

> 죄에 빠진 형제자매를 볼 때 우리의 반응은 온유함이어야 한다. 하나님의 은혜가 없었다면 우리도 그들과 같을 것이다. 따라서 우리가 받은 은혜대로 그들에게 동일하게 대해야 한다. 하나님은 우리가 사랑받을 만하지 않았을 때 우리를 사랑하셨다. 우리의 반복되는 죄 앞에서도 하나님은 우리를 용서하셨다. 사실 우리를 어둠에서 이끌어 내어 그분의 기이한 빛 앞에 서게 한 것은 그분의 사랑이었다. 다른 사람과 대화할 때, 잔존하는 죄의 문제와 씨름할 때, 그리스도의 넘치는 사랑을 보여주는 것이 중요하다.[158]

목회자의 지도를 따르지 않아서 공동체에서 고립될 수밖에 없는 목이 곧은 사람을 치리할 때에도, 바울은 신자들에게 "그를 원수와 같이 생각하지 말고 형제 같이 권면"(살후 3:14-15)하라고 격려한다. 우리는 그리스도 안에서 한 가족으로 묶여 있기에 죄를 범한 가족 구성원도 은혜롭게 대해야 한다.

**자기를 돌아보면서 겸손하게 회복시키라**

두 번째로 죄를 짓는 형제자매를 회복시키는 사역은 겸손하게 행해야 한다. "너 자신을 살펴보아 너도 시험을 받을까 두려워하라"(1절). 성경적 겸손은 가장 성숙한 신자도 인간 마음 안에 내주하는 악한 유혹들의 강력한 힘에 여전히 영향을 받을 수 있다는 것을 안다(약 1:13-14). "만일 누가 아무 것도 되지 못하고 된 줄로 생각하면 스스로 속임이라"(갈 6:3). 다른 사람을 제자 삼아 그리스도께 순종하도록 만들 때, 항상 우리 자신의 마음도 눈여겨 보아야 한다. 솔로몬은 아들에게 이렇게 경고했다. "모든 지킬 만한 것 중에 더욱 네 마음을 지키라 생명의 근원이 이에서 남이니라"(잠 4:23). 예수님이 재림하시고 우리가 영화로워질 때까지(요일 3:2) 죄가 늘 우리 문 앞에 웅크리고 우리를 삼키려고 한다는 것을 잊어서는 안된다(창 4:7). 다른 사람들의 문제를 다루기에 앞서 기도하며 묵상해야 할 성경구절은 마태복음 7장 1-5절 말씀이다.

비판을 받지 아니하려거든 비판하지 말라 너희가 비판하는 그 비판으로 너희가 비판을 받을 것이요 너희가 헤아리는 그 헤아림으로 너희가 헤아림을 받을 것이니라 어찌하여 형제의 눈 속에 있는 티는 보고 네 눈 속에 있는 들보는 깨닫지 못하느냐 보라 네 눈 속에 들보가 있는데 어찌하여 형제에게 말하기를 나로 네 눈 속에 있는 티를 빼게 하라 하겠느냐 외식하는 자여 먼저 네 눈 속에서 들보를 빼어라 그 후에야 밝히 보고 형제의 눈 속에서 티를 빼리라

예수님은 우리 안에 겸손과 자기 점검이 없다면 서로의 문제를 직면하는 사역에 큰 장애가 된다고 분명히 말씀하셨다. 교만은 상담자의 영적 눈을 멀게 하여 자기를 속이게 만든다. 반대로 겸손은 사랑과 인내의 분위기를 만들어 내는데, 이것이야말로 회복이라는 목적을 달성하는 데 가장 중요하다.

### 책임성을 가지고 지지하며 회복시키라

세 번째로, "너희가 짐을 서로 지라"(2절)는 말씀은 회복 사역이 서로의 죄의 무게를 지도록 돕는 것을 포함한다는 것을 말해 준다. 본문의 문맥에서 "짐"은 죄의 무게 혹은 형제자매를 죄의 덫에 걸리게 한 "유혹의 짐"[159]을 가리킨다. 이 무게를 진다는 것은 그들이 자기 죄의 무게를 지도록 돕는 것이다. 리차드 백스터는 동료 목회자들에게 양떼를 이런 방식으로 섬기라고 격려했다.

우리가 특별히 도와야 할 또 다른 부류의 회심자들은 어떤 특정 죄로 인해 다른 사람에게도 피해를 주고 자신도 괴로워하는 사람들이다. 참 슬픈 일이다! 이런 사람이 너무 많다. 어떤 사람은 특히 교만에 중독되어 있고, 어떤 사람은 세속적인 생각에 중독되어 있고, 어떤 사람은 성적인 욕망에 사로잡혀 있고, 어떤 사람은 고집스러움이나 다른 악한 열정에 중독되어 있다. 이런 모든 사람을 돕는 것이 우리 의무이다. 때로는 대화를 통해서, 때로는 죄의 혐오스러움을 분명히 드러냄으로써, 때로는 치유받는 길로 나아가는 바른 방향을 제시함으로써 그들이 죄의 문제를 좀 더 잘 이겨낼 수 있도록 도와야 한다.[160]

영적인 상담자들은 사람들과 함께 짐을 질 책임이 있긴 하지만 그들 대신 짐을 져서는 안 된다. "각각 자기의 짐을 질 것이라"(5절). 다른 말로 하면, 우리가 죄를 짓는 형제자매를 위해 무슨 도움을 주든 그들이 져야 할 책임을 하나도 덜어줄 수 없다는 것이다. 왜냐면 하나님의 형상을 지닌 피조물로서 그들이 직접 하나님께 도덕적인 책임을 져야 하기 때문이다. 죄를 짓는 형제자매를 회복시키려는 목적으로 사랑으로 그들의 죄를 다루기는 하지만 "그리스도 예수 안에 있는 생명의 성령의 법이 죄와 사망의 법에서 해방"(롬 8:2)한다는 진리를 그들에게 상기시켜 주어야 한다. 이렇게 사역할 때, 우리는 "그리스도의 법을 성취"(갈 6:2)한다. 그리스도는 섬김을 받으러 오신 것이 아니라 섬기려고 오셨다(막 10:45).

## 요약

현대의 성경적 상담 운동의 선구자인 제이 아담스는 우리와 동료 제자들과의 관계에서 사랑이 먼저라고 말한다.

하나님 사랑과 이웃 사랑은 하나님이 그리스도인들에게 요구하시는 것을 요약한 것이다. 사랑하는 사람은 상담이 필요 없다. 사랑은 하나님과 사람, 사람과 사람 사이의 관계를 공고히 한다. 사랑은 끌어당기지만 두려움은 밀어낸다. 사랑은 주지만 탐욕은 움켜쥔다. 사랑은 세우지만 증오는 파괴한다. 사랑이 있으면 의사소통이 원활하지만 분노하면 소통하지 못한다. 사랑은 그리스도인 상담자가 다루는 삶의 모든 문제의 궁극적인 해답이다. 그러므로 사랑이 목표이다.[161]

우리는 제자 삼는 자들로서 우리뿐만 아니라 형제자매들도 (비록 싸우다 지는 사람도 있고 승리를 얻기 위해서는 별도의 도움이 필요한 사람도 있지만) 함께 죄와 싸운다는 것을 기억해야 한다. 사랑을 행하는 것이 제자를 삼는 목적이라면, 제자를 삼는 전 과정에서 이 사랑의 본을 보여야 할 것이다. 즉 그리스도 안에 있는 형제자매가 죄에 빠진 것을 알게 되었을 때에도 그들을 겸손히 대할 수 있어야 하고 그들을 의의 길로 돌아오도록 부드럽게 이끌 정도로 사랑해야 한다는 의미이다. 이런 사랑이 없는 사역은 아무 유익이 없다(고전 13:1-3). 사랑은 긴 안목으로 넘어진 형제의 유익을 바라보며 그를 불쌍히 여겨 회복시키려고 겸손히 애쓰게 한다. 우리 모두 정도는 달라도 죄와 "싸우는 자들"이고 그러므로 회복시키는 사역에 지속적으로 헌신해야 한다. 이번 장에서 보았듯이. 하나님 말씀은 이런 회복을 위한 계획을 제공한다. 상담사역에 있어서도 하나님의 말씀의 충분성은 성립한다.

**더 생각할 점과 소그룹 토론 질문**

1. 갈라디아서 6:1-5을 읽으라. "형제들"이라는 말의 중요성에 대해 논해 보라.
2. 에베소서 4:11-16을 읽으라. 목사 겸 교사(pastor-teacher)의 주된 역할을 논해 보라. 사도행전 6장 1-7절 말씀과 비교해 보라. 당신의 목사에게 어떤 기대를 갖고 있는가? 그들이 이 말씀들이 가르치는 바와 일치하는가? 교회의 몸을 이루어가는 데 있어서 당신의 역할을 감당하고 있는가? 목사를 위해 얼마나 자주 기도하는가? 당신의 삶에서 목사의 사역으로 인해 감사하다는 격려의 편지를 써 본 적이 언제가 마지막이었나?
3. 히브리서 12:7-11을 읽으라. "징계의 신학"에서 제시한 성경적 징계와 벌의 차이에 대해 논해 보라.
4. 마태복음 7:1-5을 읽으라. 다른 형제자매의 죄를 직면하기 앞서 자기 점검의 중요성에 대해 논해 보라. 제자양육의 관계에서 책임의 중요성에 대해 논해 보라.
5. 고린도전서 13:1-7을 읽으라. 성경적 사랑의 특성에 대해 논해 보라. 성경적 사랑은 문제를 정면으로 다룰 만큼 충분히 돌보는 것인가? 당신은 형제자매의 문제를 놓고 당사자를 대면할 만큼 그들을 사랑하는가? 다른 신자들이 교제를 회복하고 복을 누리도록 그들을 회복시킬 만큼 그들을 사랑하는가?

# 6장
# 살아 있는 말씀에 대한 확신

모든 성경은 하나님의 감동으로 된 것으로 교훈과 책망과 바르게 함과 의로 교육하기에 유익하니 이는 하나님의 사람으로 온전하게 하며 모든 선한 일을 행할 능력을 갖추게 하려 함이라(딤후 3:16-17).

하나님의 말씀은 살아 있고 활력이 있어 좌우에 날선 어떤 검보다도 예리하여 혼과 영과 및 관절과 골수를 찔러 쪼개기까지 하며 또 마음의 생각과 뜻을 판단하나니(히 4:12).

진정한 성경적 상담은 그 철학과 실천을 오직 성경 위에 세운다. 성경은, 살아 있는 말씀이신 예수 그리스도로부터 성령에 의해 신실하게 계시된 하나님의 뜻이다. 하나님이 원하시는 제자양육 사역을 행하기 위해서는 성경적 진리가 가장 권위가 있고 사람을 변화시키는 능력이 있다는 확신이 있어야 한다. 그러므로 우리는 하나님을 더 잘 알고 인간의 필요를 더 잘 이해하기 위해 성경을 부지런히 탐구해야 한다. 그래야 사람들이 예수 그리스도를 따르는 자답게 변화된 삶을 살도록 도울 수 있다. 이것이 가능하기 위해서는 신자들이 성령의 인도를 따라 성화의 과정을 거치면서 맞닥뜨리는 모든 영혼의 분투를 다루는 데 성경으로 충분하다는 흔들리지 않는 확신이 있어야 한다.

슬프게도 미국의 교회들은 대체적으로 이런 확신이 없는 것 같다. 빌 헐(Bill Hull)은 그의 책《제자를 삼는 목회자》(The Disciple Making Pastor)에서 교회가 기록된 하나님 말씀의 충분성을 믿지 못하게 되었고, 그 결과 심리학의 원리들을 받아들였다고 말한다.

세상의 심리학의 영향으로 자기 숭배라는 새로운 제의(祭儀)가 생겨났다. 사람들은 자신과 사회의 날조된 요구들을 충족시키는 방법에 너무 열중한다. 심리학은 사람들에게 결핍을 느끼게 만들고, 전에는 존재하는지도 몰랐던 필요들에 대해 말해줌으로써 그 존재 기반을 마련한다. 광고가 거짓 필요를 만들어 내고 어떤 물건을 꼭 사야 할 것처럼 압박감을 주어 구매를 유발하는 것처럼, 사람들은 심리학 산업이 만들어 낸 조작된 감정적 필요를 충족시키려고 애를 쓴다.

뉴스 진행자는 불편한 진실을 들려주고, 성경은 계시된 진리를 들려주고, 심리학은 바가지 요금을 씌우는 숨겨진 진실을 들려준다. 미국은 심리학을 기반으로 하는 사회인데다 교회마저 '필요'라는 언어와 철학에 현혹되어 가고 있다. 그래서 교인들은 문화 프로그램 편성을 고르듯 잘못된 질문들을 던진다. 교회가 나를 위해 무엇을 해줄 수 있지? 여기서 내 필요가 채워질까? 여기 왔다 가면 기분이 좋은가? 목회자가 죄책감을 느끼게 하는가? 하고 싶지 않은 일을 하게 될까? 이런 질문들은 세속 심리학 단체에 의해 우리 사회 안에 양산된 매우 자기 숭배적인 폐단을 반영한다.[162]

바른 교리를 가르치고 적용하는 것을 최우선순위로 삼는 성경적 가치의 견지에서 볼 때, 하나님의 백성이 여러 개인적 문제를 안고 있는 사람들을 돕기 위해 성경을 사용하는 것이 꼭 필요하고 효과적이라고 확신한다. 그런데 성경 사용 스킬처럼 가장 기본적인 것을 잃어버려 가고 있는 현 시대의 조류를 생각하니 마음이 참 괴롭다. 오늘날 교회 안에는 심리학이 답이라고 생각하는 사람이 훨씬 많다. 이러한 현 상태를 고칠 최고의 치료책은 하나님의 말씀이 인간의 영적인 필요를 온전히 충족시킬 수 있다고 확신한 초대교회의 믿음으로 돌아가는 것이다.

### 말씀의 충분성(딤후 3:16-17)

오늘날 많은 신자가 정신 건강 전문가들 앞에서 주눅 드는 것이 사실이긴 하지만, 역사상 신자들은 하나님의 말씀 안에 모든 인간 경험이 다 들어 있다고 믿어 왔다. 시편 19편 7-9절은 그러한 확신을 보여주는 예이다.

"여호와의 율법은 완전하여 영혼을 소성시키며 여호와의 증거는 확실하여 우둔한 자를 지혜롭게 하며 여호와의 교훈은 정직하여 마음을 기쁘게 하고 여호와의 계명은 순결하여 눈을 밝게 하시도다 여호와를 경외하는 도는 정결하여 영원까지 이르고 여호와의 법도 진실하여 다 의로우니"

말씀이라는 자원은 측량할 수 없을 정도로 풍부하다. 성경은 인간을 창조하신 하나님의 계시이고 그 완벽성 때문에 "금 곧 많은 순금보다 더 사모할 것"(시 19:10)이기에 인간이 직면하는 모든 문제를 다루기에 충분하다. 신약의 신자들도 성경말씀은 무엇을 믿어야 할지, 어떻게 살아야 할지를 가르치기에 적합하다는 확신이 있었다. 그들은 우리가 바른 길을 벗어나면 말씀이 우리를 책망하고 돌아갈 길을 보여준다고 믿었다. 또한 성경말씀은 우리를 거룩하게 살도록 훈련하여 우리를 성숙하게 하고, 하나님을 섬기며 살 수 있게 우리를 온전하게 해준다고 믿었다. "모든 성경은 하나님의 감동으로 된 것으로 교훈과 책망과 바르게 함과 의로 교육하기에 유익하니 이는 하나님의 사람으로 온전하게 하며 모든 선한 일을 행할 능력을 갖추게 하려 함이라"(딤후 3:16-17).

이 핵심 구절은 성경이 "하나님의 감동으로 된 것"이라고 분명히 말한다. 헨리 디이슨(Henry Thiessen)은 다음과 같이 하나님의 감동을 설명한다. "성령께서 성경의 기록자들을 인도하고 감독하고 그들의 독특한 개성을 사용하여 하나님이 쓰기 원하시는 것을 과장이나 오류 없이 쓰게 하셨다."[163] 디모데후서 3장 16절에 대해 웨인 그루뎀은 다음과 같이 말한다.

> "하나님의 감동으로 된 것"이라는 표현은 하나님이 성경 말씀을 직접 말씀하셨다는 비유적 표현으로 이해되어야 한다. 이 구절은 구약 여러 곳에서 분명히 드러나는 내용을 간단히 요약해 놓은 것과 같다. 구약성경은 기록된 하나님의 말씀으로 간주된다. 구약성경의 모든 말씀은 비록 하나님이 인간 대리자를 통해 받아 적게 하셨지만, 모두 하나님이 하신(지금도 하시는) 말씀이다.[164]

성경 말씀은 하나님이 하신 말씀이기 때문에 "유익하다". 즉 "유용하고, 이롭다."[165] 바울은 디모데전서에서 같은 단어를 사용하여 약간의 유익이 있는 육체의 연단과 "범사에 유익한" 경건을 대조시킨다(딤전 4:8). 건전한 가르침은 "아름다우며 사람들에게 유익" 하다(딛 3:8). 디모데후서 3장 16-17절에서, 성경의 네 가지 유용한 기능이 제시된다.

### 교훈

"교훈"은 교리를 말한다. 성경은 우리에게 하나님과 우리 자신과 구주에 대해 무엇을 믿어야 할지 가르쳐 준다. 바울이 디모데에게 한 권면을 잊지 말아야 한다. "네가 네 자신과 가르침을 살펴 이 일을 계속하라 이것을 행함으로 네 자신과 네게 듣는 자를 구원하리라"(딤전 4:16). 디모데는 젊은 목회자였지만 바울은 그에게 "누구든지 네 연소함을 업신여기지 못하게 하고 오직 말과 행실과 사랑과 믿음과 정절에 있어서 신자에게 본이 되라"(딤전 4:12)고 도전했다.

그러므로 우리는 성경적 상담자들로서 우리의 신학뿐 아니라 우리 삶에도 주의를 기울여야 한다. 그렇게 하면 그리스도의 길을 말로 가르칠 수 있을 뿐 아니라 본을 보일 수 있다. 디도도 같은 권면을 받았다. "범사에 네 자신이 선한 일의 본을 보이며 교훈에 부패하지 아니함과 단정함과 책망할 것이 없는 바른 말을 하게 하라"(딛 2:7-8).

### 책망

"책망"은 우리 삶에서 죄악된 것을 지적한다. 이 말은 "죄인의 유죄판결"[166]을 가리킨다. 다른 말로 하면, 성경은 우리가 어떤 선택을 해서 하나님께 순종하는 바른 길에서 벗어나게 되었는지를 분별할 수 있게 도와주어서 우리가 어디서 잘못되었는지 정확하게 알려 준다. 베드로는 "말하지 못하는 나귀가 사람의 소리로 말하게"(벧후 2:16) 하여서 하나님이 발람을 꾸짖으셨던 것을 언급하면서 이 같은 단어를 사용한다. 시편 기자도 하나님의 말씀이 우리를 꾸짖는다고 말한다. "또 주의 종이 이것으로 경고를 받고 이것을 지킴으로 상이 크니이다"(시 19:11).

성경적 상담자들은 책망이 필요할 때 하나님 말씀보다 더 효과적인 도구는 없다는 사실을 늘 기억해야 한다. 성령께서 당신이 직접 쓰신 말씀을 사용해서 사용자 정의 응용 프로그램을 만들어 각각의 제자에게 맞는 방식으로 회개를 이끌고 삶의 변화를 이끌어 내실 것이다. 책망의 한 예로, 베드로가 위선적인 삶을 살아 "복음의 진리를 따라 바르게 행하지 아니함을 보고" 사도 바울이 그를 "대면하여" 꾸짖었던 경우가 성경에 기록되어 있다(갈 2:11-14).

### 바르게 함

"바르게 함"이라고 번역된 단어는 "곧게 세우다"[167]라는 의미이다. 하나님의 말씀은 우리가 불순종한 것에 대해 유죄판결 내리고 책망하지만 또한 어떻게 바른 길로 돌이켜 우리 주님을 위해 귀하게 쓰임 받을 수 있는지도 가르쳐 준다. 성경에서 하나님의 말씀이 바르게 하는 데 사용된 좋은 예는, 선지자 나단이 다윗 왕에게 했던 일이다(삼하 12:1-15). 성경은 바울이 밧세바와 간음하고 그 남편을 죽인 일을 책망하기 위해 여호와께서 나단을 다윗에게 보냈다고 말한다. 나단이 지혜롭게 말하도록 성령께서 도와주셨다. 그는 다윗이 잘 이해할 수 있도록 가난한 자의 한 마리 양을 빼앗은 부자에 관한 짧은 이야기를 들려 주었다. 다윗이 부자의 죄에 분노하며 그가 정당한 심판을 받아야 한다고 느끼자, 나단은 이렇게 선포했다. "당신이 그 사람이라!" 다윗은 고통스러운 현실을 직면하고서 나단에게 이렇게 말했다. "내가 여호와께 죄를 범하였노라." 그런 다음 나단은 다윗이 죽을 때까지 직면해야 할 죄의 결과를 알려 주어야 했다. 이처럼 하나님 말씀이 죄를 지은 사람에게 전해지면 책망의 열매(바르게 함과 회개)가 따라오게 된다.

그렇기에 우리는 성경적 상담자들로서 우리만의 경건의 기준을 따로 만들 필요가 없다. 오히려 우리는 성경 말씀을 사용하여 잘못을 저지른 형제자매를 바르게 하고 그들이 "무겁지 않은"(요일 5:3) 하나님의 명령에 순종하도록 이끌 책임이 있다. 성령님이 말씀을 사용하시길 마음속으로 의지하면서, "하나님이여 나를 살피사 내 마음을 아시며 나를 시험하사 내 뜻을 아옵소서 내게 무슨 악한 행위가 있나 보시고 나를 영원한 길로 인도하소서"(시 139:23-24)라고 기도했던 다윗의 본보기를 따를 때 큰 유익이 있을 것이다.

### 교육

"교육"은 성경말씀으로 신자들을 교육하는 것과 관련이 있다. 리차드 트렌치는 "바르게 함"이라는 뜻을 갖는 에파노토시스

(epanorthosis)라는 단어와 관련하여 헬라어 파이데이아(paideia)에 대해 다음과 같이 설명한다.

> 파이데이아는 기독교가 깊은 의미를 부여하는 단어 중 하나이다…헬라어 파이데이아(paideia)는 "교육"을 의미한다. 하지만 "아이의 마음에는 미련한 것이 얽혔으나 징계하는 채찍이 이를 멀리 쫓아내리라"(잠 22:15)라는 진리를 체험한 사람들은 파이데이아에 또 다른 의미를 더했다. 죄악된 인류를 위한 모든 효과적인 가르침에는 잘못을 깨닫게 함 혹은 "바르게 함"(epanorthosis)이라는 의미가 포함(내포)되어야 한다. 신약성경에서 딱 한 번 나오는 에파노토시스는 디모데후서 3장 16절에 나오는 파이데이아와 밀접한 관련이 있다.[168]

트렌치는 철학과 신학에서 이 단어를 옛날부터 사용했다고 말하면서 아우구스티누스가 이 단어를 "'성화를 부려서 가르치는 것'이라고 정의 내렸는데, 이것이 파이데이아의 주된 의미이다"[169]라고 말한다. 하나님 말씀은 우리를 경건하게 훈련시키기 위해 우리를 바르게 한다.

우리는 성경적 상담자들로서 하나님 말씀을 가르치는 것은 단순히 지식을 전하는 것이 아니라 제자들이 하나님을 위해 "의롭게" 살도록 훈련하는(이것은 때로 "성화를 부려서" 바르게 하는 것을 통해 고통스럽게 얻어진다) 것임을 명심해야 한다. 이렇게 의로워질 때 평화가 임한다. "공의의 열매는 화평이요 공의의 결과는 영원한 평안과 안전이라"(사 32:17). 즉 말씀은 우리에게 유죄판결 내리고 바르게 하면서 새로운 삶의 패턴을 형성하게 한다. 하나님이 기뻐하시는 습관을 만들어 하나님을 기쁘시게 하는 삶을 살 수 있게 한다. 커티스 토마스는 성경적 상담은 이런 식으로 전인격적인 접근을 할 수 있어야 한다고 말한다. "우리의 상담은 바르게 하는 목적도 있지만 훈련하는 목적도 있다. 책망은 그 자체로 심각한 관계의 문제를 발생시킬 수 있다. 시간을 들여 사람들을 의의 길로 온유하게 훈련해야 하나님이 지정하신 사이클을 완수할 수 있다."[170]

하나님 말씀의 궁극적인 목적은 신자들이 "모든 선한 일을 하기에 구비되고 합당해지는 것"이다. "합당하다"는 말은 "완벽하다, 능력 있다, 능숙하다"는 의미이다.[171] 트렌치는 《신약성경 동의어 사전》(Synonyms of the New Testament)에서 이렇게 말한다. "아르티오스(artios)는 완벽함을 위해 필요한 모든 부분이 다 있는 것을 말할 뿐 아니라 계획된 목적에 맞게 각 부분이 기능하는 것을 의미한다. 바울은 하나님의 사람은 모든 선한 일을 행할 능력을 갖추어야 한다고 말한다(딤후 3:17)."[172] 성경 말씀은 교훈과 책망과 바르게 함과 의로 교육하는 일(바로 제자 삼는 일)을 위해 가장 적합하다. 하나님 말씀을 진실되게 사용하면서 서로를 상담함에 따라 우리는 "모든 선한 일을 하기에 구비된다." "구비된다"는 엑사르티조(exartizo)

라는 말에서 나왔다. 신약성경에서 이 단어가 쓰인 곳이 딱 한 번 더 있는데, 바울과 동료들이 두로까지 항해한 목적을 다 이룬 후에 여러 날을 지냈다고 말하는 그 부분이다(행 21:5). 따라서 하나님의 말씀은 하나님이 직접 영감을 불어넣으신 것으로 예수님의 순종적인 제자를 삼는 사역을 위해 충분한 도구가 된다고 결론내릴 수 있다. 성경은 진정한 변화가 시작되는 마음을 수술하는 힘이 있기에 성경 하나로 충분하다.

### 말씀으로 하는 수술(히 4:12)

히브리서 4장 12절은 "그래서"라는 짧은 단어로 시작한다(한국어 새번역 성경에서는 중간에 "그래서"라는 말이 나온다-역자주). "하나님의 말씀은 살아 있고 힘이 있어서 어떤 양날칼보다도 더 날카롭습니다. 그래서, 사람 속을 꿰뚫어 혼과 영을 갈라내고, 관절과 골수를 갈라놓기까지 하며, 마음에 품은 생각과 의도를 밝혀냅니다"(새번역). "그래서"라는 말은 앞절에서 예수님에 대해 알게 된 내용과 연결되는 말이다. 예수님은 살아 있는 말씀이시고 우리의 영적 안식이 되시는 분이다. 다른 말로 하면 예수님이 갈보리에서 완수하신 일을 믿음으로써 우리는 안식에 들어가게 되는데, 그것을 통해 우리는 하나님께 받아들여지기 위해 인간이 애쓰던 모든 일들로부터 쉬게 된다. 그러나 모세와 여호수아 시대의 이스라엘 백성들처럼, 우리는 "순종하지 아니하는 본에 빠지지 않도록"(11절) 안식에 들어가기를 힘쓰고 우리 마음을 지켜야 한다. 하나님의 말씀을 듣는 모든 사람이 자기가 행한 것에 책임을 져야 한다. 히브리서 저자는 독자들이 이 강력한 말씀에 주의하도록 상기시킨다.

이 독자들은 하나님 말씀을 충분히 들었기 때문에 하나님이 그들에게 무엇을 요구하시는지 알고 있었지만 그들은 불신의 끝자락에 머물렀다. 그들이 그리스도 안에서만 찾을 수 있는 영적 안식을 자기 것으로 만들지 못했다면, 진리에 면역력이 생겨서 아무 영향도 받지 못하는 위험에 처해 있을 수 있다. 그때만큼이나 오늘날에도 이것은 실제적 위험이다. 믿음의 끝자락에 서 있다가 하나님 말씀의 진리에 접촉했는데도 믿음으로 넘어오지 못하면 하나님의 영에 반응하지 못하는 것이기 때문이다. 이 경고는 매우 실천적이다. 그래서 히브리서 4장 12절은 이 문제에 대한 해결책으로 그리스도의 권위와 성령님의 변화시키는 능력에 복종하라고 말한다. 여기서 하나님 말씀의 5가지 특징을 알게 되는데 상담사역을 위한 말씀의 충분성을 확신하게 해준다.

### 신적인 책

먼저, 성경은 "하나님 말씀"이다. 성경은 신적이다. 성경의 첫 문장은 하나님이 말씀하시는 분임을 보여 준다. 하나님은 세상을 향해 존재하라고 말씀하셨다(창 1장). 하나님은 에덴동산에 있는 사람들에게 말씀하셨다(창 2장). 하나님은 택하신 민족의 조상들에게 말씀하셨다(창 12장; 15장; 31장). 하나님은 선지자들을 통해 이스라엘 민족에게 말씀하셨다. 궁극적으로 하나님은 인간의 형상을 입은 신적 말씀인 그분의 아들을 통해 세상을 향해 말씀하셨다(요 1:1-14; 히 1:2). 마지막으로 하나님은 그 아들의 계시를 하나님의 말씀인 성경 안에 기록해 놓으셨다.

예수님은 성경을 인용하여 사탄의 유혹을 거부하셨다. "기록되었으되 사람이 떡으로만 살 것이 아니요 하나님의 입으로부터 나오는 모든 말씀으로 살 것이라 하였느니라"(마 4:4). 베드로후서 1장 19-21절은 하나님의 말씀이 인간들에 의해 기록되는 과정을 설명한다.

> 또 우리에게는 더 확실한 예언이 있어 어두운 데를 비추는 등불과 같으니 날이 새어 샛별이 너희 마음에 떠오르기까지 너희가 이것을 주의하는 것이 옳으니라 먼저 알 것은 성경의 모든 예언은 사사로이 풀 것이 아니니 예언은 언제든지 사람의 뜻으로 낸 것이 아니요 오직 성령의 감동하심을 받은 사람들이 하나님께 받아 말한 것임이라

성경은 하나님의 감동으로 된 것이기에 "그 예언적 말씀"은 오

류가 있을 수 없다. 그래서 베드로가 변화산에서 경험했던 너무나 놀라운 영적 경험(17-18절)보다도 더 믿을 만하다. 성령께서 성경 저자들의 마음을 이끄셨기에 그들이 쓴 내용은 "하나님께 받아" 말한 것이다. 성경이 가르치는 바에 주의를 기울이는 사람들은 "잘 하는 것이다"라고 찰스 스펄전은 말한다.

> 한 가지에 대해 하나님 말씀을 의심하면 다른 것에 대해서도 하나님 말씀을 확신하지 못하게 된다. 하나님을 신뢰한다는 것은 하나님의 모든 말씀을 똑같이 대하는 것이다. 하나님 말씀의 어떤 것은 받아들이고 어떤 것은 거부한다는 것은 하나님을 믿는 것이 아니라 우리 자신의 판단, 우리의 선호도를 믿는 것이다…죽을 힘을 다해 끝까지 고집스럽게 하나님의 감동으로 된 말씀의 진리를 붙들자…기차가 제대로 움직이려면 신호가 정확해야 한다. 신호가 잘못되면 생명을 잃게 될 것이다. 천국으로 가는 길에서 우리는 정확한 신호가 필요하다. 그렇지 않으면 엄청난 재앙을 맞게 될 것이다.[173]

하나님은 자신의 생각을 말씀하셨고 그것이 우리를 위해 성경에 기록되어 있다. 그러므로 성경은 하나님의 마음의 기록이며, 완벽한 권위를 갖는다.

성경은 신적인 책이기에 하나님이 그 안에서 절대적인 주권으로 말씀하신다. 결과적으로 성경적 상담자들이 세워야 할 가장 첫째 되는 원리 중 하나는 상담자와 피상담자 양측의 생각이나 말이나 확신보다 성경의 권위를 가장 우선시하는 것이다. 피상담자가 그들의 마음과 뜻과 의지를 다해 성경의 권위에 복종하지 않으면 어떤 결과도 만들어 낼 수 없다. 피상담자의 의견이 주도적인 한 상담자는 아무 것도 할 수 없다. 가장 최악의 경우는, 피상담자가 하나님으로부터 "개인적으로" 음성을 들었다고 믿으며 그것으로 자신들의 태도와 행위를 정당화하려고 할 때이다. 상담자들은 이런 사람들을 순종의 길로 이끌 수 없다는 것을 곧 알게 될 것이다. 조나단 에드워즈도 같은 말을 한다. "사람이 하늘로부터 직접적인 지시를 받는다고 생각하는 한 그의 모든 잘못된 행위는 절대 고쳐질 수 없다."[174]

### 살아 있는 책

두 번째로, 성경은 살아 있기 때문에 마음을 변화시킬 수 있다. "살아 있다"는 단어는 "살다"라는 의미의 헬라어 동사에서 나온 말이다.[175] 이 단어는 현재형이기 때문에 "계속해서 활력 있게 살아 있다"로 번역될 수 있다. 살아 있는 말씀이신 예수 그리스도의 목소리인 성경은 절대 쉬지 않으며 언제나 일하고 있다. A.W. 토저가 잘 말했다. "기록된 말씀이 강력한 능력을 갖는 것은 현재형이기 때문이다. 그렇지 않다면 책 표지 안에서 잠든 채 갇혀 있었을 것이다."[176] 성경은 살아 있기에 또한 생명을 주며, 영혼을 구원할 수 있다. "그러므로 모든 더러운 것과 넘치는 악을 내버리고 너희 영혼을 능히 구원할 바 마음에 심어진 말씀을 온유함으로 받으라"(약 1:21). 살아 있는 책만이 다른 사람에게 생명을 줄 수 있다. 예레미야 선지자도 이 점을 인정한다. "내가 주의 말씀을 얻어 먹었사오니 주의 말씀은 내게 기쁨과 내 마음의 즐거움이오나"(15:16). 시편 기자는 이렇게 말한다. "이 말씀은 나의 고난 중의 위로라 주의 말씀이 나를 살리셨기 때문이니이다"(119:50).

성경은 살아 있기 때문에 구원하고 정결하게 하기 위해 하나님의 능력을 내뿜는다. 예수님은 제자들을 위해 이렇게 기도하셨다. "그들을 진리로 거룩하게 하옵소서 아버지의 말씀은 진리니이다"(요 17:17). 우리는 성경적 상담자들로서 제자들을 그리스도의 형상으로 변화시키는 일을 할 때 하나님 말씀의 능력과 성령의 인도를 확신할 수 있어야 한다. 이와는 반대로 인간의 행동 이론은 죽어 있기에 결과적으로 마음을 변화시킬 능력이 없다.

### 활력이 있는 책

세 번째로, 성경은 생산적이다. "활력이 있다"는 말은 "에너지"를 얻는다는 단어에서 나온 말이다. 그것은 '에너지를 주다' 혹은 '생산력이 있다'는 의미이다.[177] 성경은 계속해서 활력 있게 살아 있기 때문에 또한 생산적이다. 다른 말로 하면, 성경은 하나님이 영적 결과물들을 생산하는 도구이다. 하나님은 이사야 선지자에게 이를 약속하셨다.

"이는 하늘이 땅보다 높음 같이
내 길은 너희의 길보다 높으며
내 생각은 너희의 생각보다 높음이니라
이는 비와 눈이 하늘로부터 내려서
그리로 되돌아가지 아니하고 땅을 적셔서
소출이 나게 하며 싹이 나게 하여
파종하는 자에게는 종자를 주며 먹는 자에게는 양식을 줌과 같이
내 입에서 나가는 말도 이와 같이
헛되이 내게로 되돌아오지 아니하고
나의 기뻐하는 뜻을 이루며 내가 보낸 일에 형통함이니라"(55:9-11).

봄비가 땅을 적시면 새싹이 돋아나고 푸른 풀들이 자라면 성장은 분명히 드러난다. 성경도 이와 마찬가지이다. "내 말도 그럴 것이다." 하나님 말씀이 제자 사역에 뿌려질 때마다 봄비가 하나님의 사람들에게 내리는 것과 같아서 성장이 일어나고 열매가 맺힌다. 다른 말로 하면, 하나님이 그분의 말씀을 보내실 때 반드시 당신의 영광을 위해 무언가를 성취하신다.

그러므로 성경적 상담자들은 변화가 늘 즉각적으로 분명히 나타나지 않아도 약속된 말씀을 붙들어야 한다. 눈으로 보이게 변화가 드러나지 않아도 성령님이 우리 안에서 혹은 우리가 상담하는 사람들 안에서 일하지 않으신다는 의미는 아니다. 열매가 눈에 보이기까지 시간이 필요하더라도 하나님의 말씀은 삶을 변화시킬 것이다. 우리는 그것을 더 호소력 있게 만들기 위해 "의사 노릇"을 할 필요가 없다. 결과를 조작할 필요도 없다. 하나님이 그분의 말씀으로 영원한 언약을 하셨기 때문에 우리는 그저 사랑으로 말씀을 전하고 말씀이 스스로 일하도록 하면 된다. 하나님은 언제나 열매를 허락하실 것이다.

### 찔러 쪼개는 책

네 번째로 성경은 찔러 쪼개는 책이다. "예리하다"는 형용사는 "자르다"라는 의미의 템노(temno)라는 어근을 가진 단어이다[178]. 이 단어는 자르는 힘을 갖고 있다. 다른 말로 하면 하나님의 말씀은 날카롭게 꿰뚫는다. 양날 검이 몸을 찌르듯이, 하나님 말씀이 인간의 가장 깊은 내면을 찌른다. 그저 머리를 공격하는 것이 아니라 인간 내면의 가장 깊은 곳을 찔러 쪼갠다. 처음에는 변하는 줄도 모르고 생각이 변해가지만 나중에는 점점 하나님의 방식대로 생각하게 된다. 존 칼빈은 이렇게 말한다. "하나님의 말씀이 선포될 때 텅 빈 공간을 헛되이 가로지른다고 생각하면 큰 오산이다. 왜냐면 하나님 말씀은 살아 있고 숨은 능력으로 가득 차 있어서 인간의 모든 것을 건드리기 때문이다."[179] 하나님의 말씀은 정체되어 있지 않다. 우리 마음이 진리와 맞닿으면 우리는 결정을 내리지 않을 수 없다. 변화되지 않은 채로 남아 있을 수 없다.

말씀의 관통하는 능력을 보여주는 성경의 예는 사도행전에 나온다. 오순절에 베드로는 다음과 같이 설교했다. "유대 사람들이여, 성경 역사 전체에 걸쳐서 하나님은 메시야를 보내겠다 약속하셨고 결국 메시아가 오셨지만 당신들이 그분을 죽였습니다." 베드로가 "너희가 십자가에 못 박은"(2:36)이라고 말했을 때, 사람들은 그가 무슨 말을 하는지 정확히 알고 있었다. 그 순간 진리가 그들의 머리를 때렸고, 그들은 자신들이 예수님께 한 짓을 깨달았다. 다음 구절은 그들이 이 말을 듣고 마음에 찔렸다고 말한다. 양날 검과 같은 하나님 말씀을 들은 사람들은 "우리가 어찌할꼬?"라고 반응할 수밖에 없었다. 대답은 "회개하라"(2:38)였다. 찔러 쪼개는 말씀은 우리 마음 안에 있는 회개해야 할 것을 헤집어 드러낸다. 영적 건강을 얻기 위해서 다루어야 할 암 덩어리 같은 죄를 잘라내고 드러내기 위해서 의사이신 하나님이 사용하시는 메스는 바로 말씀이다.

그러므로 성경적 상담자들은 하나님 말씀이 자르는 역할을 하게 해야 한다. 우리는 언제나 사랑 안에서 진리를 말해야 하지만 언제나 진리를 말해야 한다. 상담은 철저히 말씀 중심적이어야 한다. 성령의 도구인 말씀이 죄를 지은 사람을 유죄판결하고 그들을 회개로 이끌도록 해야 한다. 하지만 하나님은 우리의 모든 죄를 한꺼번에 보여주심으로써 당신의 자녀가 압도당하도록 하지 않으신다는 것을 기억해야 한다. 우리 안에서 착한 일을 시작하신 이가 그리스도 예수의 날까지 점진적으로 이루어 가실 것이다(빌 1:6). 하나님의 방법은 사랑과 은혜로 가득 차 있다(시 103:8).

### 분별하는 책

다섯 번째이자 마지막으로 성경은 분별하는 책이다. 이 단어는 "판단하다", "식별하다"는 뜻을 갖는다.[180] 헬라어로는 크리티코스(kritikos)인데, "비판적"이라는 의미를 갖는다. 이 형용사는 여기서 딱 한 번 나오지만 그 어근인 크리타이스(kritays)는 신약 성경 여기저기서 사용된다. 하나님을 재판관으로 표현하거나 재판관처럼 행동하는 사람들을 말할 때 사용되었다(예를 들어 히 12:23; 약 4:11). 성경은 우리 내면의 가장 깊은 부분인 "우리 마음과 생각"을 분석하고 걸러낼 수 있다. 다른 말로 하면 성경은 옳고 그름을 보여주기 위해 우리 마음이 좋아하는 것과 우리 마음의 생각을 저울질한다. 하나님은 "나 여호와는 심장을 살피며 폐부를 시험한다"(렘 17:10)고 말씀하셨다. 하나님은 그분의 말씀을 통해 이 일을 하신다. "주의 말씀을 열면 빛이 비치어 우둔한 사람들을 깨닫게 하나이다"(시 119:130).

그렇다면 성경적 상담자들은 "모든 생각을 사로잡아 그리스도께 복종하게 하고" "견고한 진을 무너뜨리기" 위해 하나님의 말씀, "성령의 검"(엡 6:17)을 사용해야 한다(고후 10:4-5). 바울이 말하는 견고한 진은 세상의 잘못된 사고방식과 철학이다. 말씀을 알아야만 그러한 어리석은 생각들을 사로잡아 말씀에 맞게 고칠 수 있다. 그렇게 되면 자동적으로 그리스도께 복종하게 된다. A.W. 핑크의 다음 말은 옳다. "실수를 막는 유일한 방책이 있다. 바로 믿음 위에 서는 것이다. 그러기 위해서는 기도하면서 부지런히 공부하여 하나님 말씀을 온유함으로 받아야 한다."[181] 신실하게 성경에 입각한 상담을 하면, 피상담자는 자신의 삶 속에서 죄의 견고한 진이 되고 있었던 잘못된 사고방식을 분별하게 되고, 마음이 새로워져서, 결국 그 삶이 변화될 수 있다.

### 성경 암송

하나님 말씀의 충족성과 하나님 말씀의 변화시키는 능력을 고려할 때, 성경적 상담자들은 제자화하는 자들에게 성경 암송을 기본 숙제로 내주는 것이 현명할 것이다. 제리 브릿지스는 그의 책 《변화시키는 은혜》(Transforming Grace)에서 성경을 섭취하는 것과 영적 성장의 연관성을 확신시켜 준다.

주일날 한 번 설교를 듣고 성경 공부를 하는 것으로는 충분하지 않다(물론 중요하기는 하지만). 규칙적으로 성경을 읽고, 연구하고, 암송하는 계획을 세워야 한다. 성경 연구와 말씀 암송은 하나님 앞에서 공로가 될 수 없다. 이런 일을 행함으로써 하나님의 은혜를 얻어내는 것이 절대 아니다. 다만 영양가 있는 음식을 먹으면 신체에 유익한 것과 같다. 건강한 음식을 먹으면 육체적인 건강을 유지할 수 있듯이, 하나님의 말씀을 규칙적으로 먹어야 건강한 영적인 삶을 영위할 수 있고 때에 따라 하나님의 은혜를 받아 누릴 수 있다.[182]

말씀 암송 훈련을 통해 하나님 말씀을 규칙적으로 섭취할 때 얻을 수 있는 실체적인 유익 4가지가 있다.

### 말씀 암송은 성경 묵상을 풍성하게 해준다

먼저, 말씀을 암송하는 제일가는 목적은 성경 묵상을 풍성하게 하기 위해서다. 묵상을 하면 암송하는 말씀을 더 깊이 깨닫게 되어 내면이 변화된다. 이는 인격의 변화를 가져온다. 4장에서 말했듯이, 성경을 아는 지식이 경건의 실천으로 연결되지 않는 이유는 묵상이 없기 때문이다. 오늘날의 성도들 대부분은 성경에 대해 아는 것은 많지만, 그 지식을 묵상을 통해 내면화시키지는 못한다. 말씀 암송은 단순히 지식을 자랑하거나 상을 받기 위해 하는 것이 아니다. 하나님은 하나님의 말씀을 지속적으로 묵상하는 사람을 축복하신다고 성경은 분명히 말한다. 그런 사람은 영적으로 견고하고 많은 열매를 맺을 것이다.

> "복 있는 사람은 악인들의 꾀를 따르지 아니하며
> 죄인들의 길에 서지 아니하며
> 오만한 자들의 자리에 앉지 아니하고
> 오직 여호와의 율법을 즐거워하여
> 그의 율법을 주야로 묵상하는도다
> 그는 시냇가에 심은 나무가
> 철을 따라 열매를 맺으며
> 그 잎사귀가 마르지 아니함 같으니
> 그가 하는 모든 일이 다 형통하리로다"(시 1:1-3).

말씀을 암송하면 영적으로 강해지고 풍성한 열매를 맺게 될 뿐 아니라 하나님께 자연스럽게 순종할 수 있게 된다.

> "이 율법책을 네 입에서 떠나지 말게 하며 주야로 그것을 묵상하여 그 안에 기록된 대로 다 지켜 행하라 그리하면 네 길이 평탄하게 될 것이며 네가 형통하리라 내가 네게 명령한 것이 아니냐 강하고 담대하라 두려워하지 말며 놀라지 말라 네가 어디로 가든지 네 하나님 여호와가 너와 함께 하느니라 하시니라"(수 1:8-9).

"묵상"한다는 것은 특정 성경 진리를 깊이 생각하며 궁구하는 것을 의미한다. 시편 1편 2절과 여호수아 1장 8절 두 군데 모두에서 사용된 히브리어는 '자신에게 말하다'는 개념을 포함한다. 《스트롱 성경 용어 총서》(Strong's Exhaustive Concordance of the Bible)는 그 단어가 "궁구하다"라는 뜻 이외에도 "신음하다, 으르렁거리다, 말하다, 이야기하다"라는 뜻도 있다고 말한다.[183] 따라서 성경 묵상은 하나님의 진리를 하루 종일 읊조리고 읊조려서 그것이 우리 마음을 사로잡아 우리를 변화시키게 하는 의도적인 행위이다. 존 퀸시 아담스는 아들이 성경말씀을 묵상하도록 훈련하지 못한 자신의 불찰을 슬퍼하며 이렇게 말했다.

> 특별한 목적 없이 하는 묵상은 아무 소용이 없을 때가 많다. 마음에 좋은 생각들이 떠올라도 그것을 좋은 목적에 적용시키지 못하면 금방 사라져버리고 만다. 씨앗이 길가에 뿌려지면 새가 와서 먹어버리거나 바람에 날리거나 뿌리를 내리지 못해서 썩게 된다.[184]

하나님을 기쁘시게 하려는 목적을 가지고 묵상을 하면 하나님의 진리를 우리 내면에 심을 수 있어서 우리는 지속적으로 그리스도의 형상을 닮아갈 수 있다. 우리 사고방식이 새로워지고 욕구가 바뀌고 감정이 통제되고 의지가 경건을 향하여 움직이면서 이 일이 가능해진다.

하나님 말씀을 밤낮 묵상하는 일을 쉽게 하는 좋은 방법이 말씀을 암송하는 것이다. 암송을 하면 그 말씀이 우리 생각을 인도하여 말과 행동을 결정하게 되고 궁극적으로 하나님 보시기에 합당한 모습이 되게 한다. 시편 기자는 이렇게 기도했다. "나의 반석이시요 나의 구속자이신 여호와여 내 입의 말과 마음의 묵상이 주님 앞에 열납되기를 원하나이다"(시 19:14). 우리 말과 생각이 하나님을 기쁘시게 할 수 있는 가장 확실한 방법 중 하나는 규칙적으로 말씀 암송을 해서 우리 마음을 진리로 채우는 것이다.

**말씀 암송은 죄악된 생각 패턴을 제거해준다**

두 번째로, 말씀 암송은 하나님이 죄의 정곡을 찌르는 수단으로 종종 사용하신다. 우리 삶 속의 특정 죄를 공격하는 가장 효과적인 도구는 하나님 말씀에서 특정 진리를 선택하는 것이다. 이 말씀들은 마치 화살처럼 우리의 죄악된 습관 뒤에 숨어 있는 마음의 문제를 집중해서 공격한다. 죄를 회개하고(벗어 버리고) 의로 대체할(덧입을) 때, 우리는 그와 동시에 하나님 말씀으로 우리 마음을 새롭게 하여 하나님을 기쁘시게 하려는 마음이 자리잡게 해야 한다. 바울은 에베소서와 로마서에서 신자들에게 이 진리를 가르쳤다.

"너희는 유혹의 욕심을 따라 썩어져 가는 구습을 따르는 옛 사람을 벗어 버리고 오직 너희의 심령이 새롭게 되어 하나님을 따라 의와 진리의 거룩함으로 지으심을 받은 새 사람을 입으라"(엡 4:22-24).

"그러므로 형제들아 내가 하나님의 모든 자비하심으로 너희를 권하노니 너희 몸을 하나님이 기뻐하시는 거룩한 산 제물로 드리라 이는 너희가 드릴 영적 예배니라 너희는 이 세대를 본받지 말고 오직 마음을 새롭게 함으로 변화를 받아 하나님의 선하시고 기뻐하시고 온전하신 뜻이 무엇인지 분별하도록 하라"(롬 12:1-2).

신자의 삶의 과정은 세속적인 생각이 경건한 생각으로 바뀌어 가는 과정이다. 우리 마음을 말씀이라는 신선하고 깨끗한 물로 채우면 그 물이 세상이라는 더럽고 탁한 물을 몰아내어 결과적으로 하나님의 뜻이 성취된다. 피상담자들이 그들의 삶에 두신 하나님의 뜻을 발견하고 성취하도록 돕고 싶다면, 말씀을 암송하도록 격려하라.

### 말씀 암송은 우리 감정을 복종시킨다

세 번째로, 말씀 암송은 우리 감정을 훈련하여 하나님께 순종하도록 돕는다. 시편 42편이 이에 대한 예이다. 이 시편은 하나님이 절망한 자들을 도우신다고 증거하는 아름다운 노래이다. 이 시편 전체에 시인의 우울한 감정이 표현된다. "내 눈물이 주야로 내 음식이 되었도다"(3절). "내 영혼아 네가 어찌하여 낙심하며 어찌하여 내 속에서 불안해 하는가"(5절, 11절). 시인은 전에 하나님께 가까이 있던 때를 기억하니 더욱 마음이 상한다고 말한다(4절). 시인의 절규는 더욱 거세져서 하나님께 이렇게 울부짖는다. "어찌하여 나를 잊으셨나이까"(9절). 시인은 영적 침체를 겪고 있는 것이 분명해 보인다. 하지만 시인은 이 문제를 어떻게 다루고 있는가?

시인은 하나님이 어떤 분이신지를 말해 주는 말씀들을 스스로 떠올리면서 자신의 영적 침체를 다룬다. 그는 하나님은 "살아계신 하나님"이고 "그가 나타나 도우시고", "낮에는 인자를 베푸신다"고 자신에게 말한다(2절, 5절, 8절). 그는 "하나님께 소망을 두라", "내가 여전히 그를 찬송하리로다"라고 두 번이나 스스로에게 말한다(5절, 11절). 다른 말로 하면 그는 그가 하나님에 대해 알았던 진리로 자신의 믿을 만하지 않은 감정과 싸우고 있다. 마틴 로이드 존스는 자신에게 이야기하는 것과 "자신"이 이야기하도록 내버려 두는 것의 차이에 대해 말한다. 그의 책 《영적침체의 원인과 치료》에서 그는 이렇게 말한다.

> 어떻게 이 둘을 서로 화해시킬까? 이 방식으로 하면 된다. "자신"이 말하도록 내버려 두지 않고 자신에게 말할 수 있어야 한다! 무슨 뜻인지 알겠는가? 영적 침체의 가장 주된 문제는 어떤 면에서 우리가 우리 자신에게 말하기보다 우리 자신이 말하도록 내버려 두는 데 있다. 교묘하게 말장난하는 것 같은가? 절대 그렇지 않다.

이것이 이 문제를 푸는 지혜의 핵심이다. 살면서 당신이 불행을 느끼는 가장 중요한 이유는 당신 자신에게 말하는 대신 당신 자신이 말하도록 내버려 두었기 때문이라는 것을 알겠는가? 아침에 일어나면 제일 먼저 드는 생각들을 한 번 살펴보라. 당신이 일부러 생각해 낸 것도 아닌데 저절로 그 생각들이 당신에게 말하기 시작한다. 어제 있었던 문제들이 떠오른다. 누군가 말하는 것 같다. 누가 말하는가? 당신 자신이다. 이제 이 사람을 시편 42편처럼 다루어야 한다. 시편 기자는 자아가 말하도록 허용하는 대신 그가 자아에게 말하기 시작한다. "내 영혼아 왜 낙망하는가?" 그가 묻는다. 그의 영혼은 그를 내리누르며 그를 뭉개고 있었다. 그래서 그는 일어나 이렇게 말한다. "자아야, 들어봐라. 내가 말하겠다." … 영적 문제를 푸는 가장 중요한 기술은 자아를 어떻게 다루어야 하는지 아는 것이다. 당신의 자아를 다룰 수 있어야 한다. 자아에게 말하고, 설교하고, 의문을 제기할 수 있어야 한다.[185]

로이드 존스가 말하는 핵심은 하나님의 진리로 우리 마음을 새롭게 해야 한다는 것이다. 감정이 하나님 말씀과 궤를 같이 하게 만들어야 한다. 성경말씀을 사용해서 우리 감정을 통제해야 한다. 하나님을 소망하는 깨끗한 물로 자기 집중과 자기 연민 같은 더러운 감정을 씻어 버려야 한다. 이 습관을 기르는 한 가지 간단한 방법은 성경말씀을 암송하는 것이다.

**말씀 암송은 하나님의 길을 선택하도록 의지를 강화시킨다**

네 번째로, 우리가 대적해야 할 죄악된 습관에 대해 성경이 뭐라고 말하는지를 암송함으로써 유혹에 대비한다. 내가 초신자일 때 제일 먼저 암송한 말씀 중 하나는 고린도전서 10장 13절이다. "사람이 감당할 시험 밖에는 너희가 당한 것이 없나니 오직 하나님은 미쁘사 너희가 감당하지 못할 시험 당함을 허락하지 아니하시고 시험 당할 즈음에 또한 피할 길을 내사 너희로 능히 감당하게 하시느니라." 이 구절은 믿음이 어렸던 그 시절에 내게 큰 도움이 되었고 지금도 도움이 된다. 왜냐면 유혹은 언제든 올 수 있기 때문이다. 특히 방심할 때 더욱 그렇다.

시편 기자는 이렇게 증언했다. "내가 주께 범죄하지 아니하려 하여 주의 말씀을 내 마음에 두었나이다"(시 119:11). 시편 기자는 그의 마음에 성경말씀을 담으면 담을수록(분명히 암송하는 방법도 썼을 것이다) 죄를 덜 짓게 된다는 것을 분명히 알고 있었다. 다른 말로 하면, 하나님 말씀을 소중하게 여겨 마음에 쌓아놓으면 악으로부터 보호받는다는 것을 믿었다. 도날드 휘트니는 이렇게 증언한다. "성령께서 때에 맞는 적절한 성경말씀을 생각나게 해주신다면 그것만큼 영적 싸움에서 가장 유용한 무기는 없을 것이다."[186]

암송한 말씀이 유혹을 이기는 가장 큰 무기가 된다는 것을 가장 잘 보여주는 예는 예수님이 사탄을 대적할 때 말씀을 사용하신 것이다. 마태복음 4장 1절부터 11절에서 예수님은 세 번이나 성경말씀을 인용하여 사탄을 대적하셨다. 예수님이 사용하신 성경구절은 구체적인 표적을 향해 날아가는 불화살 같았다(4절, 7절, 10절). 예를 들어, 사탄이 예수님께 돌로 떡을 만들라고 했을 때, 예수님은 하나님 말씀으로 충분하다는 구절을 인용하셨다. 사탄이 예수님에게 땅으로 뛰어내려 보라고 유혹했을 때, 예수님은 하나님의 약속을 시험하지 말라는 구절을 인용하셨다. 그리고 사탄이 예수님에게 자신을 숭배하면 모든 것을 주겠다고 유혹했을 때, 예수님은 하나님만 섬기는 진정한 예배에 대한 말씀을 인용하셨다.

말씀 암송은 제자 삼는 사역에서 없어서는 안 되는 도구이다. 삶의 변화는 마음에서 시작하기 때문이다. 죄가 그 흉한 얼굴을 드러내기 오래 전부터 우리 육체는 이미 육체의 생각에 빠져 있었을 것이다(엡 2:3). 따라서 우리는 "우리 마음을 새롭게 함으로"(엡 4:23) 우리 모든 생각을 하나님 말씀의 권위 앞에 복종시킬 수 있어야 한다.

## 요약

살아계신 하나님의 교회는 "진리의 기둥과 터"이다(딤전 3:15). 분명한 것은 교회는 하나님 말씀에 계시된 하나님의 진리를 지켜야 할 책임이 있다는 것이다. 그래서 교회가 성경의 충분성을 저버리고 세상의 상담철학과 간음하게 되면, 인간 중심의 이론이 판치는 세상에서 하나님의 진리를 변호하며 사는 사명을 감당할 수 없게 된다. 이것은 신실하지 못한 교회가 세상에서 하나님의 증인으로 살지 못하는 문제일 뿐만 아니라 자신의 생명유지장치의 전원을 꺼버리는 자살행위와 같다. 결국 내부 장기들이 멈추게 되고 몸의 각 부분이 활동을 멈추게 된다. 영적 음식이 없다면 영적 건강이 있을 수 없다. "하나님의 입에서 나오는" 말씀의 떡만큼 순수한 음식은 없다(마 4:4).

오늘날 필요한 것은 성경의 절대적인 충분성을 붙드는 경건한 담대함이다. 인간은 심리학적 조종이나 기분을 바꾸는 약물이나 자립 이론의 도움 없이도 예수 그리스도 안에서 완전히 새로워질 수 있음을 믿어야 한다. 또한 살아계신 하나님의 바로 그 숨결이 죄인들을 완전히 변화시킬 것을 믿어야 한다. 성경을 주신 목적은 우리를 가르치고, 책망하고, 바르게 하고, 훈련하여서 그리스도 중심적인 삶을 살게 하여 예수님 안에서 완전해지도록 하는 것이다.

하나님이 주신 책이자 하나님의 마음이 기록된 성경은 그 살아있는 권위 앞에 겸손히 복종하는 사람들의 삶에 풍성한 열매가 맺히게 한다. 성경은 우리의 가장 깊은 내면을 찔러 쪼개기까지 하여 우리에게 죄를 깨닫게 하고, 하나님을 기쁘게 할 것인지 나를 기쁘게 할 것인지 선택하도록 촉구한다. 그래서 성경은 모든 책을 뛰어넘는 최고의 책이다. 《복음적 두려움》(Gospel Fear)에서 제레마이아버로우즈(Jeremiah Burroughs)는 이렇게 말한다.

> 하나님 말씀 이외에 세상의 어떤 것도 인간의 양심에 대해 권위를 갖는 것은 없다. 하나님의 말씀에 권위가 있다. 하나님의 말씀은 인간의 양심을 묶어 두려워 떨게 하는 권위가 있다. 그래서 은혜를 받는 사람의 마음은 하나님 말씀 안에 있는 모든 진리에 천국의 인장이 찍혀 있다는 것을 알아보고 절대로 이전처럼 하나님 말씀을 소홀히 대하지 않는다. 그는 주권자에게 법을 받으러 나오듯이 말씀 앞으로 나온다. 또는 유죄 판결을 받기 위해 판사 앞에 나오듯이 말씀 앞에 나온다. 그런 영혼은 이제 하나님 말씀을 온전히 복종해야 할 권위를 가진 말씀으로 바라본다. 그래서 하나님 말씀에 복종하지 않으면 하늘과 땅의 어떤 권세로도 풀 수 없는 결박을 당해 영원한 죽음에 처하게 된다는 것을 안다.[187]

하나님 말씀은 성령님이 우리에게 남겨주신 도구이다. 우리는 이 도구를 사용하여 성령님과 협력해서 예수 그리스도의 순종적인 제자들로 만들어 가는 제가 삼는 사역을 한다. 이제는 타겟형 제자 삼기 사역을 통해 살아 계신 하나님 말씀의 칼을 사용해야 할 때이다. 그리고 경건하지 않은 인간 철학을 대항해 싸우러 나갈 때이다.

**더 깊은 생각과 소그룹 토론을 위한 질문**

1. 시편 19:7-9을 읽으라. 하나님 말씀이 갖는 측량할 수 없는 가치와 그 말씀이 우리 마음 안에서 일하는 것에 대해 논해 보라.
2. 디모데후서 3:16-17을 읽으라. 다음 단어들의 뜻을 논해 보라.
   - 유익하다
   - 교훈
   - 책망
   - 바르게 함
   - 교육
   - 온전하게 하다
3. 히브리서 4:12을 읽으라. 우리 마음을 수술하는 하나님 말씀의 능력에 대해 논해 보라.
4. 시편 1:1-3을 읽으라. 성경을 묵상하는 유익에 대해 논해 보라. 성경을 암송하는 것이 어떻게 묵상에 도움이 되는가? 규칙적으로 성경을 암송할 계획이 있는가? 없다면 이번 주부터 계획을 세워 보겠는가?
5. 시편 42편을 읽으라. 시편 기자가 절망 중에 자신에게 어떻게 성경의 진리를 말했는지 논해 보라. 다음에 절망적인 순간이 다가올 때 당신의 초점을 바꾸는 데 도움이 될 만한 하나님에 대한 성경적 진리를 목록으로 작성해 보라.

# 7장
# 세속 심리학과의 싸움

내가 하나님의 열심으로 너희를 위하여 열심을 내노니 내가 너희를 정결한 처녀로 한 남편인 그리스도께 드리려고 중매함이로다 그러나 나는 뱀이 그 간계로 하와를 미혹한 것 같이 너희 마음이 그리스도를 향하는 진실함과 깨끗함에서 떠나 부패할까 두려워하노라(고후 11:2-3).

우리가 육신으로 행하나 육신에 따라 싸우지 아니하노니 우리의 싸우는 무기는 육신에 속한 것이 아니요 오직 어떤 견고한 진도 무너뜨리는 하나님의 능력이라 모든 이론을 무너뜨리며 하나님 아는 것을 대적하여 높아진 것을 다 무너뜨리고 모든 생각을 사로잡아 그리스도에게 복종하게 하니 너희의 복종이 온전하게 될 때에 모든 복종하지 않는 것을 벌하려고 준비하는 중에 있노라 (고후 10:3-6).

진정한 성경적 상담은 예수 그리스도 안에서 드러나고 구체화된 하나님의 지혜를 붙들고, 복음 안에서 성령님이 드러내시는 더 높은 차원의 진리를 더 열등한 인간의 지혜에게 복종시키기를 거부하는 것이다. 하나님이 원하시는 제자양육 사역이 되기 위해서는, 예수님의 복음에서 십자가의 거치는 요소를 제거해 버림으로써 사람을 변화시키는 복음의 능력을 제한하는 하위 기독교 철학들과 싸우는 것을 두려워하지 말아야 한다. 그리고 편만한 반기독교적 문화와 싸우는 것을 두려워하지 말아야 한다. 우리는 세속 심리학과 기독교 신학을 뒤섞는 것을 거부해야 한다. 그러한 혼합은 그리스도를 가리고 생명과 경건을 위해 하나님 말씀으로 충분하다는 신앙을 약화시키기 때문이다. 기독교 심리학은 다른 복음으로서, 순수하게 예수 그리스도에게 헌신하지 못하도록 신자들을 유혹하는 것임을 바로 알아야 한다.

### 도전받는 하나님의 지혜

고린도 교회는 인간의 지혜와 복음을 뒤섞음으로써 그리스도를 따르는 자들을 속이고 사도 바울의 마음을 아프게 하였다. 그 결과 바울은 고린도 교회에 또 편지를 쓸 수밖에 없었다. 바울은 고린도 교회 성도들과 깊은 사랑의 관계를 맺고 있었다. 그곳에서 18개월 동안 하나님 말씀을 가르치며 교회를 세웠기 때문이다(행 18:11). 나중에 그들 중에 분파와 부도덕한 문제들과 성도간의 법적 다툼과 주의 만찬의 남용 등 많은 문제가 생겨났다는 이야기를 듣고 바울은 우리가 아는 고린도전서를 써서 그들을 바로잡고자 했다. 그러나 얼마 안 있어 바울은 더 심란한 소식을 듣게 되었다. 자칭 사도라 하는 자들이 교회를 점령하고 바울의 인격을 공격했다. 그들은 바울이 못생겼고 앞에 나서서 말을 잘 못하는 사람이라고 대놓고 모욕했고 그의 외모가 볼품없다고 비난했다. 바울이 생각하기에 이런 비난들은 다 맞는 말이었기에 그리 심기가 불편하지 않았다. 그러나 그의 제자들이 그리스도 중심적인 헌신에서 벗어났다는 말을 들었을 때는 상황이 달랐다. 목자로서 불같은 질투의 마음이 그를 사로잡았다.

그들을 사랑하던 교사는 이렇게 고백했다. "내가 하나님의 열심으로 너희를 위하여 열심을 내노니 내가 너희를 정결한 처녀로 한 남편인 그리스도께 드리려고 중매함이로다 그러나 나는 뱀이 그 간계로 하와를 미혹한 것 같이 너희 마음이 그리스도를 향하는 진실함과 깨끗함에서 떠나 부패할까 두려워하노라"(고후 11:2-3). 바울은 그들이 어떻게 교묘하게 그리스도에게서 멀어져 인간의 지혜와 간음하는 관계를 맺었는지를 알고 슬퍼했다. 속임을 당한 것은 바로 그들의 "마음"이었다. 사탄이 일하고 있었고, 그 결과는 그리스도의 충분성과 그분의 무오한 말씀에 대한 신뢰를 잃어버린 것이었다. 오늘날에도 같은 문제가 존재한다.

말 코치(Mal Couch)는 그의 책 《교회의 성경적 신학》(Biblical Theology of the Church)에서 현대에 들어 상담자들은 하나님 백성의 영적 필요를 다루는 주된 수단으로 하나님 말씀을 사용하지 않는다고 말한다.

> 오늘날 목회적 돌봄은 과거와 그 접근방식이 달라야 한다고 주장하는 사람도 있다. 특정 실천 강령이나 방법들은 바뀌어야 하는 것이 맞지만, 목회적 돌봄의 본질은 같다. 그리고 그 근원, 즉 하나님 말씀은 같아야만 한다. 하지만 많은 사람이 하나님 말씀을 떠나 표류하고 있고 성경적이고 영적인 위로 대신 심리학을 대안으로 받아들이고 있다.[188]

성경이 하나님의 감동으로 되었다는 놀라운 증언은, 우리가 어떤 시대를 살든 성경은 그 시대의 관심사를 다 담고 있음을 말해 준다. "땅 위의 것이요 정욕의 것이요 귀신의 것"(약 3:15)인 인간의 지혜를 하나님 말씀의 진리와 통합하려는 시도가 현대 그리스도인들에게는 상대적으로 새로운 것으로 생각될지 몰라도 그것만큼 진리에서 먼 것은 없다. 사실 사도 바울은 1세기 고린도 교회에서 이와 같은 문제에 직면했다.

사도는 고린도전서에서 예수 그리스도의 복음을 세상 지혜보다 높였다. 바울은 특히 "말의 지혜"(고전 1:17)로 그리스도를 가리려는 자연스런 인간적 경향을 가진 교회들에게 경고했다. 그들은 세상이 세상적인 지혜로 돌아간다고 생각했기 때문에 바울의 이 말은 매우 충격적이었다. 그들에게는 분명하지 않던 것이 바울에게는 명확했다. 고린도 교인들이 분파로 고통 받은 주된 이유는 자신들의 지혜를 확신했기 때문이다. 이를 통해 "시기와 다툼…혼란과 모든 악한 일"이 생겨났다(약 3:16). 그러나 하나님의 지혜는 "첫째 성결하고 다음에 화평하고 관용하고 양순하며 긍휼과 선한 열매가 가득하고 편견과 거짓이 없다"(약 3:17).

사도 바울은 인간 철학이 교묘하게 성경적 복음을 공격한다고 보았다. 이는 바른 견해였다. 바울은 "그리스도의 십자가가 헛되지 않게 하려고"(고전 1:17하) 세상 지혜가 교회로 파고들지 못하도록 맞서 싸웠다. "헛되게 한다"는 것은 "아무것도 아닌 것이 되다, 수사적 장식품에 지나지 않게 되다"는 의미이다.[189] 찰스 핫지(Charles Hodge)가 다음과 같이 잘 표현하였다. "십자가를 모호하게 하는 것은 복음의 능력을 박탈하는 것이다."[190] 바울이 말하는 요지는 복음이 세상의 지혜를 덧입으면 그 능력을 잃게 된다는 것이다.

세속 심리학의 지혜는 사람들을 하나님께로 이끌지 않고, 오히려 믿음을 내향화시켜 그들 밖에서(즉 예수 그리스도 안에서) 발견되는 하나님의 구원의 능력과 소망으로부터 멀어지게 한다. 돈 매처트(Don Matzat)는 그의 책 《그리스도를 높이라》(Christ Esteem)에서 이렇게 말한다. "인간적 심리학은 우리가 우리 자신을 알아서 스스로를 좋게 느끼도록 가르치는 반면, 성경적 기독교는 자신이 어떤 죄인인지 깨닫고 자신으로부터 돌아서고 그리스도 예수 안에서 생명과 정체성을 발견하도록 가르친다."[191] 예수 그리스도는 하나님의 지혜로서 하나님의 계시의 핵심이고 그분의 지혜는 인간중심적인 심리학의 지혜보다 우월하다. 고린도전서 1장과 2장에서 사도 바울은 혼합주의에 대해 세 가지 공격을 맹렬하게 퍼붓는다. 첫째로, 그리스도 안에 있는 하나님의 계시가 인간의 지혜보다 우월하다고 주장한다. 두 번째로, 하나님의 지혜가 복음 안에 영광스럽게 나타나 있다고 주장한다. 세 번째로, 성령께서 인간의 마음에 하나님의 계시를 드러내신다고 말한다.

### 인간의 철학보다 우월한 하나님의 지혜 (고전 1:18-25)

"십자가의 도가 멸망하는 자들에게는 미련한 것이요 구원을 받는 우리에게는 하나님의 능력이라 기록된 바 내가 지혜 있는 자들의 지혜를 멸하고 총명한 자들의 총명을 폐하리라 하였으니 지혜 있는 자가 어디 있느냐 선비가 어디 있느냐 이 세대에 변론가가 어디 있느냐 하나님이 이 세상의 지혜를 미련하게 하신 것이 아니냐 하나님의 지혜에 있어서는 이 세상이 자기 지혜로 하나님을 알지 못하므로 하나님이 전도의 미련한 것으로 신자들을 구원하시기를 기뻐하셨도다 유대인은 표적을 구하고 헬라인은 지혜를 찾으나 우리는 십자가에 못 박힌 그리스도를 전하니 유대인에게는 거리끼는 것이요 이방인에게는 미련한 것이로되 오직 부르심을 받은 자들에게는 유대인이나 헬라인이나 그리스도는 하나님의 능력이요 하나님의 지혜니라 하나님의 어리석음이 사람보다 지혜롭고 하나님의 약하심이 사람보다 강하니라"

사도 바울은 그리스도를 전하는 것이 그의 최우선 과제라고 말하며(고전 1:17), 고린도 교회 사람들이 인간 철학에서 눈을 돌려 "십자가의 말씀"에 주의를 집중하도록 한다. 17절에서 바울은 말의 지혜, 말의 로고스(logos)가 사람들로 하여금 복음을 보지 못하게 한다고 말한다. 그러나 18절에서는 십자가의 로고스, 십자가에 못 박힌 그리스도의 말씀을 언급한다. 다시 말해, 그는 그리스도의 지혜를 인간의 어리석음보다 높인다. "미련" 혹은 "미련하다"(5번)와 "총명" 혹은 "총명하다"(9번) 같은 단어들을 반복적으로 쓰는 것을 봐도 이를 알 수 있다. 바울은 그리스도 안에 있는 하나님의 지혜와 인간 철학의 어리석음을 대조하면서 하나님의 계시가 여섯 가지 측면에서 더 우월하다고 강조한다.

### 하나님의 계시의 우월성

먼저 그리스도 안에 있는 하나님의 계시는 죄인들을 구원할 능력이 있는 유일한 메시지이기 때문에 인간의 지혜보다 우월하다. "십자가의 도"(18절)라는 표현은 그리스도의 구원 사역 전체 교리를 가리킨다. 십자가는 죗값을 지불하고 불의한 죄인을 속량하기 위해 시간 속으로 들어오신 하나님의 공의로우심을 보여주는 최고의 클라이맥스이다(롬 3:25-26). 그리스도는 자신의 몸으로 우리가 받아야 할 형벌을 받으셨고(벧전 2:24), 죄와 사탄을 이기셨고(히 2:14), 하나님의 진노를 누그러뜨리셨고(요일 4:10), 하나님의 자비가 죄인들에게 베풀어지도록 문을 여셨다(엡 2:4-5).

십자가는 타락한 죄인들을 위해 은혜와 소망을 선포하지만 "멸망하는 자들"에게는 그 메시지가 어리석게 들린다. "멸망하는"이라는 단어는 "파괴하다"[192]라는 의미를 가진 매우 강한 단어에서 나왔다. 이 단어는 현재형으로 사용되었는데, 믿지 않는 자들이 길을 잃었을 뿐 아니라 현재도 멸망당하는 중이라는 의미이다. 지옥을 향해 가는 죄인들을 영원한 죽음에서 구해내기 위해 필요한 것은 자신을 좀 더 소중하게 생각하도록 만드는 심리학적 복음이 아니라 그들 밖에서 일어난 하나님의 초자연적 역사에 대해 말해주는 예수 그리스도의 온전한 복음이다.

성령께서 주시는 깨달음이 없으면, 지옥을 향해 기울어진 미끄러운 경사로를 따라 아래로 내려가고 있는 불신자들은 십자가의 도를 "미련"하게 여기게 된다. "미련"이라는 단어는 모리아(moria)라는 단어에서 파생했는데, 이 단어에서 "멍청이"(moron)라는 말이 나왔다. 복음은 스스로 구원할 능력이 우리에게 없다는 것을 드러낸다. 따라서 인간의 지혜를 고집하면서 회개하지 않은 사람들은 복음을 도무지 이해할 수 없다. 고든 피는 이렇게 말한다. "인간은 제아무리 바른 정신을 가졌다 해도 십자가에 못 박힌 메시아를 통해 구원을 베푸시는 하나님의 놀라운 계획을 상상도 할 수 없다. 그들이 보기에 그것은 하나님께 너무나 터무니없고 너무나 굴욕적인 것이다."[193] 결과적으로 자신의 죄악됨을 인정하지 않는 죄인은 궁극적으로 십자가를 불필요한 농담으로 생각한다. 믿지 않는 자들이 자신이야말로 예수님이 당했던 그 죽음을 죽어야 마땅했던 죄인이라고 여기지 않는 한 그리스도의 메시지는 그들에게 여전히 미련하게 보일 뿐이다. 그들이 심리학적 복음(우상숭배하는 죄인이라기보다는 상처를 받아서 도움이 필요한 희생자라는 자기 정체성을 주입한다)을 믿는 한, 진정한 자유를 주시는 유일한 분이신 그리스도께로 이끌릴 수 없을 것이다(요 8:36). 하지만 십자가가 믿지 않는 자들에게는 미련한 것일지 몰라도, 믿는 자들에게는 "하나님의 능력"이다.

### 하나님의 계시의 영속성

두 번째로 하나님의 계시의 영속성은 인간의 지혜의 일시성과 대조를 이룬다. 인간의 지혜는 폐하여질 것이지만 그리스도 안에 있는 하나님의 진리는 영원할 것이다. "기록된 바 내가 지혜 있는 자들의 지혜를 멸하고 총명한 자들의 총명을 폐하리라 하였으니"(고전 1:19). "폐하리라"는 "처분하다, 버리다"라는 뜻이다.[194] 19절은 이사야 29장 14절을 풀어서 인용한 것인데, 반역하던 유다가 앗수르 왕 산헤립에게 공격당할 것을 상기시킨다. 그러나 이 예언을 통해서 하나님은 이사야에게 유다 군대의 힘이 아닌 오직 하나님의 능력으로 대적의 계획이 실패할 거라는 확신을 주셨다. 다른 말로 하면 하나님이 대적을 멸망시키실 것이고 인간의 도움 없이 하나님의 힘을 드러내 보이시겠다는 말이다. 결과적으로 하나님은 천사 하나를 보내 인간의 힘을 하나도 사용하지 않고 앗수르 군대 185,000명을 죽이신다. 그래서 바울은 "지혜 있는 자가 어디 있느냐 선비가 어디 있느냐 이 세대에 변론가가 어디 있느냐"라고 질문한다. 다른 말로 하면 세상 철학자는 아무 것도 아니라는 것이다. 그리스도가 전부이다! 이 세상의 지혜를 "하나님이 어리석게 하셨다"(20절).

인간의 지혜는 일시적이어서 우리를 하나님께로 이끌지 못하지만, 하나님의 지혜는 영원하다. 베드로도 같은 말을 한다. "그러므로 모든 육체는 풀과 같고 그 모든 영광은 풀의 꽃과 같으니 풀은 마르고 꽃은 떨어지되 오직 주의 말씀은 세세토록 있도다 하였으니 너희에게 전한 복음이 곧 이 말씀이니라"(벧전 1:24-25). 세상의 철학자들은 언젠가는 죽을 것이고, 심리학자의 심리학 이론은 그 후에 등장하는 다른 사람의 이론으로 대체될 것이지만, 늘 한결같은 것이 있다. 바로 하나님 말씀이다. 예수님은 하나님의 기록된 계시에 대한 완전한 확신을 갖고 계셨다. "진실로 너희에게 이르노니 천지가 없어지기 전에는 율법의 일점 일획도 결코 없어지지 아니하고 다 이루리라"(마 5:18). 성경은 사탄의 졸개들이 노골적으로 그리고 교묘하게 가하는 모든 공격에 영원히 끄떡하지 않는다. 성경은 시간의 테스트를 견뎌왔으며 앞으로도 계속 그럴 것이다.

### 하나님의 계시의 계획성

세 번째로 인간이 자신의 지혜로 구원을 발견할 수 없는 것은 하나님이 그분의 지혜로 그렇게 계획하셨기 때문이다. 이것은 영원 전부터 하나님이 주권적으로 계획하신 것이었다. "이 세상이 자기 지혜로 하나님을 알지 못하므로"(고전 1:21). 우리 지혜는 의도적으로 제한되어 있다. 세상 지혜는 한계가 있기 때문에, 천문학자들은 우주의 질서를 연구하면서도 한순간의 대폭발로부터 모든 것이 나왔다고 믿는다. 이런 이유로, 과학자들은 인간 세포의 재생 능력을 연구하면서도 최초의 인간이 수억 년 전 점액덩이에서 기어 나왔다고 여전히 믿는 것이다. 이런 이유로, 심리학자들은 인간의 행동을 연구하면서도 인간에게 가장 필요한 것은 오직 하나님이 복음을 통해 가져다주시는 영적 거듭남과 변화라는 결론에 도달하지 못한다. 인간의 지혜는 하나님께 미련하고 하나님의 지혜는 회개하지 않은 인간에게 어리석다. 인간이 자신의 지혜로 하나님을 찾으려고 하면 할수록 인간은 창조주보다 피조물을 더 숭배하게 된다. 그리고 교회가 신학과 심리학을 뒤섞어서 행동적인 문제들을 해결하려고 하면 할수록 진리의 하나님으로부터 멀어지는 결과를 초래한다.

### 하나님의 계시와 하나님의 주권적인 기쁨

네 번째로 그리스도 안에 있는 하나님의 계시는 하나님의 주권적인 기쁨을 높이기 때문에 인간의 지혜보다 우월하다. 바울은 이렇게 말했다. "하나님이 전도의 미련한 것으로 믿는 자들을 구원하시기를 기뻐하셨도다"(고전 1:21). 바울은 복음 전도 자체가 미련하다고 말하는 것이 아니다. 하나님 말씀을 통해 하나님의 영으로 새로워지지 않은 사람들의 마음에 복음 전도의 내용이 어리석어 보인다는 말이다. 윌리엄 맥도널드는 이렇게 말했다. "그리스인들은 지혜('철학'이라는 단어의 문자적 의미)를 사랑하는 자들이었다. 하지만 복음의 메시지는 그들이 뽐내는 지식에 매력적인 것이 전혀 없었다."[195] 그래서 하나님은 인간이 상상도 하지 못할 방식으로 죄인들을 구원하는 것을 기뻐하셨다. 복음이 인간에게 어리석어 보이는 것은 그것이 그들의 교만을 꺾기 때문이지만, 그렇기에 하나님께는 그것이 미련하지 않다. 십자가는 인간에게 이렇게 말한다. "백만 개의 목숨이 있다 할지라도 죄의 문제를 해결할 수 없다." 그러나 단 한 번 십자가에 달리신 그리스도는 "신자들"을 구원하신다. 그리스도는 신자들에게 영적 생명을 주신다. 다시 말해, 하나님은 구원을 위해 예수 그리스도를 오직 믿음으로 붙드는 사람들을 십자가의 메시지로 구원하시는 것을 정말 기뻐하신다.

### 하나님의 계시를 들은 자의 반응

하나님의 계시의 내용은 "십자가에 못 박힌 그리스도"(고전 1:23)에 집중되어 있다. 그러나 바울은 십자가의 도를 전파하는 데 두 가지 장애물이 있다고 말한다. 바로 표적과 합리적인 설명을 구하는 태도이다. 예수님 당시의 유대인들은 항상 표적이나 능력이 드러나기를 구했다. 그들은 예수님의 말씀을 듣고 그분을 받아들이지 않았기 때문이다. 마태복음 12장 38-39절은 이렇게 말한다. "그 때에 서기관과 바리새인 중 몇 사람이 말하되 선생님이여 우리에게 표적 보여주시기를 원하나이다 예수께서 대답하여 이르시되 악하고 음란한 세대가 표적을 구하나 선지자 요나의 표적 밖에는 보일 표적이 없느니라." 표적을 구하는 것은 믿음을 증명하는 것이 아니라 성경에 드러난 하나님의 계시를 복종적으로 신뢰하지 못함을 드러내는 것이다. 그러므로 기적적인 표적을 구하는 유대인들에게 '십자가에 못 박힌 메시아'의 메시지는 "거리끼는 것"(*skandalon*: 가증스러운 것)이었다. 두 번째로, "헬라인은 지혜를 찾는다"(22절). 유대인들이 표적을 구한 반면, 헬라인들은 합리적인 설명을 찾아다녔다. 그들은 인간의 지식으로 이해되고 설명되는 것만 믿었다. 그들에게 십자가를 전하는 것은 어리석고 우둔하고 말이 안 되고 완전히 미친 짓이었다. 이 두 종류의 사람 모두가 오늘날 교회에도 존재한다. 심리요법을 중시하는 세대에서는 "설교도 심리학적으로 한다."[196]

세속 심리학으로 이루어진 설교는 모든 믿는 세대가 자신들의 감정과 경험에 의지해 살아가도록 훈련했다. 하나님은 객관적인 말씀 속에 그분의 뜻을 분명하게 보여주셨는데도 불구하고 사람들은 주관적인 인도하심을 확신하기 위해 늘 하나님으로부터 표적을 구했다. 또 어떤 사람들은 하나님의 계시가 아닌 다른 곳에서 진리를 찾으려고 끝없이 방황하다 최신 심리학 이론들을 욕심내어 받아들이기도 한다. 이 두 종류의 사람들 모두, 십자가에 못 박힌 그리스도를 믿는 대신에 인간의 지혜를 택한 것이다.

### 하나님의 계시의 능력

여섯 번째이자 마지막으로 하나님 계시가 우월한 것은 그 고유한 능력 때문이다. "부르심을 받은 자들"에게 그리스도의 메시지는 "하나님의 능력이요 하나님의 지혜"(24절)이다. "부르심을 받은 자들"은 하나님의 택함을 입은 자들로서 내적으로는 성령의 부르심을 받았고 외적으로는 하나님 말씀을 통한 복음의 부르심을 받았다. 바울은 로마 신자들을 "예수 그리스도의 것으로 부르심을 받은 자"(롬 1:6)라고 지칭한다. "또 미리 정하신 그들을 또한 부르시고 부르신 그들을 또한 의롭다 하시고 의롭다 하신 그들을 또한 영화롭게 하셨느니라"(롬 8:30). "너희가 거듭난 것은 썩어질 씨로 된 것이 아니요 썩지 아니할 씨로 된 것이니 살아 있고 항상 있는 하나님의 말씀으로 되었느니라"(벧전 1:23). 그리스도는 인간을 가장 근본적인 문제인 죄에서 구원했기에 "하나님의 능력"이시다. 그리스도는 또한 그분 안에서 드러난 모든 영원한 진리 때문에 "하나님의 지혜"이시다.

그러므로 "하나님의 어리석음이 사람보다 지혜롭고 하나님의 약하심이 사람보다 강하다"(고전 1:25). 하나님의 어리석음으로 여겨지는 십자가는 가장 지혜롭다는 사람의 지혜보다 더 지혜롭다. 하나님의 약함(그런 게 있다면)은 가장 강한 인간보다 강하다. 사도가 말하는 요지가 무엇인가? 사도의 요지는 하나님의 능력이 복음(십자가의 말) 안에 내재되어 있다는 것이다. 복음이 설교될 때 하나님의 능력은 하나님이 정하신 일을 성취하도록(죄인들에게 유죄판결을 내려 그들이 회개하도록 이끄는 일) 발휘된다. 그러므로 우리는 이렇게 확신한다. "내가 복음을 부끄러워하지 아니하노니 이 복음은 모든 믿는 자에게 구원을 주시는 하나님의 능력이 됨이라 먼저는 유대인에게요 그리고 헬라인에게로다"(롬 1:16).

그리스도 안에 있는 하나님의 계시는 심리학적 상담이 제공할 수 있는 어떤 것과도 확연히 구별된다. 세속 심리학은 그 본성상 십자가에 적대적이다. 세속 심리학은 인간의 지혜를 높이면서 진리의 핵심인 예수 그리스도(요 14:6)를 낮춘다. 데이비드 폴리슨은 이렇게 증언한다. "심리요법 세상에서 몇 년을 지내다가 그리스도를 만나 내 삶이 완전히 변했다. 그리스도께서 온 세상을 완전히 바꾸어 놓았다는 것이 보이기 시작했다. 모든 것은 인간 중심이 아니라 하나님 중심적이었다. 그 말은 상담이 불신앙으로 날조된 세상이 아닌 진짜 세상을 반영하려면 근본적으로 재조정되어야 한다는 것을 의미했다."[197] 따라서 성경적 신학과 심리학을 섞으려는 시도는 완전히 어리석은 것으로 오직 사람만 높이게 되고 그 결과 인간의 영혼은 멸망한다.

## 복음에 나타난 하나님의 지혜 (고전 2:6-9)

"그러나 우리가 온전한 자들 중에서는 지혜를 말하노니 이는 이 세상의 지혜가 아니요 또 이 세상에서 없어질 통치자들의 지혜도 아니요 오직 은밀한 가운데 있는 하나님의 지혜를 말하는 것으로서 곧 감추어졌던 것인데 하나님이 우리의 영광을 위하여 만세 전에 미리 정하신 것이라 이 지혜는 이 세대의 통치자들이 한 사람도 알지 못하였나니 만일 알았더라면 영광의 주를 십자가에 못 박지 아니하였으리라 기록된 바 하나님이 자기를 사랑하는 자들을 위하여 예비하신 모든 것은 눈으로 보지 못하고 귀로 듣지 못하고 사람의 마음으로 생각하지도 못하였다 함과 같으니라"

하나님의 지혜는 하나의 기본적인 메시지, 즉 예수 그리스도께서 죄인들을 위해 십자가에 못 박히셨고, 신자들에게 영적인 생명을 주기 위해 죽은 자 가운데서 살아나셨다는 메시지를 중심으로 한다는 것은 이미 살펴보았다. 그래서 사도 바울은 "지혜"라는 단어를 참된 지혜(우리는 참된 지혜라는 말에서 복음을 떠올릴 것이다)와 관련하여 사용하면서 여섯 가지로 설명한다.

**복음은 진정한 지혜이다**

먼저, 사도들이 말도 안 되는 이야기를 한다고 생각했던 사람들과 달리 바울은 "우리가 지혜를 말하노니"(6절)라고 선언했다. 즉 믿음으로 그리스도와 교제를 "시작한"[198] 사람들인 "온전한 자들"에게 그리스도 안에 있는 하나님의 계시를 말한다. 바울은 신학을 세상 지혜에 대한 부가물 정도로 여기지 않는다. 오히려 이 둘을 다른 영역에 둔다. 그는 그리스도인들을 두 부류로 구분하지 않고, 믿는 자와 믿지 않는 자, 깨달은 자와 깨닫지 못한 자를 구분한다. 바울 시대와 마찬가지로 우리 시대에도 세속 심리학을 하나님 말씀보다 높이는 사람들은 스스로를 깨달은 자로 여기고 오직 성경을 붙드는 우리들을 고루하고 깨닫지 못한 자들로 여긴다. 그러나 성경은 그 반대라고 선포한다. 제이 아담스의 주장이 옳다.

하나님은 성경 안에서 많은 진리를 계시하셨기에 성경적 가르침에 부합되지 않는 것으로 판명된 어떤 이론이나 실천에 우리 사고를(실천은 말할 것도 없고) 개방해서는 안 된다. 불행하게도 많은 사람이(특히 상담 분야에서) 잘못된 길로 가고 있다. 우리가 삶의 어떤 영역에서 기독교적 사고방식을 밀고나가려면 하나님이 성경에서 말한 것은 무엇이든 옳고 권위가 있다고 믿어야 할 뿐 아니라 성경적 원리와 실천을 방해하거나 대체하려고 시도하거나 그것과 모순되는 어떤 것에 우리 마음을 열어서는 안 된다. 그리스도인 상담자들이 이렇게 비판적으로 판단할 수 있다면 많은 혼란과 가슴 아픈 일을 줄일 수 있을 것이고 그들의 사역 가운데 하나님의 복 주심을 더 많이 발견하게 될 것이다.[199]

그리스도 안에 있는 하나님의 계시를 신뢰하여 그것을 궁극적인 진리로 받아들인 사람들은 진정한 지혜를 가진 사람들이다. 그들은 거짓된 사상에 의해 오염되지 않게 주의할 의무가 있다.

### 복음은 이 세상 것이 아니다

두 번째로 바울은 "이 세상의 것이 아닌"(6절) 지혜에 대해 말한다. 바울이 지혜를 가졌다고 선언했을 때 아마도 고린도 사람들은 그들 시대의 세속적인 철학을 즉각 떠올렸을 것이다. 그래서 바울은 자신이 세속적인 철학에 대해 말하는 것이 아님을 분명히 한다. 바울이 그리스도 안에서 소유한 지혜는 인간적인 것이 아니다. 사이몬 키스트메이커는 이렇게 말한다. "이 시대의 지혜는 순간적이고 변화무쌍한 속성을 가진 세속 지혜(1:20)이다."[200] 시편 94편 11절은 이렇게 말한다. "여호와께서는 사람의 생각이 허무함을 아시느니라." 세속 철학 이론은 계속해서 변하지만, 복음 안에 계시된 하나님의 지혜는 "어제나 오늘이나 영원토록 동일하신"(히 13:8) 예수 그리스도 안에 뿌리를 두고 있기 때문에 변하지 않는다.

### 복음은 일시적인 통치자들이 알 수 없다

세 번째로 하나님의 지혜는 이 시대의 "통치자들"(6절)로부터 나오지 않는다. 사실상 하나님의 지혜는 "권위 있는 위대한 사람들"에게는 숨겨져 있다.[201] 우리 시대 위대한 철학자들은 스스로 교만한 주장을 펼치지만 하나님의 진리를 담지 못한다. 욥이 오늘날 살아 있었다면 많은 철학자들에게 다음과 같이 풍자적으로 말했을지 모른다. "너희만 참으로 백성이로구나 너희가 죽으면 지혜도 죽겠구나"(욥 12:2). 하나님은 당신을 거부하는 사람들에게 당신의 지혜를 맡기지 않고, 지식을 자랑하는 자들에게는 당신의 지혜를 숨겨서 하나님께만 영광이 머물게 하신다.

사도 바울은 뒤에 가서 믿지 않는 유대인들을 언급하면서 하나님이 당신의 지혜를 수건 뒤에 가리신 이유에 대해 말한다. "그들의 마음이 완고하여 오늘까지도 구약을 읽을 때에 그 수건이 벗겨지지 아니하고 있으니 그 수건은 그리스도 안에서 없어질 것이라

오늘까지 모세의 글을 읽을 때에 수건이 그 마음을 덮었도다 그러나 언제든지 주께로 돌아가면 그 수건이 벗겨지리라"(고후 3:14-16). 같은 방식으로 하나님의 지혜는 불신 때문에 어떤 이들에게는 가려져 있다. 우리 시대 통치자들은 "죽어 세상에서 사라질" 것인데 "결국은 구원자의 자리에서 밀려나게 된다"[202]는 의미이다. 하나님은 당신의 영광스러운 아들 안에 구현된 당신의 지혜를 높이지 않는 세속 지도자들에게서 힘과 영향력을 빼앗으신다. "하늘에 계신 이가 웃으심이여 주께서 그들을 비웃으시리로다"(시 2:4).

### 복음은 몇몇 사람에게 계시된다

네 번째로 하나님의 지혜는 세속적으로 현명한 자들에게 숨겨져 있지만, 어떤 사람들에게는 계시된다. 예수님도 같은 말을 하셨다. "그 때에 예수께서 대답하여 이르시되 천지의 주재이신 아버지여 이것을 지혜롭고 슬기 있는 자들에게는 숨기시고 어린 아이들에게는 나타내심을 감사하나이다"(마 11:25). 이것은 바울이 "오직 은밀한 가운데 있는 하나님의 지혜를 말하는 것"(7절)이라고 표현한 내용과 같다. 캠벨 모건은 이렇게 말했다. "신약 속에 있는 신비는 인간의 지식 활동으로는 발견될 수 없지만 인간의 지식이 이해할 수 있도록 계시되었다."[203] 그 신비는 예수 그리스도 안에서만 발견되고 성령님이 복음을 적용하심으로써 어떤 이들에게 드러나는 진리이다.

**복음은 하나님의 영원한 복안으로 계시된다**

다섯 번째로 복음에 계시된 지혜는 "우리의 영광을 위하여 만세 전에 미리 정하신 것"(7절)이었다. "미리 정했다"는 단어는 "미리 결심했다"는 뜻이다.[204] 하나님의 복음은 하나님의 영원한 마음에서 기원한 것이기에 신적 계시를 통해서만 이해할 수 있다. 그래서 하나님이 자신을 계시하기로 선택하지 않으시면 유한한 인간은 하나님을 알 수 없다. 전능하신 우리 하나님은 십자가 사건이 일어나기 훨씬 전에 그 일을 미리 정하셨다. 베드로는 오순절날 이에 대해 설교했다. "과연 헤롯과 본디오 빌라도는 이방인과 이스라엘 백성과 합세하여 하나님이 기름 부으신 거룩한 종 예수를 거슬러 하나님의 권능과 뜻대로 이루려고 예정하신 그것을 행하려고 이 성에 모였나이다"(행 4:27-28). 하나님은 악한 통치자를 사용하여 당신의 아들이 십자가에 못박혀 인간을 속량하는 값을 치르도록 하는 계획을 완수하기로 영원 전부터 결정하셨다. 이 계획은 "우리의 영광을 위하여 정하신 것이라"고 일컬어지는데, 이는 그리스도 안에서 우리가 받는 구원의 완전성을 가리킨다.[205] 바울은 로마서에서 이에 대한 확신을 표현한다. "생각하건대 현재의 고난은 장차 우리에게 나타날 영광과 비교할 수 없도다"(롬 8:18). 레온 모리스는 이렇게 확언한다. "시간이 시작되기 전부터 하나님은 우리의 안녕을 염두에 두셨다. 하나님은 우리를 영광스럽게 할 복음을 계획하셨다."[206] 다른 말로 하면 우리를 구속하는 하나님의 복음은 그분의 영광을 위한 것이지만 동시에 우리의 영광, 즉 구주께서 나타나실 때 우리가 얻게 될 궁극적인 영화를 위한 것이다(요일 3:2).

### 하나님의 도움 없이는 이해할 수 없는 복음

여섯 번째이자 마지막으로 "이 세대의 통치자들은 한 사람도 알지 못한다"(8절). "안다"라는 단어는 "알다, 인지하다, 분별하다"[207]라는 뜻을 가진 단어에서 나왔다. 그런 다음 바울은 그들이 알지 못했다는 증거를 제시한다. "만일 알았더라면 영광의 주를 십자가에 못 박지 아니하였으리라." 다른 말로 하면 예수님을 십자가에 못 박은 통치자들이 만일 진짜 지혜를 가졌더라면 예수님을 죽이려 하지 않았을 것이라는 말이다. 사도행전 3장 17절에서 베드로는 나면서 못 걷게 된 거지를 고친 후에 그곳에 있던 유대인들에게 이렇게 말했다. "형제들아 너희가 알지 못하여서 그리하였으며 너희 관리들도 그리한 줄 아노라." 요한복음 16장 3절에서 예수님은 제자들이 박해받을 것을 예고하시면서 이렇게 말씀하셨다. "그들이 이런 일을 할 것은 아버지와 나를 알지 못함이라." 예수님은 십자가 위에서 이렇게 기도하셨다. "아버지 저들을 사하여 주옵소서 자기들이 하는 것을 알지 못함이니이다"(눅 23:34).

예수님 시대의 통치자들은 무한하신 하나님의 계획을 이해할 수 없었다. 그러나 그렇다고 그것이 그들에게 핑계거리가 되지 못한다. 종교 지도자들은 구약을 알고 있었는데도 자신들 앞에 있는 그분이 그들이 기다리던 메시아임을 알아보지 못해서 "영광의 주"를 못 박고 말았다. 그들은 자기 의와 영적 교만에 가득 차서 자신들의 왕을 알아보지 못했다. 이와 같은 방식으로 하나님은 자기 개선의 노력을 통해 자신을 의롭다 하려는 사람들에게는 삶을 변화시키는 복음을 숨기셨다. "기록된 바 하나님이 자기를 사랑하는 자들을 위하여 예비하신 모든 것은 눈으로 보지 못하고 귀로 듣지 못하고 사람의 마음으로 생각하지도 못하였다 함과 같으니라." 바울은 다시 한 번 자신이 말하려는 요지를 밀어 붙이는데, 하나님의 계시는 인간의 지혜로 이해할 수 없다는 것이다. 그렇다면 어떻게 하나님을 알 수 있는가? 하나님의 지혜가 어떻게 인간의 마음 안으로 들어갈 수 있을까? 성령께서 계시해 주셔야 한다.

### 성령에 의해 계시된 하나님의 지혜(고전 2:10-16)

"오직 하나님이 성령으로 이것을 우리에게 보이셨으니 성령은 모든 것 곧 하나님의 깊은 것까지도 통달하시느니라 사람의 일을 사람의 속에 있는 영 외에 누가 알리요 이와 같이 하나님의 일도 하나님의 영 외에는 아무도 알지 못하느니라 우리가 세상의 영을 받지 아니하고 오직 하나님으로부터 온 영을 받았으니 이는 우리로 하여금 하나님이 우리에게 은혜로 주신 것들을 알게 하려 하심이라 우리가 이것을 말하거니와 사람의 지혜가 가르친 말로 아니하고 오직 성령께서 가르치신 것으로 하니 영적인 일은 영적인 것으로 분별하느니라 육에 속한 사람은 하나님의 성령의 일들을 받지 아니하나니 이는 그것들이 그에게는 어리석게 보임이요, 또 그는 그것들을 알 수도 없나니 그러한 일은 영적으로 분별되기 때문이라 신령한 자는 모든 것을 판단하나 자기는 아무에게도 판단을 받지 아니하느니라 누가 주의 마음을 알아서 주를 가르치겠느냐 그러나 우리가 그리스도의 마음을 가졌느니라"

본성상 인간은 "하나님이 자기를 사랑하는 자들을 위하여 예비하신 모든 것"(9절)을 알 수 없다. 따라서 "성령으로"(10절) 계시된 하나님의 지혜를 가져야만 한다. "자기를 사랑하는 자들"이라는 구절은 "믿는 자"(비교 롬 8:28)를 말하는 또 다른 방법이다. 하나님은 자기 백성을 위해 예비하신 것을 아는 유일한 분이기에 자기 백성에게 그것을 드러낼 수 있는 유일한 분이다. 바울은 이제 하나님이 무엇을 계시하기로 하셨는지에서 어떻게 계시하기로 하셨는지로 옮겨간다. 구체적으로 성령의 사역에 초점이 놓인다. 여기서 바울은 성령의 사역의 세 가지 특징을 드러낸다.

### 성령님은 계시하시는 분이다

먼저, 성령님은 진리를 계시하는 일을 담당하시는 분이다. 성령님은 예수님이 약속하신 대로 하나님의 지혜의 진리들을 드러내신다. "그러나 진리의 성령이 오시면 그가 너희를 모든 진리 가운데로 인도하시리니 그가 스스로 말하지 않고 오직 들은 것을 말하며 장래 일을 너희에게 알리시리라 그가 내 영광을 나타내리니 내 것을 가지고 너희에게 알리시겠음이라"(요 16:13-14). 성령님은 그 과정에서 진리를 만들어 내지 않고 다만 살아계신 영원한 말씀인 그리스도를 드러내신다. 예수 그리스도에 관한 진리는 성령의 능력 안에서 말씀을 통해 택자들에게만 알려진다. 복음의 진리는 이 세상 지혜자들에게는 가려져 있지만 신자들에게는 "하나님이 성령을 통해 그것들을 드러내셨다."

### 성령님은 하나님의 생각을 아신다

두 번째로, "성령은 모든 것 곧 하나님의 깊은 것까지도 통달"하신다. 그분은 하나님이시기 때문이다(10절). 오직 성령님만이 "깊고 풍성한 하나님의 지혜와 지식, 헤아릴 수 없는 그분의 판단과 찾을 수 없는 그분의 길"을 헤아릴 수 있으시다(롬 11:33). 하나님의 심오한 길을 인간은 알 수가 없지만, 성령님은 아신다. 11절에서 바울은 이러한 영적 진리를 설명하기 위해 인간의 예를 든다. "사람의 일을 사람의 속에 있는 영 외에 누가 알리요?" 사람은 다른 사람의 생각을 알 수 없다. 사람은 오직 자신의 생각만 알 수 있다. 그러나 어떤 사람이 자신의 생각을 드러내면 그의 마음은 외부에 알려질 수 있다. 하나님도 마찬가지다. "하나님의 일도 하나님의 영 외에는 아무도 알지 못하느니라." 인간의 영이 인간의 마음을 아는 유일한 존재이듯 하나님의 영은 하나님의 마음을 아는 유일한 분이다. 그러므로 하나님의 마음을 알기 위해서는 하나님의 영을 소유해야 한다. 성령님만이 하나님의 계시와 연결될 수 있는 유일한 고리이다.

**성령님은 신자들에게 주어졌다**

세 번째로 사도는 놀라운 진리를 드러낸다. 신자들은 "세상의 영을 받지 아니하고 오직 하나님으로부터 온 영을 받았다"(12절). "세상"이라는 단어는 코스모스(*kosmos*)라는 단어에서 유래된 것인데 "하나님에게서 분리되고 하나님을 반대하는"[208] 인간적인 지혜와 이성에 의해 다스려지는 질서 체계를 일컫는다. 우리는 하나님의 영을 소유했기에 세상적인 인간의 가르침에 확신을 두려는 유혹을 받을 필요가 없다. 성령님은 하나님이 우리에게 선물로 주신 분으로서 우리에게 진리를 알려 주신다. 바울은 이 선물을 받은 네 가지 결과를 설명한다.

**성령님이 기록하신 계시**

성령을 선물로 받은 첫 번째 결과로, 신자들이 하나님의 마음을 기록된 형태로 갖게 되었다. 사도는 "사람의 지혜가 가르친 말로 아니하고 오직 성령께서 가르치신 것으로" 설교했다(13절). 성령님은 영감을 통해 말씀을 주셔서 성경으로 기록되게 하셨다. 예수님은 시험을 받을 때 사탄에게 이렇게 대답하셨다. "기록되었으되 사람이 떡으로만 살 것이 아니요 하나님의 입으로부터 나오는 모든 말씀으로 살 것이라 하였느니라"(마 4:4). 바울은 자신과 다른 사도들이 그들에게 계시된 영적 진리들을 그저 인간의 권위로 전한 것이 아니라 "성령의 나타나심과 능력으로"(4절) 전했다고 말한다. "영적인 일은 영적인 것으로 분별"(13절)한다는 말은 성령의 말로 성령의 일을 설명한다는 뜻으로, 성경 안에 기록된 성령 자신의 말을 사용하여 영적 진리를 설명한다는 의미이다.

### 영적 판단

성령을 주신 두 번째 결과로, 빛을 거부하는 것은 불신자들에게 그들의 심판의 표시라는 것이다(14절). 믿지 않는 자, 즉 "자연적인" 사람은 "육에 속한 사람"[209]이다. 이 사람은 이 세상의 일에는 지혜롭지만 자신의 생각에 매여 있기 때문에 영적인 일에는 완전히 우둔한 사람이다. 세속적으로 똑똑한 불신자들은 성령의 일들을 "받아들이지" 않는다. 헬라어 원어로 이 단어는 "팔로 얼싸안듯 취하다"[210]라는 의미이다. 중생하지 않은 사람은 본성상 성경적 진리를 얼싸안듯 환영하며 받아들이지 않는다. 찰스 핫지에 의하면 성령의 일들을 받아들이지 않는 것은 "그 진실성과 권위와 탁월성을 내면적 경험으로 인지하지 못하고 거부하는 것이다."[211] 구원받지 못한 사람들은 하나님 말씀이 갖는 권위에 굴복하는 대신 그것을 말도 안 된다고 여기는데, "그것들은 영적으로라야 가치를 알아볼 수 있기 때문이다." "평가된다"라는 단어는 "조사하다, 판단하다, 해명을 요구하다, 식별하다"[212]라는 의미를 갖는 단어에서 유래하였다. 성령이 없는 사람들은 내주하시는 신적 해석자이며 성경의 저자이신 성령님을 소유하지 못했기에 영적 진리를 분별할 수 없다. 그들은 마치 장님이 반 고흐의 그림을 판단하려고 하는 것과 같다. 자연적인 인간은 영적 진리를 환영하지 않을 뿐 아니라, 단순한 인간 지식으로는 그것을 받아들일 수도 없다. 예수님은 이렇게 말씀하셨다. "하나님께 속한 자는 하나님의 말씀을 들나니 너희가 듣지 아니함은 하나님께 속하지 아니하였음이로다"(요 8:47). 하나님의 영이 믿지 않는 자들의 영적 눈을 열고 그 인간적인 마음에 지각을 주실 때까지 인간은 하나님의 구원하시는 능력을 알 수 없다.

영적 분별력

성령을 선물로 받은 세 번째 결과는 영적인 일들을 분별할 능력이 생기는 것이다. "신령한 자는 모든 것을 판단하나"(15절). "신령한" 자는 성령의 다스림을 받는 신자로서 육적인 마음의 통치를 받고 인간적 지혜의 지배를 받는 자연적인 인간과 대조된다. 사도 요한은 신자가 받는 성령 세례에 대해 말했다. "너희는 주께 받은 바

기름 부음이 너희 안에 거하나니 아무도 너희를 가르칠 필요가 없고 오직 그의 기름 부음이 모든 것을 너희에게 가르치며 또 참되고 거짓이 없으니 너희를 가르치신 그대로 주 안에 거하라"(요일 2:27). 그 결과 영적인 사람은 "아무에게도 판단을 받지 않는다"(고전 2:15). 바울과 요한은 어떤 신자들은 가르침을 받거나 교정을 받을 필요가 없다고 말하는 것이 아니다. 혹은 성경의 기준에 견주어볼 필요가 없다고 말하는 것도 아니다. 다만, 믿지 않는 자는 성령을 가지지 않았기에 신자가 자연적인 인간에 의해 정당하게 판단될 수 없다는 것이다. 왜냐면 성령님만이 신자의 삶을 주관하는 성경적 진리를 식별하고 평가하고 포용할 능력이 있으시기 때문이다.

### 영적 마음

성령을 받은 네 번째이자 마지막 결과는 성령님이 신자들로 하여금 "그리스도의 마음"(16절)을 갖게 하신다는 것이다. 바울은 이사야 40장 13절 말씀을 인용하여 인간은 하나님의 마음을 알 수 없다고 강조한다. 그는 이렇게 질문한다. "누가 주의 마음을 알아서 주를 가르치겠느냐?" 그런 다음 그는 이렇게 담대하게 선포한다. "그러나 우리가 그리스도의 마음을 가졌느니라." 자연적인 인간은 하나님의 진리를 이해할 수 없지만 그리스도인은 여호와의 영을 받았기 때문에 그것을 알 수 있다. 성령님이 신자의 최고의 상담자이시다. 예수님은 이렇게 약속하셨다. "보혜사 곧 아버지께서 내 이름으로 보내실 성령 그가 너희에게 모든 것을 가르치고 내가 너희에게 말한 모든 것을 생각나게 하리라"(요 14:26). 성령님은 신자와 함께하며 자신의 영감으로 기록된 말씀을 사용하여 영적 진리를 가르치신다. 성경은 하나님의 마음, 그리스도의 마음이 기록된 책이다.

성경은 그리스도의 마음이기 때문에 진리의 최종 기준이고 믿음과 실천의 최종 권위이다. 심리학은 하나님 말씀의 충분성을 확신하지 못한다. 따라서 성경적 상담자들은 "하나님 아는 것을 대적하여 높아진"(고후 10:5) 모든 형태의 인간의 지혜와 적극적으로 싸워야 한다.

## 하나님의 지혜가 승리한다

"우리가 육신으로 행하나 육신에 따라 싸우지 아니하노니 우리의 싸우는 무기는 육신에 속한 것이 아니요 오직 어떤 견고한 진도 무너뜨리는 하나님의 능력이라 모든 이론을 무너뜨리며 하나님 아는 것을 대적하여 높아진 것을 다 무너뜨리고 모든 생각을 사로잡아 그리스도에게 복종하게 하니 너희의 복종이 온전하게 될 때에 모든 복종하지 않는 것을 벌하려고 준비하는 중에 있노라"(고후

10:3-6).

기독교 심리학의 공격은 미묘하다. 그 옹호자들의 진정성에도 불구하고, 기독교 심리학은 그리스도의 충분성에 대한 공격이다. 위의 구절에서 사도가 싸움의 방식(3-4절)과 수단(5-6절)을 묘사할 때 우리는 성경적 진리에 대한 사도의 열정을 느낄 수 있다.

### 싸움의 방식

바울은 그리스도 안에 있는 신자들이 싸우는 "싸움"은 세심하게 계획된 "전략적인 싸움"임을 분명히 한다.[213] 그가 사용한 단어는 스트라테이아(strateia)인데, 여기서 "전략"이라는 말이 나왔다. 구체적으로 말해서 그리스도 중심적인 지혜를 공격하는 사탄의 싸움은 우연이 아니라는 말이다. 사탄은 자신을 "광명의 천사"(고후 11:14)로 가장하는 데 전문가이다. 그래서 심리학이 교회로 파고든 것은 그리스도와 그분의 말씀의 충분성을 공격하기 위해 아주 치밀하게 계획된 싸움이다.

이 전쟁에서 사용되는 무기는 "육신에 속한 것이 아니다." 다른 말로 하면 그 전쟁은 물리적이거나 세상에 속한 것이 아니라 영적 전쟁이다(엡 6:10-17). 인간과의 싸움이 아니라 인간의 지혜와의 싸움이다. "우리가 육신으로 행하나 육신에 따라 싸우지 아니하노니." 이 영역에서 우리 무기는 "하나님의 능력"이다. 즉 "견고한

진"을 무너뜨리는 하나님의 능력이다. 여기서 말하는 견고한 진은 마음의 요새인데 그리스도에 "대항하여 일어난" 거짓 철학이라는 벽돌로 세워졌다. 이 진들은 정신의 감옥처럼 사람들을 가두고 있다.

결과적으로 이 싸움은 사고(ideas)의 영역에서 벌어진다. 여러 가지 세상의 사고들이 마치 진리인 양 사람들에게 가르쳐질 수 있다. 골로새서 2장 8절은 이렇게 경고한다. "누가 철학과 헛된 속임수로 너희를 사로잡을까 주의하라 이것은 사람의 전통과 세상의 초등학문을 따름이요 그리스도를 따름이 아니니라." 불순종하는 자들은 어떻게 포로가 되었는가? 거짓 교리를 통해서이다. 인간의 지혜가 예수 그리스도를 평가절하하고 그분의 복음의 능력을 약화시킨다. 기독교 심리학은 거짓 원리를 퍼뜨리는 데 성공했으며, 너무 많은 신자들이 이를 신봉하고 있다. 성경적 상담자들은 신중하게 이러한 정신의 감옥을 식별하고 공격해야 한다. 지혜로운 자가 "용사의 성에 올라가서 그 성이 의지하는 방벽을 허무는"(잠 21:22) 것처럼 말이다.

### 전쟁의 수단

이 싸움은 물리적인 싸움이 아니라 철학적이고 영적인 싸움이기 때문에, 사람들을 가둬두고 있는 이러한 정신의 감옥을 무너뜨리기 위해 사용되는 무기도 영적 가르침, 교리, 세계관과 같은 형태여야 한다. 예수 그리스도의 충분성을 지속적으로 가르치고 그분의 말씀을 삶의 모든 영역에 적용함으로써 "사변"이나 "추론"이나 "생각들"을 무너뜨려야 한다.[214] 그리스도보다 인간을 높이는 이데올로기를 반대해야 한다. "모든 높아진 것", 모든 교만한 "장애물"[215]을 무너뜨려야 한다. 속이는 자인 사탄은 그런 것들을 사용해 사람들이 예수님께 헌신하지 못하게 한다. 우리는 모든 생각을 사로잡아 그리스도께 복종시켜야 하며, 그렇게 할 수 있는 유일하게 확실한 길은 기록된 그리스도의 말씀을 기준으로 모든 가르침을 판단하는 것이다. "오직 영들이 하나님께 속하였나 분별"해야 한다(요일 4:1). 그렇게 할 때 우리가 제자로 양육하는 자들이 영적으로 성숙해지고, "지각을 사용함으로 연단을 받아 선악을 분별하는" 자가 될 것이다(히 5:14). 우리는 모든 교사에게 그들의 "불순종"의 오류에 대해 설명할 것을 요청할 준비가 되어야 한다. 데이비드 웰스가 교회의 현 상태에 대해 평가한 다음의 말은 옳다. "지금 교회 내 많은 사람이 자신에게 집중하며 하나님에 대한 지식 대신 자아에 대한 지식을 찾는다."[216] 이렇게 자신에게 집중하게 된 데에는 심리학적 복음이 끝없이 외치는 자기를 높이라는 외침이 큰 역할을 했다.

모든 신자는 다음과 같이 질문해야 한다. 자기 존중의 심리학 메시지는 어떻게 성경에 기록된 하나님의 율법을 거스르는가? 자기 존중의 결여가 사회문제의 근본 원인인가? 사도 바울은 "그렇지 않다"고 대답한다. 오히려 하나님 말씀은 종말에 두드러질 인간의 타락상을 묘사한 목록 안에 자기 사랑이 포함되어 있다고 말한다. 디모데후서 3장 1-5절은 이렇게 말한다.

"너는 이것을 알라 말세에 고통하는 때가 이르러 사람들이 자기를 사랑하며 돈을 사랑하며 자랑하며 교만하며 비방하며 부모를 거역하며 감사하지 아니하며 거룩하지 아니하며 무정하며 원통함을 풀지 아니하며 모함하며 절제하지 못하며 사나우며 선한 것을 좋아하지 아니하며 배신하며 조급하며 자만하며 쾌락을 사랑하기를 하나님 사랑하는 것보다 더하며 경건의 모양은 있으나 경건의 능력은 부인하니 이같은 자들에게서 네가 돌아서라."

인간에 관한 세속적 관점(인간의 근본 문제는 자존감이 낮은 것이다)과 하나님의 율법(인간의 근본 문제는 자신을 우상화하는 것이다)을 비교해 보면, 이 둘은 완전히 다른 체계인 것이 분명하다. 사도는 사회적 병폐의 원인을 자기 의심이나 낮은 자존감으로 돌리는 대신 "자아를 사랑하는 것"에 돌린다. 타락한 인간은 자기 회의로 가득하지 않고, "자랑"과 "교만"으로 가득 차 있다. 자기 사랑은 바로 우상숭배이다. 그것은 자기를 숭배하는 것이다. 그리고 이것이 바로 예수님이 우리를 구원하러 오신 핵심 문제이다. 현대 교회의 큰 문제 중 하나는 예수 그리스도의 인격과 그분의 구속 사역에 집중하는 성경적 강조에서 벗어나, 심리학적 도움이 필요하다는 메시지(결국에는 그리스도가 아닌 자기를 높이는 것)를 전하는 데 있다. 요약하면 심리학의 복음은 우리 구주 예수님을 우리 치료사 예수님으로 변질시켜 버렸다.

## 요약

심리학과 기독교 신학의 통합은 적어도 두 가지 차원에서 오류가 있다. 먼저 통합주의자들에게 한 가지 공통된 문제가 있다. 인간을 너무 높게 평가한다는 것이다. 그리고 인간을 높이 평가하다 보니 인간의 가장 깊은 문제는 충족되지 않은 심리적 필요들이 아니라 전적으로 타락하여 하나님을 대적하는 마음의 완고함이라는 것을 인지하지 못한다. 이러한 가짜 복음이 믿음을 고백하는 기독교 안에서 야기하는 피해는 실로 엄청나다. 인간의 최고의 필요가 개인적 죄성, 개인적 죄책으로부터 구원받는 것이 아니라 단지 개인적으로 받아들여지는 것이라고 해버리면 예수 그리스도의 십자가 메시지는 헛것이 되어버린다. 따라서 세속 심리학과의 싸움은 피할 수가 없다.

두 번째로 기독교 심리학은 하나님 말씀을 순전한 아이처럼 신뢰하는 것에 반대되는 인간의 지혜에 충성하기 때문에 잘못을 범한다. 실제로 사탄은 인간의 지혜라는 교만의 옷을 입고 그리스도의 복음을 가리는 교묘한 전술을 사용한다. 인간의 지혜가 그리스도의 순전한 진리와 섞이면 혼란만 가중되고 성경의 충분성을 신뢰하는 대신 인간을 신뢰하게 만든다. 따라서 폴리슨이 통합주의자들을 평가한 다음의 말은 옳다.

> 통합주의자들은 세속 심리학과 보수적인 기독교를 결합시키려고 한다. 그 이유는 성경이 포괄적으로 충분하다고 믿지 않기 때문이다. 그들은 성령의 말씀인 성경이 몇몇 핵심적인 방식에 있어서 사람들을 이해하고 변화시키는 데 부족하다고 생각한다. 그래서 교회는 무엇이 진실인지 알기 위해 그리고 효과적이고 사랑이 넘치는 상담사역을 위해 사회과학으로부터 체계적이고 구성요소적인 정보를 제공받아야 한다고 생각한다. 통합주의자들은 심리학의 지적인 내용들과 심리요법적인 실천들을 성경적 진리와 일관된 방식으로 교회 안으로 들여오려고 한다.[217]

그러나 이번 장에서 살펴보았듯이 진리와 오류의 이러한 결합은 어쩔 수 없이 복음을 타협하게 만든다. 왜냐면 신학과 심리학의 토대가 너무나 다르기 때문이다. 사실 이 둘은 완전히 다른 세상이다. 기독교 심리학은 성경적 상담을 실천하는 데 전혀 도움이 되지 않는다. 왜냐면 인간에 대한 기본 시각이 잘못되었고, 따라서 인간의 가장 깊은 필요와 그것을 충족시키는 방법에 대한 관점이 잘못되었기 때문이다. 따라서 심리학과 신학의 결합은 예수 그리스도의 충분성과 그분의 무오한 말씀을 진심으로 붙드는 사람들에게 반대를 받을 수밖에 없다. 성경적 상담자들은 선택을 해야 한다. 말씀 안에 있는 하나님의 계시가 완전히 믿을 만하고 완전한 것인지 아니면 부족하기에 인간의 지혜의 도움이 필요한 것이지 선택해야 한다. 예레미야 선지자를 통한 하나님의 저주와 약속이 가장 적합한 결론이다.

> 여호와께서 이와 같이 말씀하시니라
> 무릇 사람을 믿으며 육신으로 그의 힘을 삼고 마음이 여호와에게서 떠난
> 그 사람은 저주를 받을 것이라
> 그는 사막의 떨기나무 같아서
> 좋은 일이 오는 것을 보지 못하고
> 광야 간조한 곳, 건건한 땅, 사람이 살지 않는 땅에 살리라
> 그러나 무릇 여호와를 의지하며 여호와를 의뢰하는
> 그 사람은 복을 받을 것이라
> 그는 물 가에 심어진 나무가 그 뿌리를 강변에 뻗치고
> 더위가 올지라도 두려워하지 아니하며 그 잎이 청청하며
> 가무는 해에도 걱정이 없고

결실이 그치지 아니함 같으리라

(렘 17:5-8)

하나님을 신뢰하는 것은 기록된 말씀인 성경 안에 있는 하나님의 계시를 신뢰하는 것을 의미한다. 인간의 이론을 받아들이기 위해 하나님의 진리에서 돌아서거나 이 둘을 섞으려는 시도는 인간을 신뢰하는 것이다. 그 결과, 주님으로부터 오는 사역의 결실을 잃어버리게 되고 아무런 열매도 맺지 못하게 된다. 이것은 교회를 향한 하나님의 뜻이 아니다. 하나님은 하나님의 교회가 그리스도 중심적인 믿음을 계속해서 북돋는 공동체가 되도록 계획하셨다.

**더 깊은 생각과 소그룹 토론을 위한 질문**

1. 고린도후서 11:2-3을 읽으라. 사도 바울의 짐을 논해 보라. 그는 왜 그렇게 슬퍼하는가?
2. 야고보서 3:13-18을 읽으라. 인간의 지혜와 하나님의 지혜의 차이에 대해 논해 보라. 이 둘이 작용한 결과는 어떻게 차이가 나는가?
3. 고린도전서 2:10-16을 읽으라. 우리가 성경을 이해하도록 돕는 성령의 핵심 사역에 대해 논해 보라. "그리스도의 마음"은 무엇이고 왜 바울은 신자들에게 그 마음을 품으라고 말하는가?
4. 고린도전서 1:18을 읽으라. "십자가의 도"라는 말의 의미를 논해 보라. 바울은 왜 십자가가 하나님 계시의 중심이라고 가르치는가?
5. 빌립보서 2:3-8을 읽으라. 우리의 타고난 자기 중심성을 무엇으로 대체해야 하는가? 예수님은 어떻게 겸손과 "다른 사람을 높이는" 본을 보이셨는가? 자기 사랑이 왜 미덕이 아닌가?

# 8장
# 믿음을 북돋우는 공동체

그러므로 형제들아 우리가 예수의 피를 힘입어 성소에 들어갈 담력을 얻었나니 그 길은 우리를 위하여 휘장 가운데로 열어 놓으신 새로운 살 길이요 휘장은 곧 그의 육체니라 또 하나님의 집 다스리는 큰 제사장이 계시매 우리가 마음에 뿌림을 받아 악한 양심으로부터 벗어나고 몸은 맑은 물로 씻음을 받았으니 참 마음과 온전한 믿음으로 하나님께 나아가자 또 약속하신 이는 미쁘시니 우리가 믿는 도리의 소망을 움직이지 말며 굳게 잡고 서로 돌아보아 사랑과 선행을 격려하며 모이기를 폐하는 어떤 사람들의 습관과 같이 하지 말고 오직 권하여 그 날이 가까움을 볼수록 더욱 그리하자(히 10:19-25).

진정한 성경적 상담이 되려면 믿음이 살아 있고, 하나님의 거룩함을 추구하며, 예수 그리스도의 희생제사를 중심으로 하는 공동체 환경 속에서 성령께서 내주하시는 다른 신자들과 서로 선행을 격려하는 관계를 맺어야 한다. 즉 하나님이 바라시는 제자양육이 되려면 십자가를 중심으로 하고 교회를 기반으로 해야 한다. 성도가 성화되기 위해서는 그리스도를 중심으로 하는 관계가 필요하다. 그리스도 중심의 교제는 그밖의 모든 피상적인 차이들, 즉 나이나 결혼 여부의 차이들을 뛰어넘는다. 그래야 세대 간 교류가 가능해지고 동성끼리 멘토링을 해주며 영적 성장을 촉진할 수 있다. 결과적으로 모든 제자의 삶은 지역 교회에 뿌리를 내리고 있어야 하고, 바로 그곳에서 지속적으로 서로를 상담해주는 일을 해야 한다.

하지만 아쉽게도 자칭 그리스도인이라고 공언하는 사람들 중에도 다른 성도와의 교제가 필요하다는 사실을 인지하지 못하거나 한 믿음의 공동체에 신실하게 소속될 필요성을 느끼지 못하는 사람들이 있다. 그리고 오히려 자신들의 개인적인 취향에 따라 교회를 선택한다. 조슈아 해리스는 그의 책《교회, 그냥 다니지 마라》에서 많은 그리스도인이 동료 신자들에게 개인적으로 권면하는 일에 너무 소극적이라고 지적한다. 그는 동료 신자들과의 교제에 열심을 내지 않는 그리스도인은 하나님께 불순종하는 것이고, "나에게 맞아야 한다"는 식의 태도를 가진 신자는 십자가를 따르는 삶이 보여주는 자기부인에 대해 아무것도 모르는 것이라고 말한다.

사실 많은 "그리스도인"이 이렇게 살고 있다. 그리스도인이라 지칭되는 사람 중에 정말 많은 사람이 다른 신자들과 연결되어 있지 않으며 지역 교회에 몸담고 있지 않다. 수십 년 동안 이들을 "카페 그리스도인"이라 불러왔다. 그런데 지금은 심지어 뷔페의 시대라고 말할 수 있다. 즉 지금은 가장 싼 가격에 최대한 많이 가져가려는 시대이다. 다른 말로 하면 최소한의 노력으로 최대한의 유익을 보려는 시대이다. 불행하게도 많은 그리스도인들이 이런 사고 속에 내재하는 오류를 보지 못한다. 신약 시대 신자들이라면 절대 이런 이상한 개념을 기뻐하지 않았을 것이다! 초대 교회의 그리스도인들은 성경적인 교제를 위해 최선을 다했다. 건강한 제자양육이 이루어지려면 공동체 안에 건전한 가르침이 견고하게 자리잡아야 하고, 성경적 교제가 신실하게 실천되어야 하고, 십자가의 우선성이 확립되고, 하나님께 철저히 의존하는 기도가 있어야 한다(행 2:42).

하지만 오늘날 흔히 볼 수 있는 "교회를 이리저리 옮겨 다니는 사람들"(church hopper)은 이런 것을 추구하지 않는다. 그래서 짝찾기 오락 게임을 하는 사람처럼 많은 그리스도인이 잔디밭이 더 푸르게 보인다는 이유로 다른 교회로 옮겨가곤 한다. 때로는 예수님이 제자들에게 요구하셨던 자아를 부인하라는 요청이 듣기 싫다는 이유로 교회를 옮기기도 한다. 때로는 바람둥이처럼, 더 마음에 드는 프로그램이 있다거나 음악 연주가 더 좋다거나 덜 헌신해도 된다거나 심리치료적인 설교나 자아도취적인 설교에 끌린다는 이유로 이 교회 저 교회 옮겨 다니기도 한다. 표면적인 이유가 무엇이든 많은 그리스도인이 미성숙하고 세상적인 우선순위에 끌려 다니고 있다.

해리스는 그의 책에서 헌신의 훈련은 거부하면서 교회 모임 가입의 혜택과 이미지는 최대한 챙기려는 사람을 "교회 데이트하는 사람"이라고 부르면서 그들의 "프로필"을 제시한다. 그는 우리도 부지불식간에 이런 생각을 갖고 있지는 않은지 살펴봐야 한다고 도전한다. 그는 교회를 찾아다니는 "교회 데이트하는 사람"은 다음의 세 가지 태도 중 적어도 하나는 가지고 있을 거라고 말한다.

- 먼저, 교회를 대하는 태도가 나 중심적(me-centered)이다. 내가 얻을 수 있는 것(사회적 상호작용이나 프로그램, 활동)에 따라 움직인다. 그에게는 "교회가 나를 위해 무엇을 해줄 수 있지?"가 가장 중요한 질문이다.
- 두 번째 표지는 독립적인 태도이다. 그들은 필수적 의무사항이기에 교회에 간다. 하지만 그들은 웬만하면 깊이 관여하지 않으려 하고 사람들과 엮이고 싶어 하지 않는다. 특정 교회 공동체 속에서 하나님이 우리를 향해 갖고 계신 큰 계획에는 별 관심이 없다. 그래서 그냥 몸만 왔다갔다 한다.
- 가장 중요한 요소로, 그들은 비판적이다. 교회에 충성은 하지 않으면서 잘못을 찾는 데는 빠르다. 그들은 소비자 마인드로 교회를 대한다. 즉 일요일 아침을 희생하는 대가로 최고의 상품을 골라야 한다고 생각한다. 그 결과 그들은 늘 변덕스럽고 오래가지 못한다. 방황하는 눈으로 짝을 찾는 사람처럼 늘 더

좋은 것을 찾아 헤맨다."[218]

사도들이 지향했던 신자와 지역 교회의 관계는 이런 모습이 아니었던 것이 분명하다. 따라서 이제 그리스도인들은 신자들의 모임(교회)이 자신들의 삶에서 어떤 중요한 역할을 해야 하는지 성경적으로 다시 이해할 필요가 있다. 우리는 좋은 상품을 사기 위해 돌아다니는 소비자가 아니라 거룩하신 하나님께 순종함으로 더 가까이 나아가기를 원하는 예배자로 부름 받았다. 이를 빨리 알면 알수록 우리에게 더 유익할 것이다.

그리스도인들이 교회를 등지는 가장 미묘한 방법 중 하나가 바로 "전문가 상담"이다. 그들은 그들이 의지해야 할 사람들인 교회 공동체 사람들과는 거리를 두고 대신 교회 밖에 있는 전문 상담자들한테 모든 것을 털어놓는다. 그들은 사무실 벽에 심리학 학위증서가 걸려 있다는 이유만으로 전문가의 말을 거의 맹목적으로 신뢰한다. 이런 신자들은 교회를 물리적으로 떠나지는 않았지만, 감정적으로는 교회를 등진 상태가 되어 버린다. 게다가 더 안 좋은 것은, 그들은 교회 안의 누구도(목회자를 포함해서) 그들의 영혼의 분투와 "내적 치유"의 필요성에 대해 이해하지 못한다고 생각한다. 하나님이 계획하신 제자양육은 이런 것이 아니다. 이에 대해 데이비드 폴리슨이 아주 잘 말해주고 있다.

"영혼 돌봄과 영혼 치료(고통 받는 자들이 견디도록 도와주고 죄인들을 변화시키는 것)는 성경 말씀에 비추어 볼 때 교회 사역의 중요한 부분이다. 그러나 우리는 이 일을 잘 하지 못하고 있다…교회 밖에서 하는 기독교 사역은 (의도적으로 그리고 진정으로) 교회 공동체의 유익에 기여할 수 있을 때만 존재가치를 갖는다는 의미에서 '간신히 합법적일 수' 있다는 점을 기억해야 한다. 교회 공동체가 성숙하게 그 기능을 다하면 교회를 떠난 사역들은 사실상 필요 없어질 것이다. 예를 들어 선교단체 사역이 지역 교회와 경쟁을 하거나 그 자신의 목적을 위해 지역 교회를 이용하면 불법적인 것이 된다…전문 정신건강 센터 모델을 따라 상담사역을 하는 것은 근본적으로 잘못되었다(거의 재앙에 가깝다). 동시에 정말로 현명한 교회 지향적인 상담사역은 교회 전체를 놓고 볼 때 수십 년 멀어져 있다…인간 의존적 전문가 상담을 강화하기보다 허물려고 애를 써야 한다. 교회에 충실한 삶은 그저 선한 의도로 하는 선언문보다는 현실적인 실천으로 드러나야 한다."[219]

다른 말로 하면, 모든 선교단체 사역이나 제자양육을 돕는 사역(예를 들어 성경 대학, 신학교, 상담 훈련 센터, 출판사 등)은 제자를 재생산하는 교회 사역과 연결되어 그것을 지지할 때만 합법성을 얻는다.[220]

교회의 모든 허점에도 불구하고, 그리고 완벽하지 않은 구성원과 목회자들에도 불구하고, 교회는 여전히 하나님이 정하신 믿음의 공동체이고 성경적 상담이 이루어지는 중심지이다. 나는 이번 장에서 의도적으로 "지역 교회"라는 말과 함께 "믿음의 공동체"라는 말을 사용하고 있다. 이는 성경적 교리에 근거한 그리스도 중심적인 관계의 우선성을 강조하기 위해서이다. 신약성경은 교회를 "그리스도의 신부"(엡 5:25; 계 21:2)라고 표현하기도 하는데, 이는 신자와 예수님의 관계를 강조하는 표현이다. 또한 "회당(a called-out assembly)"(약 2:2)이라는 표현도 있는데, 이는 신자와 세상의 관계를 강조한다. 하지만 무엇보다 "공동체"가 가장 중요한 표현인데, 이 말은 신자들이 홀로 돌아다니는 서부 영화의 주인공처럼 독립적이기보다는 영적으로 함께 살아가고 진리로 하나 되고 상호 돌봄으로 긴밀하게 연합하는 것을 강조한다[221]. 영적 공동체인 교회는 하나님이 지상 명령을 수행하도록 임명하신 기관이고, 예수님이 다시 오실 때까지 계속 그 일을 할 것이다. 그러므로 우리는 그리스도를 따르는 자들이 구주 예수 그리스도의 은혜와 지식 안에서 성장하고, 다른 사람을 섬기는 법을 배움으로써 성경적 사랑을 실천할 수 있는 지역 공동체에 더욱 헌신하도록 이끌어야 한다. 요약하면, 히브리서 10:19-25에 나오는 하나님의 가르침을 연구하고 순종하는 것이 중요하다.

## 공동체를 위한 근간

다른 신자와의 교제를 통해 삶이 변화되는 경험을 하는 것은 세 가지 중요한 진리에 기반한다. 첫째 진리는 예수 그리스도의 존귀한 지위와 관련된 것이고, 다른 두 진리는 모든 신자가 소유하는 십자가의 특권과 관련이 있다. 이 세 가지 진리에서 성경적 교제 혹은 성경적 공동체 안에서 복음이 갖고 있는 중심된 위치를 보게 된다.

### 예수 그리스도의 탁월성

히브리서는 저자가 알려져 있지 않은 책이라는 점에서 독특하다. 저자를 알 수 없는 정확한 이유는 드러나 있지 않지만, 에드먼드 히버트는 나름대로 가치 있는 설명을 제공한다.

> 우리 주 예수 그리스도의 우월성을 놀랍도록 보여주는 이 책의 저자를 알 수 없다는 점을 생각하면 할수록, 하나님이 일부러 이 책의 메시지에 더욱 관심을 갖게 하려고 저자를 모르게 하셨다는 생각이 든다. 성령의 감동으로 쓰여진 이 책은 그리스도에게 그 관심을 집중한다. 예수님이 가장 탁월하게 드러나셔야 한다. 이 편지 전체에서 익명의 저자는 인간에 대한 어떤 언급도 삼가는데, 읽는 이들의 마음에서 그리스도와 경쟁하여 떠오르는 어떤 인간이든

옆으로 치워진다.[222]

그리스도를 높이는 이 책은 AD 65년에서 68년 사이에 쓰였는데, 예루살렘 성전이 무너지기 전이다(아니었으면 저자는 분명 구약제사 제도의 완성에 대한 증거로 그 사건을 언급했을 것이다). 이 글을 읽던 당시 독자들은 핍박 속에서 가슴을 졸이던 유대인 그리스도인들임을 알 수 있는데, 저자가 곧 방문하고 싶다고 말한 것으로 보아 짐작할 수 있다(13:19, 23).

이 책의 목적은 영적 침체를 겪던 독자들을 격려하고 경고하고 가르치는 것이다. 저자는 독자들에게 배교의 위험을 경고하고 담대하게 믿음의 확신을 가지라고 격려한다. 개중에는 율법으로 돌아가려는 사람도 있었다. 그들은 그리스도 안에 서 있는 충만함을 깨닫지 못했기에 하나님이 의도하신 새로운 생명을 경험할 수 없었기 때문이다.

이 책의 주제는 우리의 대제사장이신 그리스도의 우월성이다. 예수님이 동물 제사라는 옛 체계보다 훨씬 우월하시다는 것을 보여주기 위해 "더 낫다", "완전하다", "하늘에 속했다", "영원하다"와 같은 표현들을 사용했다. 많은 불신자가 예수님을 메시아로 받아들일지 말지 결정하지 못하고 있을 때, 믿은 자들은 그분의 충분성을 확신하고 그 안에서 안식하는 법을 배울 필요가 있었다. 히버트는 이렇게 말한다.

그들이 이전에 견뎌냈던 박해는 사그라졌다. 하지만 환경이 좋아지면서 그들 안에 위험한 변화가 생겨났다. 그들은 "듣는 것이 둔하여져서"(히 5:11) 영적 침체를 경험하고 있었기에 다시 영적 아기로서 보호를 받아야만 했다(5:12-14). 그들은 들었던 것을 흘러 떠내려 보내는 위험이 있었다(2:1). 그들은 "믿지 아니하는 악한 마음을 품고 살아 계신 하나님에게서 떨어질까" 조심하라는 경고를 받아야 했다(3:12). 그들은 세속적인 마음을 품게 되었고(13:5) 모이기를 폐하는 경향이 생겨났다(10:25).[223]

히브리서 10장은 교리에서 훈계로 넘어가는 역할을 한다. 여기서 우리는 신실한 믿음을 가진 신자들로 이루어진 공동체를 위한 기반과 그 벽돌들을 발견하게 된다. 이는 또한 제자양육이 발전하도록 자극하는 분위기를 제공한다.

### 하나님 임재에 들어가는 특권

첫 번째 가장 큰 특권은 "그러므로…담력을 얻었나니"(19절)라는 말로 표현된다. 다른 말로 하면 저자는 독자들에게 이렇게 훈계한 셈이다. "너희들은 이제 새 언약의 백성이 되었고 구약의 희생제사는 갈보리 십자가에서 완성되었으니, 담력을 가지고 하나님의 임재로 나와야 한다." "담력"이라는 말은 "담대함 혹은 자신감"이라는 의미도 갖는다.[224] 사도행전 28장 31절에서는 주저없이 진리를 가르치는 바울의 용기를 언급하며 "담대하게"라고 번역했고, 요한일서 2장 28절에서는 예수님이 재림하실 때 움츠러들지 말라는 의미로 "담대함을"이라고 번역했다. 다른 말로 하면 신자들은 담력을 가지고 하나님 임재로 들어갈 특권을 갖는데, 그렇게 하나님 임재로 들어갈 수 있는 것은 우리가 행한 일 때문이 아니라 "예수님의 보혈" 때문이다.

예수님을 통해 우리는 하나님을 위해 따로 구별된 "지성소"로 들어간다. 《헬라어 신약 성경을 위한 언어학적 열쇠(A Linguistic Key to the Greek New Testament)》에 따르면 이곳은 성소 안에 있는 가장 내밀한 장소로서 옛 율법 아래서는 사람들이 들어갈 수 없는 곳이었다.[225] 구약 성경에서는 오직 대제사장만 일 년에 한 번 이곳에 들어갈 수 있었는데, 예수 그리스도 안에서 약속들이 성취된 신약 성경에서는 이곳이 믿음으로 나아온 모든 죄인이 하나님께 언제나 나갈 수 있는 열린 곳이 되었다.

"그리스도께서는 참 것의 그림자인 손으로 만든 성소에 들어가지 아니하시고 바로 그 하늘에 들어가사 이제 우리를 위하여 하나님 앞에 나타나시고 대제사장이 해마다 다른 것의 피로써 성소에 들어가는 것 같이 자주 자기를 드리려고 아니하실지니 그리하면 그가 세상을 창조한 때부터 자주 고난을 받았어야 할 것이로되 이제 자기를 단번에 제물로 드려 죄를 없이 하시려고 세상 끝에 나타나셨느니라"(히 9:24-26).

예수님은 대제사장으로서 백성을 위한 단 한 번의 희생 제사를 드리기 위해 지성소로 들어가셨다. 그분은 완벽한 속죄제물로서 자신을 드렸고 그렇게 함으로써 하나님의 거룩한 기준을 만족시키고 하나님의 진노를 풀어드렸다(롬 3:25). 이제 그리스도를 믿음으로 하나님께 나아가는 모든 사람이 예수님의 공로를 힘입어 확신을 가지고 지성소로 나아갈 수 있다.

히브리서 10장 1-4절 말씀에 따르면 이 일은 옛 제사로는 불가능했다. "해마다 늘 드리는 같은 제사로는 나아오는 자들을 언제나 온전하게 할 수 없다"(1절). 동물 제사로는 사람의 죄 문제를 완전히 해결할 수 없었다. 만일 동물 제사로 그것이 가능했다면 "제사 드리는 일을 그쳤을 것이다"(2절). 하지만 동물 제사는 완벽하지 않았다. 오히려 동물 제사는 갈보리 언덕 위에서 드려진 한 진정한 제사를 가리키고 있었다. 구속자를 보내서 죄에 대한 온전한 속죄를 가능하게 함으로써 당신의 의를 보이시겠다는 약속 때문에 하나님은 "전에 지은 죄를 간과하셨다"(롬 3:25). 그래서 하나님의 아들께서는 아버지께 이렇게 말씀하셨다. "하나님이 제사와 예물을 원하지 아니하시고 오직 나를 위하여 한 몸을 예비하셨도다"(히 10:5). 그분만이 인간의 속죄를 위해 죽임을 당해야 했던 수많은 동물을 온전히 대체하실 수 있다.

그리스도 안에서 신자들은 "새로운 살 길"(10:20)을 통해 하나님의 임재 안으로 들어갈 특권을 얻는다. "그래서 예수님의 희생은 계속 행해지는 것같이 여겨진다. 그 효력을 절대 잃지 않는다."[226] "'새로운'이라는 단어가 뜻하는 것은 이전에 알지 못하던 것이라는 의미도 있고 늘 생명력을 유지하여 낡지 않는다는 의미도 된다."[227] 따라서 예수님은 늘 새롭게 죽임을 당한 양으로 남아 계셔서 우리를 죄의 형벌과 죄의 능력에서 자유하게 하시고 당신의 영적 자유와 생명을 우리에게 주신다.

이러한 새로운 길은 "휘장, 즉 그분의 육신"을 통해 열렸다. 이스라엘 성막에서 휘장은 사람들이 지성소에 접근하지 못하도록 막는 역할을 하다가 찢겨졌다. 마찬가지로, 그리스도의 인간됨(humanity)도 죄인이 하나님께 접근하는 것을 막다가 십자가에서 찢겨졌다. 예수님은 육체적인 죽음뿐 아니라 아버지와 영적으로 단절되는 분리도 견디셔야 했다(마 27:46). 예수님은 하나님의 진노를 누그러뜨리고 그분의 공의를 만족시키기 위해 완벽한 희생제물이 되셔야 했다. 예수님이 십자가에 못 박히셨을 때 "성소 휘장이 위로부터 아래까지 찢어져 둘이 되었다"(마 27:51). 이 장애물을 제거함으로써 하나님은 세상을 향해 이제 죄인들이 하나님의 아들을 통해 하나님께 언제든 나올 수 있다고 선언하셨다. 예수님 안에서 우리는 지성소, 즉 하나님의 임재 안으로 즉시 담대하게 들어갈 권리를 얻는다.

성경적 상담이 원활히 이루어지는 신앙 공동체는 예수님의 위대한 희생제사가 갖는 그 경이로움(회개한 죄인들은 언제든 자유롭게 즉각적이고도 연속적으로 하나님 임재에 들어갈 수 있다는 것)을 절대 놓치지 않을 것이다. 바로 이런 이유 때문에 예수님은 성만찬이라 불리는 시각적인 교육(눅 22:19-20; 고전 11:24-25)을 통해 당신의 희생제사를 자주 기억하라고 가르치신 것이다. 이 성만찬에 참여할 때 우리는 우리 자신을 우리 구주의 찢긴 몸과 흘린 피와 동일시한다. 우리 죄는 예수 그리스도에 의해 속죄받았다. "그러므로 우리가 믿음으로 의롭다 하심을 받았으니 우리 주 예수 그리스도로 말미암아 하나님과 화평을 누리자 또한 그로 말미암아 우리가 믿음으로 서 있는 이 은혜에 들어감을 얻었으며 하나님의 영광을 바라고 즐거워하느니라"(롬 5:1-2). 이것이 믿음의 공동체 안에 유대감을 형성하는 첫 번째 특권이다.

### 큰 제사장을 가졌다

신자들 사이에서 공동체의 기반을 형성하는 두 번째 큰 특권은 "하나님의 집 다스리는 큰 제사장"(히 10:21)을 소유하는 것이다. 그리스도는 하나님의 집인 교회를 위한 영원하고 살아계신 중재자이시다. 신자로서 우리가 갖는 확신은 우리를 중재하기 위해 늘 살아계신 대제사장을 가졌다는 사실이다(히 7:25). 히브리서 4장 14-16절은 이렇게 말한다.

"그러므로 우리에게 큰 대제사장이 계시니 승천하신 이 곧 하나님의 아들 예수시라 우리가 믿는 도리를 굳게 잡을지어다 우리에게 있는 대제사장은 우리의 연약함을 동정하지 못하실 이가 아니요 모든 일에 우리와 똑같이 시험을 받으신 이로되 죄는 없으시니라 그러므로 우리는 긍휼하심을 받고 때를 따라 돕는 은혜를 얻기 위하여 은혜의 보좌 앞에 담대히 나아갈 것이니라"

신자들은 우리 죄에 대한 하나님의 거룩한 분노를 이미 만족시키신 중보자를 가졌다. 그 결과 우리는 예수님의 이름으로 담대히 아버지께 나갈 수 있다. 하지만 또한 예수님은 동정하시는 제사장이다. 그분은 우리가 겪을 수 있는 모든 유혹을 당하신 분이다. 이것을 알 때 어려움에 처하면 그분께로 가까이 나아가게 된다. 그분의 보좌는 "은혜의 보좌"로서 우리가 시험에 처해 도움을 요청할 때마다 우리를 돕고 자비를 베푸신다.

그러나 우리의 기도에서는 이런 확신을 거의 찾아볼 수 없다. 오히려 자신 없는 모습으로 하나님이 우리 기도를 듣지 않으실지 모른다는 두려움을 고백한다. 우리는 자신이 그리스도 안에 있게 되었다는 사실을 깨닫고, 겸손한 믿음과 용기를 가지고 기도하는 법을 배워야 한다. 예수님은 우리를 형제라고 부르기를 부끄러워하지 않으신다(히 2:11). 이를 믿을 때 우리는 "저 자신 때문이 아니라 그리스도 때문에 담대하게 나왔사오니 제 기도를 들어주세요."라고 말씀드리며 하나님 보좌 앞으로 나아갈 수 있다.

요약하면, 성경적 상담이 잘 되는 신앙 공동체는 제자들에게 기도하는 법을 그리스도인의 가장 중요한 덕목으로 주저 없이 가르칠 것이다. 우리는 대제사장이신 그리스도 안에 서 있다는 사실을 스스로에게 상기시켜야 한다. 그리스도의 중보 사역은 십자가에서 끝나지 않았다. 오히려 그분은 오늘날에도 살아계시고 "그의 신기한 능력으로 생명과 경건에 속한 모든 것을 우리에게 주셨는데, 이는 그분 자신의 영광과 덕으로써 우리를 부르신 이를 진정으로 아는 것을 통해서이다"(벧후 1:3). 그분이 이미 주신 것을 밖에서 찾을 필요가 없다. 성도의 교제를 이루는 근간은 각자가 그리스도 안에서 하나님께 나아갈 특권을 갖고 있다는 데 있다. 이것이 제자들을 통합시킨다.

이러한 기반 위에서 이제는 그리스도 안에서 성숙을 이뤄가는 영적 공동체를 구성하는 벽돌들을 살펴보려고 한다.

### 공동체의 벽돌들

성경적인 믿음의 공동체에는 세 가지 중요한 벽돌이 있다. 그리스도를 따르는 자들의 모임이 되기 위해서는 이 벽돌들이 있어야 한다. 그래야 예배와 교제를 통해 하나님을 기쁘시게 해드릴 수 있다.

**예배로 가까이 모이기**

하나님을 기쁘시게 하기 위해서 제자들은 예배를 통해 그분께 "가까이 가야"한다(히 10:22). 이를 위해 네 가지 조건을 갖춘 모임이 필요하다. 신자들이 처음 두 요건은 충족시켜야 하지만, 나머지 두 요건은 그리스도께서 이미 충족시키셨다. 우리가 충족시켜야 할 요구사항을 먼저 살펴보자.

*참 마음*

먼저 "진실한 마음"으로 함께 모여야 한다. "진실하다"라는 단어는 "참되다, 믿을 만하다"라는 의미이다.[228] "진정성 있다"는 의미도 포함하지만 그 이상의 의미를 갖는다. 많은 종교인이 진정성 있게 하나님께 나아오긴 하지만 진리 안에서 나아오지는 않는다. 우리 하나님은 둘 다를 요구하신다. 참 마음은 신자가 교회 가족으로서 다른 신자와 함께 할 때 반드시 가져야 하는 마음이다. 따라서 예배를 드리기 전에 우리는 먼저 자신의 위선과 죄를 인지하는 참된 마음으로 모임에 왔는지 확인할 필요가 있다. 신자들 사이에서 갈등이 생겼다면 공예배를 드리기 앞서 먼저 그 문제를 바로잡아야 한다(마 5:23-24; 롬 12:18).

참 마음은 또한 두 마음을 품지 않는 것이다. 시편 기자는 이렇게 질문했다. "여호와의 산에 오를 자가 누구며 그의 거룩한 곳에 설 자가 누구인가 곧 손이 깨끗하며 마음이 청결하며 뜻을 허탄한 데에 두지 아니하며 거짓 맹세하지 아니하는 자로다"(시 24:3-4). 역대상 12장 33절은 다윗을 도와 전열을 갖춘 5만의 군사가 "두 마음을 품지 않았다"고 말한다. 참 마음은 하나님과 세상으로 나뉘지 않고 온전히 하나님을 향하는 마음이다. 다윗은 회개하며 이렇게 기도했다. "보소서 주께서는 중심이 진실함을 원하시오니"(시 51:6). 진정한 예배는 중심이 진실한 것에서 시작한다.

### 온전한 믿음

하나님이 받으실 만한 예배의 두 번째 조건은 "온전한 믿음"(히 10:22)으로 하나님께 나아가는 것이다. 히브리서의 독자들은 믿음이 약화되어 구원의 확신이 부족했다. 결과적으로 확신 가운데 하나님과 교제하기 위해 그들에게는 믿음의 성장이 필요했다. 그래서 히브리서 11장에서는 이렇게 말한다. "믿음이 없이는 하나님을 기쁘시게 하지 못하나니 하나님께 나아가는 자는 반드시 그가 계신 것과 또한 그가 자기를 찾는 자들에게 상 주시는 이심을 믿어야 할지니라"(11:6). 믿음으로 예배하는 것은 그리스도의 공로 안에서 안식하는 마음으로 나아가는 것이다.

예배 안에서 하나님을 가까이하기 위해 모든 신자가 갖추어야 할 조건들이 있다. 제자를 양육하는 사람들은 공예배를 준비하면서 자신의 마음을 준비하는 것도 중요하지만 동시에 피상담자들이 죄를 정직하게 다루면서 그리스도를 믿는 믿음의 확신이 성장하도록 도울 수 있어야 한다. 그들이 성경적으로 생각하고 복음을 삶에 적용하도록 계속해서 도와야 한다. 두 가지 조건이 더 있는데, "받았으니"(히 10:22)라고 표현한 것으로 보아 이 두 조건은 이미 예수 그리스도의 구속 사역으로 인해 충족되었음을 알 수 있다.

### 깨끗한 양심

우리가 "마음에 피 뿌림을 받아 깨끗하게"(10:22) 되었다면 진실한 믿음으로 하나님께 나아갈 수 있다. "뿌림을 받다"라는 단어는 수동태로서 "신자의 마음이 악한 양심에서" 뽑혀져 나온 것을 말한다.[229] 완료 시제로 되어 있다는 것은 완성된 상태를 가리킨다. 다른 말로 하면 죄책(guilt)은 사라졌다. 그리스도 안에서 신자의 양심은 이미 죄가 씻겼다. 죄인이 예수님께 나아와 구원을 받으면 죄책이 사라진다.

죄책감은 남아 있더라도 실제적인 법적 죄책은 없어졌다. 왜냐면 하나님의 아들의 몸 안에서 그 죄책을 야기한 죄에 대한 심판이 행해졌기 때문이다. "그러므로 이제 그리스도 예수 안에 있는 자에게는 결코 정죄함이 없나니"(롬 8:1). 때로 우리는 신자이면서 여전히 과거의 죄에 대해 죄책감을 경험한다. 그것은 우리가 어디까지 깨끗해졌는지를 완전히 알지 못하기 때문이다. 따라서 우리는 계속해서 자기 자신과 피상담자들에게 복음을 선포해야 한다. 그래야 우리가 이미 그리스도 안에서 얻게 된 자유를 누리며 살 수 있다. "우리의 죄를 따라 우리를 처벌하지는 아니하시며 우리의 죄악을 따라 우리에게 그대로 갚지는 아니하셨으니"(시 103:10).

### 깨끗한 몸

"씻음을 받았다"(10:22)는 단어도 완료형이어서 이미 충족된 요건임을 보여준다. 이전 조건과 마찬가지로 이번 조건도 제사장들이 제사를 드리기 위해 준비하던 레위기의 의례에 대해 말한다. 제사장은 제사를 집례하기 앞서 희생제물의 피를 자신에게 뿌리고 물로 씻어냈다. 제사장들은 이런 씻는 행위를 대속죄일에 매년 반복해야 했던 반면, 지금의 신자들은 예수님에 의해 완전히 깨끗해졌기 때문에 그리스도를 통해 하나님께 영원히 곧바로 나아갈 수 있다. 존 칼빈은 이 본문을 이렇게 해석한다.

> 그리스도께로 나가면 그리스도와 함께 참여한 자가 되어 몸과 영혼이 성결하게 된다는 것을 의미한다. 그러나 이 성화는 가시적인 일련의 의식으로 되는 것이 아니라 믿음과 깨끗한 양심과 하나님의 영으로 인해 영과 육이 정결해지는 것으로 된다. 그래서 바울은 신실한 자들에게 그들이 하나님 자녀로 입양되었으니 모든 육체와 영의 더러움에서 자신을 깨끗하게 하라고 권면한다.[230]

예수님은 베드로에게 이렇게 말씀하셨다. "이미 목욕한 자는 발 밖에 씻을 필요가 없느니라 온 몸이 깨끗하니라 너희가 깨끗하나 다는 아니니라"(요 13:10). 그리스도의 구속 사역은 너무나 완전해서 지금도 우리를 깨끗하게 하신다. "만일 우리가 하나님과 사귐이 있다 하고 어둠에 행하면 거짓말을 하고 진리를 행하지 아니함이거니와 그가 빛 가운데 계신 것 같이 우리도 빛 가운데 행하면 우리가 서로 사귐이 있고 그 아들 예수의 피가 우리를 모든 죄에서 깨끗하게 하실 것이요"(요일 1:6-7). 하나님의 어린 양의 피에는 능력이 있다. 하나님 보시기에 합당한 방법으로 하나님께 나아올 때 하나님이 씻어 주시지 못할 죄는 없다. 믿음으로 그분께 나아간다는 것은 용서받을 다른 소망이 없다는 것을 알아 자신에 대한 모든 신뢰를 포기하는 것이다. 하나님이 그러한 믿음을 요구하시는 것이다. "일하는 자에게는 그 삯이 은혜로 여겨지지 아니하고 보수로 여겨지거니와 일을 아니할지라도 경건하지 아니한 자를 의롭다 하시는 이를 믿는 자에게는 그의 믿음을 의로 여기시나니"(롬 4:4-5). 빈손으로 나아오는 이러한 믿음이 있을 때 완전한 씻음이 현실이 된다.

따라서 우리는 피상담자들이 그리스도 안에서 받는 용서의 충분성을 이해하도록 도와야 한다. 이러한 이해가 없이는 진실함과 확신을 가지고 하나님께 진정으로 나아갈 수가 없고 교회의 공예배에 온전히 참여하기 어렵다.

**소망을 굳게 잡기**

예배를 통해 하나님께로 가까이 나아가는 것과 더불어 공동체를 이루는 두 번째 벽돌은 공통의 소망(10:23)을 굳게 잡는 것이다. "굳게 잡다"로 번역된 단어는 "붙들다, 소유하다"라는 뜻이다.[231] 신자들은 "우리 믿는 도리의 소망"을 굳게 잡아야 한다. "믿는 도리"(*homologia*)는 합의(agreement)이다. 다른 말로 하면 우리가 공예배와 교제를 위해 모일 때 우리는 예수 그리스도가 우리의 소망이라고 동의하는 것이다. 소망을 움직이지 말며 굳게 잡을 수 있어야 하는데 "약속하신 이는 미쁘시기 때문이다." 그러나 유대인 신자들은 박해가 일어나자 옛 체제로 되돌아가기 시작했다. 그러자 히브리서 저자는 그 대신에 그리스도의 우월성에 초점을 맞추라고 촉구한다.

우리도 인간의 행위에 다시 기대서 행위에 기초한 신앙으로 타락하려는 경향이 있다. 그러나 "믿음의 주요 또 온전하게 하시는 이"(히 12:2)인 예수님에게 초점을 맞추어야 한다. 예수 그리스도에 기초하여 하나님께 나아가도록 애쓰고, 믿음의 공동체를 분열시키는 피상적인 구별들을 피해야 한다. 성도들을 전략적으로 잘 가르치고 관계를 구축하기 위해 때로는 "미혼", "젊은 기혼" 또는 "장년"으로 구분하는 것도 도움이 되기는 하지만, 믿음의 공동체는 무엇보다 "그 믿음(한 믿음)"의 공동체가 되려고 애를 써야 한다. 교회 생활에서 어떠한 구분도 없어야 된다는 말을 하려는 것이 아니다.

다만 함께 주 예수님을 높이는 하나 된 공동체를 이루려고 계속해서 노력할 때, 그러한 피상적인 구분들은 다 사라진다는 사실을 강조하려는 것이다.

### 경건에서 자라가도록 격려하기

공동체의 세 번째 벽돌은 서로가 그리스도를 닮아가도록 격려하며 믿음에서 이탈하지 않도록 돕는 것이다. 이것이 엄청나게 중요한 이유는 인간은 누구나 진리를 떠날 수 있는 가능성이 있기 때문이다. 우리는 본성상 데마와 같아서 이 세상의 일시적인 것들을 사랑하여 그리스도께서 하신 일을 저버릴 수 있다(딤후 4:10). 그러나 그리스도 중심적인 진리를 계속해서 삶에 적용하고 교회 공동체 안에서 맺은 관계들 속에 분명히 드러나는 십자가의 함의들을 지켜낸다면, 우리는 함께 성장할 수 있고 우리 영혼을 지켜낼 수 있을 것이다.

히브리서 기자는 이어서 "서로 돌아보자"(10:24)고 말한다. "돌아보자"라는 말은 "마음을 두자, 사려 깊게 고려하자"라는 의미이다.[232] 간단히 말해, 히브리서 기자는 신자들이 서로의 영적 건강을 주의 깊게 살펴야 한다고 주장한다. 우리는 서로를 주시하고 서로의 영적 행보를 자신의 책임으로 여기는 의식을 가져야 한다. 그리스도 안에서의 공통의 소망은 상호 성장을 위한 끈끈한 관계로 이어지기 때문이다.

이러한 성경적 교제의 실천을 하는 목적은 "서로 격려하기 위해서다." "격려하다"라는 단어는 "화나게 하다, 고무시키다, 자극하다"[233]라는 의미를 갖는다. 이 단어는 사도행전 15장 39절에서는 "심히 다투다"로 번역되었는데 바울과 바나바 사이에 있었던 논쟁을 언급한 것이다. 솔로몬은 이렇게 말했다. "철이 철을 날카롭게 하는 것 같이 사람이 그의 친구의 얼굴을 빛나게 하느니라"(잠 27:17). 신자들은 성장하도록 서로를 자극해야 한다. 이것은 성장을 도모하는 건강한 긴장감을 말하는데, 성경적 변화는 대개 다른 사람과 함께할 때 일어나기 때문이다. 그러나 정말 많은 신자가 어려운 상황을 회피하거나 자신들의 생각과 맞지 않는 사람들을 피한다. 그러나 사실은 하나님이 그 사람을 사용해서 우리의 영적 성숙을 의도하신 것일 수 있다. 티모시 레인과 폴 트립은 《사람은 어떻게 변화되는가》에서 이렇게 말한다.

> 우리는 한편으로는 우정을 원한다. 그러나 또 한편으로는 그것을 원하지 않는다! 창조 시에 우리는 공동체로 살도록 창조되었지만, 타락으로 인해 우리에게 필요한 바로 그 우정으로부터 도망가는 경향이 있다. 우리는 우정을 간절히 바라지만 정말 많은 경우 그 바람은 죄로 오염되어 있다. 그래서 자신의 욕구와 필요를 충족시킬 때만 우정을 추구한다. 또 사랑과 미움이 병존하는 관계를 맺는다. 성경은 이러한 뿌리 깊은 긴장감을 알면서도, 우리의 개인적

성장은 그리스도의 몸인 교회라는 맥락 안에서 은혜를 경험할 때 가능하다고 말한다. 성경은 그리스도 안에 있는 형제자매와 긴밀하게 연결되어 있으라고 우리에게 요구한다. 우리는 이러한 믿음의 교제가 있어야만 지속적으로 변화될 수 있다. 우리가 받은 구속(redemption)은 그리스도와의 관계뿐 아니라 다른 사람과의 관계도 포함한다…많은 돕는 자가 어려움을 겪는 자들을 이러한 풍성한 구속적 관계의 맥락으로 끌어오는 데 실패한다. 대신 우리 사회의 무미건조한 개인주의가 고수된다. 그들은 죄와 싸우고 그리스도를 좀 더 닮아가려고 애쓸 때 "예수님과 나"라는 사고의 틀에서 벗어나지 못한다.[234]

개인주의의 오만과는 달리 하나님은 당신의 백성이 "사랑과 선행"을 격려하기 위해 서로 모이는 데 열심을 내기를 원하신다. 신자들이 에베소서 2장 10절, "우리는 그가 만드신 바라 그리스도 예수 안에서 선한 일을 위하여 지으심을 받은 자니 이 일은 하나님이 전에 예비하사 우리로 그 가운데서 행하게 하려 하심이니라"라는 말씀을 성취하도록 서로 도울 수 있는 것은 바로 이러한 자극을 통해서이다.

다른 사람을 피하고 싶은 유혹을 느낄 때는, 오히려 교회 안에서 더 꾸준히 성도의 교제에 힘써야 할 때이다. 마크 데버와 폴 알렉산더는 이렇게 상기시킨다. "우리는 혼자서 그리스도인의 삶을 살

수 없다. 우리는 우리 죄에서 개인적으로 구원을 받았다. 하지만 우리는 진공 상태에서 구원받은 것이 아니다. 서로를 세워가고 서로 사랑과 선행을 격려하고 서로 힘을 북돋우는 신자들의 공동체 안에서 구원받았다."[235] 교회는 여러 부분으로 이루어져 있는 몸으로서 어느 한 부분도 혼자서는 살 수 없다(고전12장).

신자들은 정기적으로 함께 모이는 모임을 폐해서는 안 된다(히 10:25). "폐하다"는 "뒷전으로 미루다"는 뜻을 가진 현재능동분사이다.[236] 신자들이 애써야 하는 "모이기"는 "특정 장소에서 행하는 예배와 간곡한 권고를 위해 그리스도인이 정기적으로 함께 모이는 것"을 말한다.[237] 분명히 개중에는 지역 교회의 공적 모임에 참여하는 것을 느슨하게 하던 사람들이 있었을 것이다. 아마 이들은 처음에는 신실하게 참여하다가 점점 소원해졌고, 하나님 말씀을 제대로 듣지 못하고 다른 신자들로부터 자극을 받지 못하니 영적 침체를 겪고 있었을 것이다. 잠언 27장 8절은 이렇게 말한다. "고향을 떠나 유리하는 사람은 보금자리를 떠나 떠도는 새와 같으니라." 어떤 사람들은 성경적 교제를 등한시하다 보니 성화의 과정이 멈추었을 수도 있다.

이런 이유 때문에라도 하나님께 순종하기 위해서는 그리스도 안에 있는 모든 신자가 성경을 가르치는 지역 교회의 일원이 되어야 한다고 명확하게 가르칠 필요가 있다. 모든 제자는 그들을 사역자로 훈련시켜줄 영적 지도자가 필요하고, 하나님의 가족 안에서 그들이 섬기고 책임져 주어야 할 사람들이 있어야 한다. 우리에게는 다 모난 부분이 있어서 다른 사람들과 지속적으로 관계를 맺으면서 다듬어져야 한다. 우리의 영적 성장은 상당 부분 그것에 달려 있다. 불행하게도 지역 교회로 모여야 한다는 개념을 완전히 버린 사람들이 점점 많아지고 있다. 이런 독립적인 그리스도인들은 마치 수도승처럼 혼자서 그리스도인의 삶을 살려고 한다. 많은 경우 모임을 회피하는 이런 경향은 교만과 자기 의의 열매인데, 다른 사람을 섬기지 않으려는 모습이다. 이들은 서로 복종하기를 거부하거나 어떤 영적 지도력을 거부한다(이것은 그리스도의 주권에 복종하지 않으려 할 때 당연히 생겨나는 결과이다). 이들은 지식에 있어서는 성장할 수 있지만 사랑에 있어서는 자라지 못한다. 왜냐면 사랑은 관계의 맥락에서만 자랄 수 있기 때문이다. 나는 도널드 휘트니의 다음의 말에 전적으로 동의한다. "기독교 방송을 듣거나 기독교 TV를 시청하거나 기독교 서적을 읽는 것만 가지고는 영적으로 균형잡힌 성장을 이룰 수 없다. 그룹 성경 공부 모임에 참석한다고 이런 성숙을 얻을 수 있는 것도 아니다. 지역 교회에 적극적으로 참여하지 않는 한, 당신의 그리스도인으로서의 삶과 사역은 불균형을 이룰 것이다."238) 성경은 이렇게 말한다. "지식은 교만하게 하며 사랑은 덕을 세우나니"(고전 8:1). 성경적 사랑은 다른 사람들을 향하게 만든다. "다른 사람"이 없다면 성장은 불균형을 이룬다.

모이기를 폐하는 어떤 사람들과는 달리, 신자들은 지속적으로 서로 격려하고 "그 날이 가까움을 볼수록 더욱 그러해야 한다"(히 10:25). 여기서 그 날이란 아마도 예루살렘이 파괴되는 날일 것이다. 그러나 그리스도의 재림으로 적용해도 무방하고, 이것은 믿음의 공동체에 신실하게 참여할 인센티브를 제공한다.

"~하자"(10:22-24)라는 표현이 반복적으로 나오는 데 주목할 필요가 있다. 이것은 신자들이 반드시 따라야 할 책임을 강조한다. 또한 이 표현들 모두 현재형으로 쓰여 있는데 이는 저자가 이것들을 계속해서 해야 한다고 격려하는 것이다. 그리스도께서 재림하실 때까지 혹은 우리가 죽어서 그분을 만날 때까지, 우리가 거룩해지도록 자극을 주는 믿음의 공동체에 언제나 속해 있어야 한다. 혼자서는 거룩해질 수 없다. 헨리 앨런 아이언사이드(H. A. Ironside)는 이렇게 말한다.

> 신자는 혼자 그리스도에 대한 믿음을 고백하는 것이 아니고 혼자서 행동하지도 않는다. 그는 본성적으로나 은혜로나 다른 사람과 연결되어 있다. 또한 예배와 기도와 간증을 위해 동료 성도들과 함께 모여서 형제들이 사랑하고 선행을 행하도록 격려해야 할 사명이 있다. 이런 것을 폐하는 어떤 자들과 같이 혼자 냉정하게 물러나 있어서는 안 되고 형제를 향한 자신의 책임을 기억해야 한다.[239]

특권과 함께 책임도 있다. 새 언약을 받은 것은 우리의 특권이지만, 이 특권으로 인해 예수 그리스도를 믿는 지역 공동체 모임에 신실하게 참여해야 한다.

### 디도서 2장의 제자양육 전략

이제 사도 바울이 디도서 2장 1-8절에서 개략적으로 설명한 세대 간, 동성 간 제자양육 전략을 강조할 때가 되었다.

"오직 너는 바른 교훈에 합당한 것을 말하여 늙은 남자로는 절제하며 경건하며 신중하며 믿음과 사랑과 인내함에 온전하게 하고 늙은 여자로는 이와 같이 행실이 거룩하며 모함하지 말며 많은 술의 종이 되지 아니하며 선한 것을 가르치는 자들이 되고 그들로 젊은 여자들을 교훈하되 그 남편과 자녀를 사랑하며 신중하며 순전하며 집안 일을 하며 선하며 자기 남편에게 복종하게 하라 이는 하나님의 말씀이 비방을 받지 않게 하려 함이라 너는 이와 같이 젊은 남자들을 신중하도록 권면하되 범사에 네 자신이 선한 일의 본을 보이며 교훈에 부패하지 아니함과 단정함과 책망할 것이 없는 바른 말을 하게 하라 이는 대적하는 자로 하여금 부끄러워 우리를 악하다 할 것이 없게 하려 함이라"

상담사역을 할 때 가장 풍요한 자원은 지역 교회이다. 하지만 가장 적게 활용되는 사람들이 바로 교회 안의 나이 지긋한 성도들이다. 이들은 하나님이 세우신 상담자들이다. 이들은 세대간 제자양육을 가능하게 할 열쇠이다. 교회 내 "늙은 남자들"은 절제하며 경건하며 신중하며 믿음과 사랑과 인내함에 있어서 성숙한 경건의 본이 되라는 가르침을 받았다(1-2절). 이런 자질들을 보여줄 때 젊은 남자들이 신중함을 훈련할 수 있고, 선한 일의 본이 되고, 행동에 있어서 존경을 받고, 악한 소문을 전하지 않고, 자제력이 있고, 잘 훈련되고, 선한 것을 가르치고, 공적으로나 사적으로 바른 말을 하게 된다(3절). 또한 늙은 여자들의 일관된 경건한 삶이 그들이 사역할 수 있는 토대가 된다. 바울은 그들이 "젊은 여자들을 교훈하도록" 이런 모든 덕목을 갖추어야 한다고 가르쳤다. 다른 말로 하면, 존재가 행위보다 앞선다. 그들의 본이 가르침보다 앞선다. 이런 방식으로 늙은 여자들이 교회 안에서 젊은 여자들의 존경을 얻으면, 젊은 여자들은 그들의 가르치고 격려하고 상담해 주는 말을 받아들이게 될 것이다. 나이 든 여자는 경건의 본을 보임으로써, 젊은 여자가 남편과 자녀를 사랑하며, 신중하며, 순전하며, 집안일을 하며, 선하며, 자기 남편에게 복종하도록 제자를 삼을 수 있을 것이다(4-5절).

세대 간의 제자양육을 보여주는 디도서 2장의 신학은 분명히 동성 간의 상담을 함축한다. 늙은 남자는 젊은 남자를 제자로 삼을 책임이 있고, 늙은 여자는 젊은 여자를 훈련할 책임이 있다.《여자를 돕는 여자》(Women Helping Women)의 공동 편집자인 캐롤 코니쉬가 이에 대해 아주 선명하게 말해준다.

> 가르침은 동성 간에 이루어졌다. 여성은 여성에게 신실한 그리스도인의 모범과 다른 여성을 돕는 본을 보일 수 있었기 때문이다. 가르치고자 하는 자들은 가르침을 받는 사람들에게 좋은 본이 되어야 했다. 따라서 영적으로 좀 더 성숙하고자 하는 자들은 덜 성숙한 동성의 사람들을 가르치고 본이 되어 주었다. 이와 같이 하나님의 말씀은 여성 제자양육 사역의 틀을 우리에게 제공한다. 성경이 "상담"이라 불리는 구체적인 과정을 말해주지는 않지만 교회 내에서 이루어지는 사역과 제자양육과 공동체 생활에 대해 말하는 중에 상담에 관한 지침을 준다. 따라서 디도서가 말해주는 이러한 원리들을 가지고 누가 누구를 제자로 삼아야 하는지(상담해야 하는지)에 대해 적용해도 된다는 결론을 내리는 것은 합리적이다. 성숙한 남성은 남성을 상담하고 성숙한 여성은 여성을 상담해야 한다. 가르침과 상담과 제자양육이 일대일로 장기간에 걸쳐 이루어져야 하는 경우, 성경적 패턴에 따르면 동성 간에 행해져야 한다.[240]

청소년 제자양육을 위한 가장 효과적인 모델은 오늘날 흔히 볼 수 있는 청소년 단체가 아니다. 사실 그런 모임은 미성숙한 청소년들이 그저 대규모로 모여 있는 것에 불과하다. 오히려 교회 내에서 경건한 어른 성도들이 청소년들을 멘토링해주는 모델이 훨씬 낫다. 성숙한 어른 성도들은 지역 교회라는 하나님의 가족 안에서 그리스도를 닮은 모습을 보여줄 수 있기 때문에 어린 사람들이 그 신실함의 본을 보고 영적 성장의 동기를 부여받을 수 있다.

## 요약

교회는 몸이다. 교회는 가족이다. 교회는 구원받은 자들이 함께 연결되어 있는 모임으로서 독립적이지 않고 상호의존적이다. 따라서 그리스도 중심적이고, 십자가 중심적이고, 믿음을 고무시키는 믿음의 공동체야말로 상담사역을 위한 최적의 장소이다. 하나님은 교회 안의 젊은 성도들이 예수님께 순종하는 삶을 살 수 있도록 그리스도를 닮은 장년들을 준비시키셨고 준비시키고 계신다. 교회는 약점도 많지만 그럼에도 불구하고 그 안에서 개개인이 제자로 양육될 수 있는 하나님이 허락하신 최적의 환경이다. 도널드 휘트니는 그의 책《교회 내의 영적 훈련》(Spiritual Disciplines Within the Church)에서 이렇게 결론 내린다.

예수 그리스도는 교회의 영광이다. 그분은 교회를 사랑하고 교회를 위해 죽으셨다(행 20:28; 엡 5:25) 교회의 모든 오점과 약점에도 불구하고, 예수님은 교회 안에서 일하시고 교회를 통해 일하신다. 오늘날 교회의 일반적인 상태나 지역 내 개별 교회들의 상태가 어떠하든지, 교회의 궁극적인 미래는 상상을 뛰어넘을 정도로 영광스럽다. 따라서 세상에 있는 어떤 단체에 약속된 것보다 교회 안에서 누릴 수 있는 기쁨의 잠재력은 더 크다. 교회는 타락한 세상에서 죄인들로 이루어져 있는 곳이기에 분명히 무질서와 실패도 존재한다. 하지만 이런 모든 약점에도 불구하고 교회 안에는 계시기에 세상이 생각하는 것보다 더 큰 즐거움을 그 안에서 누릴 수 있다.[241]

교회의 책무는 예수 그리스도의 제자들, 즉 순종하는 믿음의 사람들을 만드는 것이다. 신자들이 하나님의 말씀으로 서로 상담하여 성숙을 향해 나아가도록 도와줌으로써 성경적 사랑을 드러내면, 그들의 삶은 그리스도의 거룩함을 드러낼 것이고, 그리스도의 이름이 지켜보는 세상 앞에서 영광을 받을 것이다.

## 더 깊은 생각과 소그룹 토론을 위한 질문

1. 사도행전 2:42을 읽으라. 초대교회가 우선시했던 것들에 대해 논해 보라. "독립적인 그리스도인"이라는 말이 성경이 말하는 그리스도인의 삶과 왜 어울리지 않는가?
2. 히브리서 10:19-25을 읽으라. 성경이 말하는 교제는 그리스도 중심적이라는 점에 대해 논해 보라.
3. 시편 51편을 읽으라. 하나님이 받으시는 예배에는 회개와 영적인 씻음이 중요하다는 점에 대해 논해 보라. 시편 51편을 시간을 내서 묵상하는 시간을 갖고 그 내용으로 하나님께 기도하라.
4. 히브리서 10:24을 읽으라. "격려하다"라는 단어의 뜻을 논해 보라. 하나님은 왜 신자들이 교회에 모이기를 폐하는 습관을 갖는 것을 원하지 않으시는가? 당신이 교회에 참석하는 모습에서 성령님이 변화시키고 싶어 하시는 부분은 무엇인가?
5. 디도서 2:1-8을 읽으라. 지역 교회의 제자양육 전략에 있어서 남성과 여성, 청년의 다양한 역할에 대해 논하라. 당신은 어느 그룹에 속하는가? 이 공부로 인해 당신의 삶이나 사역에 어떤 변화가 있을 것인가?

## 결론

교회의 주인께서 일하고 계신다. 예수 그리스도는 그분의 교회를 세우고 계신다. 그러나 그분은 그분의 교회를 세우실 뿐 아니라 교회를 거룩하게 하시는데, 이 일은 교회가 흠이 없어질 때까지 멈추지 않으실 일이다. "남편들아 아내 사랑하기를 그리스도께서 교회를 사랑하시고 그 교회를 위하여 자신을 주심 같이 하라 이는 곧 물로 씻어 말씀으로 깨끗하게 하사 거룩하게 하시고 자기 앞에 영광스러운 교회로 세우사 티나 주름 잡힌 것이나 이런 것들이 없이 거룩하고 흠이 없게 하려 하심이라"(엡 5:25-27).

이 책의 전체적인 주제와 목적은 교회의 성화이다. 특히 이 책은 다른 신자와의 관계라는 맥락에서 일어나는 제자양육을 위한 성경적 신학을 제공한다. 그리스도의 제자를 양육하는 것은 복음전도를 통해 예수님을 믿는 구원의 믿음으로 사람들을 이끄는 것만을 말하지 않고 좀 더 개인적인 사역, 즉 신자들과 함께 어울리며 그들이 순종하는 믿음의 삶을 살아서 그리스도 안에서 새롭게 얻게 된 신분을 실제로 살아내도록 돕는 것까지 포함한다. 이것이 진정한 성경적 상담이고 이것을 가능하게 하는 것이 바로 교회의 역할이다.

복음이 선포될 때 성령님이 역사하셔서 영적으로 죽었던 자들을 살아나게 하시고 회개와 예수 그리스도를 믿는 믿음으로 이끄신다. 이렇게 회개한 사람들은 그들의 옆에서 그리스도인의 삶을 살아가는 헌신적인 사역자들의 돌봄이 필요하다. 그들이 영적 성장을 이루도록 돕는 자들이 필요하다. 이것이 하나님 중심적인 교회 성장이고, 교회 성장의 성공 여부는 신자들이 어떻게 믿음 안에서 세워지고 완벽한 인간이신 예수 그리스도의 형상을 닮아가는지에 의해 결정된다. 이러한 성장은 그리스도의 권위 아래 있는 목자들이 자신들의 양떼를 신실하게 구비시켜 성경말씀을 통해 서로 상담하도록 할 때 일어난다.[242]

성경적 사역은 사람들이 하나님의 영광을 위해 예수 그리스도의 진리를 살아내게 하는 것이다. 돈 칼슨은 이러한 확신을 다음과 같이 기술한다. "소명을 따라 살다보면, 하나님의 교회 안에서 사람들이 어젠다를 설정하는 것이 아니라 사람들이 바로 어젠다라는 것을 알게 된다. 하나님과 그분의 복음에 충성하다 보면, 그분의 백성, 그분의 백성이 될 사람들, 그분의 형상대로 지음받은 사람들을 자연히 섬기게 된다."[243] 서로를 도와 거룩하게 성장하게 하는 일에 헌신하는 것이야말로 제자양육 사역에서 없어서는 안 될 요소이다.

실제로 성화는 한 순간에 이루어지는 것이 아니고 점차적으로 삶을 새롭게 살아나가는 것이기 때문에 모든 신자는 자신의 생각과 욕망과 습관들까지 계속해서 개인적으로 훈련해 나가야 한다. 이렇게 거룩해지는 과정, 즉 그리스도 안에서 새롭게 얻은 지위에 걸맞게 사는 데에는 넘어야 할 장애물이 있다. 어떤 신자는 이 장애물에 걸려 넘어지기도 할 것이다. 따라서 이들을 사랑해줄 사람들이 필요하다. 그러면 이들은 회복되어 하나님과 다시 친밀하게 교제하며 점점 더 순종하게 될 것이다.

이 일을 완수하기 위해 성령께서는 우리에게 장비를 갖추게 하신다. 모든 성경은 성령의 감동하심으로 기록된 것으로 하나님의 마음을 기록하고 있다. 성령께서는 우리가 삶과 경건의 완전하고 충분한 지혜를 얻을 수 있도록 하나님의 무오하고 충분한 지혜를 남겨주셨다. 성경을 붙들 때 이 성경이 우리의 마음을 변화시키고 영적 성숙과 열매 맺음으로 우리를 인도한다. 예수님은 당신의 백성이 성화되는 일에 지대한 관심을 가지고 계시기 때문에 이러한 영적 성장이 일어날 수 있는 가장 이상적인 환경을 계획하고 지정하셨다. 성령님의 청사진에 따르면 지역 교회들이 살아있는 믿음의 공동체로서 역할을 하여야 한다. 지역 교회 안에서 그리스도의 인격과 사역을 통해 자신들이 구원받았다고 믿는 사람들은 참된 마음으로 함께 모여 그분을 예배하고 섬긴다.

그러나 하나님이 이렇게 좋은 환경과 방식을 마련하여 주셨음에도 불구하고 오늘날 교회는 하나님 말씀에 귀를 기울이지 않고 기독교의 옷을 입은 심리학의 미묘한 아첨을 받아들였다. 기독교의 옷을 입은 심리학은 자아를 높이고 복음의 유일성과 힘과 단순성을 약화시킨다. 진정한 성경적 상담자들은 "성령의 검 곧 하나님의 말씀"(엡 6:17)을 사용하여 인간의 철학들에 맞서 싸워야 한다.

교회의 주님은 그분의 신부에게로 돌아오실 것이다. 예수님이 다시 오실 때, 상담사역은 완성될 것이다. "그가 나타나시면 우리가 그와 같을 줄을 아는 것은 그의 참모습 그대로 볼 것이기 때문이다"(요일 3:2). 그때까지 신자들은 그분의 말씀에 순종함으로 성령 안에서 행하는 것을 훈련받아야 한다. 우리는 사랑 안에서 진리를 말함으로써 그리스도의 몸된 교회 안에서 서로를 섬겨야 한다. 우리는 서로 상담해야 한다.

"우리 가운데서 역사하시는 능력대로 우리가 구하거나 생각하는 모든 것에 더 넘치도록 능히 하실 이에게 교회 안에서와 그리스도 예수 안에서 영광이 대대로 영원무궁하기를 원하노라 아멘"(엡 3:20-21).

# 미주

**서론.**

1) 이 단어는 우리가 일반적으로 생각하는 "취사선택된 말과 상냥한 목소리로 나누는, 지적이고 덕을 세우는 혹은 충고하는 대화"라는 제한적 의미로 쓰인 것이 아니다. Gerhard Kittel, Geoffrey W. Bromiley and Gerhard Friedrich, (eds.), Theological Dictionary of the New Testament, vol. iii (electronic edn; Grand Rapids, MI: Eerdmans, 1964–c.1976), p. 703.

**1장. 이 책을 쓴 계기**

2) Cara Marcano, "Growing Christian Shrinks," in *The Wall Street Journal*, 30 March 2007; www.opinionjournal.com, accessed 30 March 2007.
3) Ibid.
4) Ibid.
5) George Marsden, *Reforming Fundamentalism: Fuller Seminary and the New Evangelicalism* (Grand Rapids, MI: Eerdmans, 1987).
6) Harold Lindsell, *The Battle for the Bible* (Grand Rapids, MI: Zondervan, 1976), pp. 106–107.
7) Marsden, p. 181.
8) Ibid.
9) Ibid.
10) Ibid.
11) Ibid.

12) Ibid.
13) Os Guinness, "America's Last Men and Their Magnificent Talking Cure," in *The Journal of Biblical Counseling*, 15/2 (1997): 24.
14) Lindsell, *The Battle*, p. 25.
15) Marsden, *Reforming Fundamentalism*, p. 203.
16) Lindsell, *The Battle*, p. 108.
17) Marsden, *Reforming Fundamentalism*, pp. 205-206.
18) Ibid., p. 207.
19) Ibid., p. 233.
20) Ibid., p. 234.
21) Ibid., p. 235.
22) Ibid.
23) Ibid., p. 236.
24) Ibid.
25) John F. MacArthur, Jr., *Our Sufficiency in Christ* (Dallas: Word Publishing, 1991), pp. 59-60.
26) W. E Vine, Merrill Unger, and William White, *Vine's Complete Expository Dictionary of Old and New Testament Words* (Nashville, TN: Thomas Nelson, 1985), p. 62.
27) Fritz Rienecker and Cleon Rogers, *A Linguistic Key to the Greek New Testament* (Grand Rapids, MI: Zondervan, 1976), p. 571.
28) Ibid.
29) Richard Chenevix Trench, *Synonyms of the New Testament* (Grand Rapids, MI: Baker, 1989), p. 126.
30) Vine, Unger, and White, *Expository Dictionary*, p. 13.
31) David Powlison, *Seeing with New Eyes* (Phillipsburg, NJ: P&R,

2003), p. 1.

32) Warren Wiersbe and David Wiersbe, *The Elements of Preaching* (Wheaton, IL: Tyndale House, 1986), p. 48.

## 2장. 지상명령의 내용

33) 10년 전쯤에 데이비드 폴리슨이 "재발견(rediscovery)"이라는 단어를 사용하여 교회가 다시 성경적 상담사역으로 돌아간 사실을 밝힌 바 있다. 그는 다음과 같이 설명했다. "19세기와 20세기에 미국 그리스도인들은 그들이 이전에 가졌던 기술들과 진리를 사용하는 법을 근본적으로 상실했었다. 즉 영혼을 치유하는 실질적인 지혜를 상실했다…교회는 목회에 있어서 중요한 사례별 지혜(case wisdom), 즉 사람을 알고, 사람이 어떻게 변하는지를 알고, 사람이 변하도록 어떻게 도와야 하는지를 아는 지혜를 잃어버렸다. (John MacArthur and Wayne Mack, (eds.), *Introduction to Biblical Counseling* (Dallas: Word Publishing, 1994), p. 44에 인용됨).

34) Bill Hull, *The Disciple Making Pastor* (Grand Rapids, MI: Fleming H. Revell, 1988), p. 19.

35) W. E. Vine, Merrill Unger, and William White, *Vine's Complete Expository Dictionary of Old and New Testament Words* (Nashville, TN: Thomas Nelson, 1985), p. 171.

36) F. Wilbur Gingrich, *Shorter Lexicon of the Greek New Testament* (Chicago: University of Chicago Press, 1957), p. 129.

37) *Theological Dictionary of the New Testament*에 따르면 복음서와 사도행전에서 마데테스(mathetes)가 약 250번 가량 나오는데, 매번 "사람에 대한 애착"이라는 의미를 함축한다. (Geoffrey W. Bromiley, (ed.), *Theological Dictionary of the New Testament* (Grand Rapids, MI:

Eerdmans, 1985), p. 559.
38) 성경구절에서 굵은 글씨로 표시된 부분은 저자가 강조하기 위해 표시한 것이다.
39) Edward Hinson, "Biblical View of Man: The Basis for Nouthetic Confrontation," in *The Journal of Pastoral Practice*, 3/1 (1979): 55-56.
40) Spiros Zodhiates, *The Complete Word Study New Testament* (Chattanooga, TN: AMG Publishers, 1991), p. 933.
41) Robert E. Coleman, *The Master Plan of Evangelism* (Old Tappan, NJ: Fleming H. Revell, 1963), p. 51.
42) Jim Berg, *Changed Into His Image* (Greenville, SC: Bob Jones University Press, 2000), p. 11.
43) W. Robertson Nicoll, (ed.), *The Expositor's Greek Testament: Volume 1* (Grand Rapids, MI: Eerdmans, 1976), p. 339.
44) David M. Doran with Pearson Johnson and Benjamin Eckman, *For the Sake of His Name* (Allen Park, MI: Student Global Impact, 2002), p. 72.
45) Spiros Zodhiates, *Who Is Worth Following?* (Ridgefield, NJ: AMG Publishers, 1976), p. 75.
46) *The New Hampshire Confession of Faith*, 1833.
47) Vine, Unger, and White, *Expository Dictionary*, pp. 525-526.
48) Wayne Grudem, *Systematic Theology* (Grand Rapids, MI: Zondervan, 1994), p. 713.
49) J. Ligon Duncan and Susan Hunt, *Women's Ministry in the Local Church* (Wheaton, IL: Crossway, 2006), pp. 49-50. 이 인용문을 발췌한 장을 소개하면서 수잔 헌트는 다음과 같이 말한다. "이번 장은 리곤이

여성 리더십 컨퍼런스에서 한 설교를 각색한 것이다. 이번 장은 내가 원해서 이 책에 수록했다. 원리는 남성과 여성 모두에게 적용되는 것이지만, 이 내용은 특별히 여성들에게 했던 설교이다. 이 설교를 들으며 정말 교회를 사랑하게 되었다."(45쪽)

50) Nicoll, *Greek Testament*, p. 340.
51) Fritz Rienecker and Cleon Rogers, *A Linguistic Key to the Greek New Testament* (Grand Rapids, MI: Zondervan, 1976), p. 87.
52) Vine, Unger, and White, *Expository Dictionary*, p. 340.
53) Iain Murray, *Spurgeon v. Hyper-Calvinism* (Edinburgh: Banner of Truth, 1995), p. 9.
54) Coleman, *Master Plan*, p. 56.
55) Charles H. Spurgeon, *An All-Round Ministry* (Pasadena, TX: Pilgrim Publications, 1983), p. 373.
56) A. B. Bruce, *The Training of the Twelve* (Grand Rapids, MI: Kregel Publications, 1988), pp. 536-537.
57) David Powlison, "A Nouthetic Philosophy of Ministry: An Interview with Steve Viars," in *The Journal of Biblical Counseling*, 20/3 (2002), pp. 33-34에 인용되어 있음.

## 3장. 타락한 죄인의 회심

58) Wayne Grudem, *Systematic Theology* (Grand Rapids, MI: Zondervan, 1994), p. 709.
59) Robert Duncan Culver, *Systematic Theology* (Fearn: Mentor/Christian Focus, 2005), p. 699.
60) W. E Vine, Merrill Unger, and William White, *Vine's Complete Expository Dictionary of Old and New Testament Words* (Nashville,

TN: Thomas Nelson, 1985), p. 647.
61) Culver, *Systematic Theology*, p. 702.
62) Thomas R. Schreiner, *Paul: Apostle of God's Glory in Christ* (Downers Grove, IL: InterVarsity Press, 2001), p. 103.
63) Charles M. Horne, *The Doctrine of Salvation* (Chicago: Moody Press, 1971), p. 1.
64) Fyodor Dostoevsky, *The Brothers Karamazov* (1879-1880; 2004, New York: Barnes & Noble), p. 221.
65) Millard Erickson, *Christian Theology* (Grand Rapids, MI: Baker, 1983), p. 539.
66) Del Fehsenfeld, Jr., *Ablaze with His Glory* (Nashville, TN: Thomas Nelson, 1993), p. 63.
67) 예를 들어, David N. Steele, Curtis C. Thomas, and S. Lance Quinn, (eds.), *The Five Points of Calvinism* (1963; 2004, Phillipsburg, NJ: P&R), p. 19.
68) F. F. Bruce, *Paul: Apostle of the Heart Set Free* (Grand Rapids, MI: Eerdmans, 1977), p. 249.
69) G. Campbell Morgan, *The Corinthian Letters of Paul* (Old Tappan, NJ: Fleming H. Revell, 1946), p. 13.
70) Leon Morris, *1 Corinthians* (Tyndale New Testament Commentaries; Grand Rapids, MI: Eerdmans, 1985), p. 93.
71) Ibid.
72) Vine, Unger, and White, *Expository Dictionary*, p. 252.
73) Joshua Harris, *Not Even a Hint* (Sisters, OR: Multnomah, 2003), p. 26.
74) 예를 들어 우리 교회에서는 사람들이 개별적으로 거룩함을 키워나가도

록 돕기 위해 다음의 자료들을 정기적으로 사용한다. Jerry Bridges' *The Pursuit of Holiness and The Practice of Godliness*, Kent Hughes's *Disciplines of a Godly Man*, the Christian Counseling & Educational Foundation (CCEF)에서 발간한 여러 책들, Jim Berg's *Changed Into His Image*, Joshua Harris's *Not Even a Hint*, Jay Adams's *Disciplines of Godliness*, 기타 등등.

75) Jeff Van Goethem, *Living Together* (Grand Rapids, MI: Kregel Publications, 2005), p. 17.

76) Ibid., p. 85.

77) R. Kent Hughes, *Disciplines of Grace* (Wheaton, IL: Crossway, 1993), pp. 129-130.

78) 우리 교회가 사용하는 유용한 자료들을 다음과 같다. Alistair Begg's *Lasting Love*, Wayne Mack's *Strengthening Your Marriage*, Bryan Chapell's *Each For the Other*, Jay Adams's *Christian Living in the Home*, and others.

79) 우리 교회에서는 남성들과 남편들을 제자훈련하기 위해 다음의 자료들을 정기적으로 사용한다. Kent Hughes's *Disciplines of a Godly Man*, James MacDonald's *I Want to Change, So Help Me God*, Lou Priolo's *The Complete Husband*, Stuart Scott's *The Exemplary Husband*, Wayne Mack's *Strengthening Your Marriage*, Oswald Sanders's *Spiritual Leadership*, and others.

80) 우리 교회에서는 여성들과 아내들을 제자훈련하기 위해 다음의 자료들을 정기적으로 사용한다. Barbara Hughes's *Disciplines of a Godly Woman*, Martha Peace's *The Excellent Wife*, Nancy Leigh DeMoss's *Lies Women Believe*, Elizabeth George's *A Woman After God's Own Heart*, and others.

81) 우리 교회에서는 부모들을 제자훈련하기 위해 다음의 자료들을 정기적으로 사용한다. Tedd Tripp's *Shepherding a Child's Heart*, Paul David Tripp's *The Age of Opportunity*, Lou Priolo's *The Heart of Anger* and *Teach Them Diligently*, Crown Financial Ministries' *Handling Finances God's Way*, John MacArthur's *Successful Christian Parenting*, Wayne Mack's *Your Family God's Way*, and others.

82) William Brown, in Baxter, *Reformed Pastor* (1656; 1974, Edinburgh: Banner of Truth), p. 23.

83) Ibid., pp. 100-102.

84) Fritz Rienecker and Cleon Rogers, *A Linguistic Key to the Greek New Testament* (Grand Rapids, MI: Zondervan, 1976), p. 402.

85) Simon J. Kistemaker, *1 Corinthians* (New Testament Commentary; Grand Rapids, MI: Baker, 1993), p. 188.

86) Gordon D. Fee, *The First Epistle to the Corinthians* (NICNT; Grand Rapids, MI: Eerdmans, 1987), p. 244.

87) Rus Walton, *Biblical Solutions to Contemporary Problems* (Brentwood, TN: Wolgemuth & Hyatt, 1988), p. 285.

88) Edward T. Welch, *Homosexuality: Speaking the Truth in Love* (Phillipsburg, NJ: P&R, 2000), p. 37.

89) Strong, James, *Strong's Exhaustive* Concordance of the Bible (Peabody, MA: Hendricksen, n.d.).

90) Schreiner, *Paul*, p. 106.

91) 예를 들어, David Powlison, *Seeing with New Eyes* (Phillipsburg, NJ: P&R, 2003), p. 131.

92) 예를 들어, Elyse Fitzpatrick, *Idols of the Heart* (Phillipsburg, NJ: P&R, 2001).

93) Richard Chenevix Trench, *Synonyms of the New Testament* (Grand Rapids, MI: Baker, 1989), pp. 171-173.
94) Vine, Unger, and White, *Expository Dictionary*, p. 219.
95) Strong, *Concordance*, #4123.
96) Trench, *Synonyms*, p. 98.
97) Edward T. Welch, *Blame It on the Brain?* (Phillipsburg, NJ: P&R, 1998), p. 191.
98) Ibid., pp. 189-190.
99) Paul David Tripp, "Speaking Redemptively," in David Powlison and William P. Smith, (eds.), *A Selection of Readings: Counsel the Word* (Glenside, PA: Christian Counseling & Educational Foundation, 2002), pp. 36-45.
100) Richard I. and Richard W. Gregory, *On the Level* (Grandville, MI: IFCA Press, 2005), p. 39.
101) Fee, *The First Epistle to the Corinthians*, p. 248. I do not agree with Fee's doctrinal view, which rejects the eternal security of the believer.
102) John Calvin, *Calvin's Commentaries*, vol. xx (Grand Rapids, MI: Baker, 1998), p. 210.
103) D. A. Carson, *A Call to Spiritual Reformation* (Grand Rapids, MI: Baker, 1992), p. 48.
104) Jay E. Adams, *From Forgiven to Forgiving* (Amityville, NY: Calvary Press, 1994), p. 59.
105) Strong, *Concordance*, #37.
106) Erickson, *Christian Theology*, pp. 967-968.
107) Jim Berg, *Changed Into His Image* (Greenville, SC: Bob Jones

University Press, 2000), p. 146.

108) Charles Hodge, *1 & 2 Corinthians* (1857; 1958, Geneva Commentaries; Carlisle, PA: Banner of Truth), p. 99.

109) Jeremiah Burroughs, *Gospel Fear* (1647; 1991, Orlando, FL: Soli Deo Gloria), p. 102.

**4장. 훈련된 경건에 대한 요구**

110) James Montgomery Boice, *Romans*, vol. ii: *The Reign of Grace* (Grand Rapids, MI: Baker, 1992), pp. 765-766.

111) R. Kent Hughes, *Set Apart* (Wheaton, IL: Crossway, 2003), pp. 9-10.

112) Ibid., pp. 51-52.

113) Ibid., pp. 66-67.

114) Ibid., p. 90.

115) Fritz Rienecker and Cleon Rogers, *A Linguistic Key to the Greek New Testament* (Grand Rapids, MI: Zondervan, 1976), p. 747.

116) Ibid.

117) Kenneth S. Wuest, *First Peter in the Greek New Testament* (Grand Rapids, MI: Eerdmans, 1942), p. 35.

118) Warren W. Wiersbe, *Real Worship* (Nashville, TN: Oliver Nelson, 1986), p. 33.

119) Merrill F. Unger, *Unger's Bible Dictionary* (Chicago: Moody Press, 1957), p. 498.

120) Rienecker and Rogers, *Linguistic Key*, p. 375.

121) Phillips translates it as passive: "Don't let the world around you squeeze you into its own mould" (J. B. Phillips, New Testament

online at http://www.ccel.org/bible/phillips/JBPNT.htm).
122) 매튜 헨리는 그의 주석에서 이러한 해석을 옹호하면서 "자신을 꾸미지 마라"로 번역한다. (*Matthew Henry's Commentary* (McLean, VA: MacDonald Publishing Co., n.d.), p. 457).
123) John Stott, *Romans: God's Good News for the World* (Downers Grove, IL: InterVarsity Press, 1994), p. 323.
124) Timothy and Barbara Friberg, *Analytical Lexicon to the Greek New Testament* (Bible Works 5.0; Norfolk, VA, (2005).
125) Michael Green (ed.), *Illustrations for Biblical Preaching* (Grand Rapids, MI: Baker, 1982), p. 188에 인용되어 있음.
126) Wuest, First Peter, p. 37.
127) John F. MacArthur, *The MacArthur Study Bible* (Nashville, TN: Word Bibles, 1997), p. 1924.
128) D. Edmond Hiebert, *James* (Chicago: Moody Press, 1979), p. 223.
129) H. A. Ironside, *Hebrews, James, Peter* (1947; 1984, Neptune, NJ: Loizeaux Brothers), p. 41.
130) Hiebert, *James*, p. 223.
131) Jerry Bridges, *The Practice of Godliness* (Colorado Springs, CO: NavPress, 1983), p. 173.
132) Hiebert, *James*, p. 226.
133) Thomas R. Schreiner, *Paul: Apostle of God's Glory in Christ* (Downers Grove, IL: InterVarsity Press, 2001), p. 258.
134) Hughes, *Set Apart*, p. 18.
135) Rienecker and Rogers, *Linguistic Key*, p. 748.
136) Alva J. McClain, *Romans: The Gospel of God's Grace* (Winona Lake, IN: BMH Books, 1973), pp. 43-44.

137) Wayne Grudem, *1 Peter* (Tyndale New Testament Commentaries; Grand Rapids, MI: Eerdmans, 1988), p. 79.
138) Rienecker and Rogers, *Linguistic Key*, p. 748.
139) J. Ramsey Michaels, *1 Peter* (Word Biblical Commentary; Dallas: Word Books, 1988), p. 59에 인용됨.
140) Jay E. Adams, *The Christian Counselor's Manual* (Grand Rapids, MI: Zondervan, 1973), pp. 176-216.
141) Wuest, *First Peter*, p. 50.
142) Thomas Watson, *The Mischief of Sin* (Morgan, PA: Soli Deo Gloria, 1994), p. 41.
143) Rienecker and Rogers, *Linguistic Key*, p. 749.
144) Jerry Bridges, *Practice of Godliness*, p. 31.
145) Rienecker and Rogers, *Linguistic Key*, p. 750.
146) Wuest, *First Peter*, pp. 50-51.
147) W. E. Vine, Merrill Unger, and William White, *Vine's Complete Expository Dictionary of Old and New Testament Words* (Nashville, TN: Thomas Nelson, 1985), p. 204.
148) Louis A. Barbieri, *First and Second Peter* (Chicago: Moody Press, 1975), p. 47.
149) Wayne Mack, *Your Family God's Way* (Phillipsburg, NJ: P&R, 1991), p. 100.
150) John Piper, *A Godward Life*, Book 2 (Sisters, OR: Multnomah, 1999), p. 183.
151) Boice, *Romans*, p. 770.

**5장. 형제 사랑의 마음**

152) William Goode in John F. MacArthur and Wayne Mack, (eds.), *Introduction to Biblical Counseling* (Dallas: Word, 1994), pp. 301 – 302.

153) W.E. Vine, Merrill Unger, and William White, *Vine's Complete Expository Dictionary of Old and New Testament Words* (Nashville, TN: Thomas Nelson, 1985), p. 642.

154) W.E. Vine, Merrill Unger, and William White, *Vine's Complete Expository Dictionary of Old and New Testament Words* (Nashville, TN: Thomas Nelson, 1985), p. 642.

155) Thomas Watson, *The Mischief of Sin* (Morgan, PA: Soli Deo Gloria, 1994), p. 20.

156) Dr. Paul Brand and Philip Yancey, *Fearfully and Wonderfully Made* (Grand Rapids, MI: Zondervan, 1980), p. 91.

157) Vine, Unger, and White, *Expository Dictionary*, p. 594.

158) Paul David Tripp, "Speaking Redemptively," in David Powlison and William P. Smith, (eds.), *A Selection of Readings: Counsel the Word* (Glenside, PA: Christian Counseling & Educational Foundation, 2002), p. 45.

159) William F. Arndt and F. Wilbur Gingrich, *A Greek–English Lexicon of the New Testament* (Chicago: University of Chicago Press, 1957), p. 134.

160) Richard Baxter, *The Reformed Pastor* (1656; 1974, Edinburgh: Banner of Truth), pp. 98 – 99.

161) Jay E. Adams, *The Christian Counselor's Manual* (Grand Rapids, MI: Zondervan, 1973), p. 141.

## 6장. 살아 있는 말씀에 대한 확신

162) Bill Hull, *The Disciple Making Pastor* (Grand Rapids, MI: Fleming H. Revell, 1988), p. 42.

163) Henry C. Thiessen, *Lectures in Systematic Theology* (Grand Rapids, MI: Eerdmans, 1949), p. 65.

164) Wayne Grudem, *Systematic Theology* (Grand Rapids, MI: Zondervan, 1994), pp. 74-75.

165) William F. Arndt and F. Wilbur Gingrich, *A Greek-English Lexicon of the New Testament* (Chicago: University of Chicago Press, 1957), p. 900.

166) Ibid., p. 249.

167) Fritz Rienecker and Cleon Rogers, *A Linguistic Key to the Greek New Testament* (Grand Rapids, MI: Zondervan, 1976), p. 647.

168) Richard Chenevix Trench, *Synonyms of the New Testament* (Grand Rapids, MI: Baker, 1989), pp. 125-126.

169) Ibid., p. 126.

170) Curtis C. Thomas, *Life in the Body of Christ* (Cape Coral, FL: Founders Press, 2006), p. 103.

171) Arndt and Gingrich, *Lexicon*, p. 110.

172) Trench, *Synonyms*, p. 91.

173) Iain Murray, *Spurgeon v. Hyper-Calvinism* (Edinburgh: Banner of Truth, 1995), p. 7에 인용되어 있다.

174) Iain Murray, *Jonathan Edwards: A New Biography* (Edinburgh: Banner of Truth, 1987), p. 243에 인용되어 있다.

175) Strong, James, *Strong's Exhaustive Concordance of the Bible* (Peabody, MA: Hendricksen, n.d.), #2198.

176) A. W. Tozer, *The Pursuit of God* (Camp Hill, PA: Christian Publications, 1982), p. 74.
177) Rienecker and Rogers, *Linguistic Key*, p. 676.
178) Strong, *Concordance*, #5114.
179) Warren Wiersbe, (ed.), *Prokope*, July-September 1997.
180) Arndt and Gingrich, *Lexicon*, p. 453에 인용되어 있다.
181) A. W. Pink, *The Attributes of God* (Grand Rapids, MI: Baker, 1975), p. 23.
182) Jerry Bridges, *Transforming Grace* (Colorado Springs, CO: NavPress, 1991), pp. 177-179.
183) Strong, *Concordance*, #1897.
184) Doug Phillips, (ed.), *The Bible Lessons of John Quincy Adams* (San Antonio, TX: Vision Forum, 2002), p. 14에 인용되어 있다.
185) D. Martyn Lloyd-Jones, *Spiritual Depression: Its Causes and Cure* (Grand Rapids, MI: Eerdmans, 1965), pp. 20-21.
186) Donald S. Whitney, *Spiritual Disciplines for the Christian Life* (Colorado Springs, CO: NavPress, 1991), p. 42.
187) Jeremiah Burroughs, *Gospel Fear* (1647; 1991, Orlando, FL: Soli Deo Gloria), pp. 10-11.

## 7장. 세속 심리학과의 싸움

188) Mal Couch, *A Biblical Theology of the Church* (Grand Rapids, MI: Baker, 1999), p. 265.
189) Fritz Rienecker and Cleon Rogers, *A Linguistic Key to the Greek New Testament* (Grand Rapids, MI: Zondervan, 1976), p. 387에 인용되어 있다.

190) Charles Hodge, *1 & 2 Corinthians* (1857; 1958, Geneva Commentaries; Carlisle, PA: Banner of Truth), p. 18.
191) Don Matzat, *Christ Esteem* (Eugene, OR: Harvest House, 1990), p. 43.
192) W. E. Vine, Merrill Unger, and William White, *Vine's Complete Expository Dictionary of Old and New Testament Words* (Nashville, TN: Thomas Nelson, 1985), p. 467.
193) Gordon D. Fee, *The First Epistle to the Corinthians* (NICNT; Grand Rapids, MI: Eerdmans, 1987), p. 68.
194) Rienecker and Rogers, *Linguistic Key*, p. 388.
195) William MacDonald, *Believer's Bible Commentary* (Nashville, TN: Thomas Nelson, 1995), p. 1749.
196) David F. Wells, *No Place for Truth* (Grand Rapids, MI: Eerdmans, 1993), p. 101.
197) David Powlison, *Speaking Truth in Love: Counsel in Community* (Winston-Salem, NC: Punch Press, 2005), p. 189.
198) Richard J. Goodrich and Albert L. Lukaszewski, *A Reader's Greek New Testament* (Grand Rapids, MI: Zondervan, 2003), p. 363.
199) Jay E. Adams, "Integration," in *The Journal of Biblical Counseling: CD ROM Version 2.0*, PDF file, no date, p. 4.
200) Simon J. Kistemaker, *1 Corinthians* (New Testament Commentary; Grand Rapids, MI: Baker, 1993), p. 80.
201) Rienecker and Rogers, *Linguistic Key*, p. 391.
202) Ibid.
203) G. Campbell Morgan, *The Corinthian Letters of Paul* (Old Tappan, NJ: Fleming H. Revell, 1946), pp. 48-49.

204) Goodrich and Lukaszewski, *Greek New Testament*, p. 363.
205) Rienecker and Rogers, *Linguistic Key*, p. 391.
206) Leon Morris, *1 Corinthians* (Tyndale New Testament Commentaries; Grand Rapids, MI: Eerdmans, 1985), p. 55.
207) Rienecker and Rogers, *Linguistic Key*, p. 391.
208) Vine, Unger, and White, *Expository Dictionary*, p. 685.
209) Goodrich and Lukaszewski, *Greek New Testament*, p. 364.
210) William F. Arndt and F. Wilbur Gingrich, *A Greek-English Lexicon of the New Testament* (Chicago: University of Chicago Press, 1957), p. 177.
211) Hodge, *1 & 2 Corinthians*, p. 43.
212) Rienecker and Rogers, *Linguistic Key*, p. 392.
213) Goodrich and Lukaszewski, *Greek New Testament*, p. 402.
214) Rienecker and Rogers, *Linguistic Key*, p. 486.
215) Goodrich and Lukaszewski, *Greek New Testament*, p. 402.
216) Wells, *No Place for Truth*, p. 7.
217) 33) David Powlison, "Critiquing Modern Integrationists," in *The Journal of Biblical Counseling*, 11/3 (1993): 24.

## 8장. 믿음을 북돋우는 공동체

218) Joshua Harris, *Stop Dating the Church* (Sisters, OR: Multnomah, 2004), pp. 16-17.
219) David Powlison, *Speaking Truth in Love: Counsel in Community* (Winston-Salem, NC: Punch Press, 2005), pp. 110-116.
220) 예를 들어 일리노이주 알링턴 하이츠에 있는 성경 상담 센터의 사명 선언문은 다음과 같다. "성경 상담 센터의 사명은 지역 교회가 성경으로 충

분하다는 믿음 위에서 성도들을 통해 또 성도들을 위해 제자양육과 상담 사역을 잘 하도록 돕는 것이다. 상담 훈련, 상담 자료, 상담 서비스라는 3 가지 방법으로 이 일을 해나간다"(www.biblicalcounselingcenter.org).

221) Kent Hughes coined this label in *Disciplines of a Godly Man* (Wheaton, IL: Crossway, 1991), p.153.
222) D. Edmond Hiebert, *An Introduction to the New Testament*, vol. iii (Chicago: Moody Press, 1962), p. 81.
223) Ibid., p. 84.
224) Fritz Rienecker and Cleon Rogers, *A Linguistic Key to the Greek New Testament* (Grand Rapids, MI: Zondervan, 1976), p. 702.
225) Ibid.
226) Herschel H. Hobbs, Studies in Hebrews (Nashville, TN: Sunday School Board of the Southern Baptist Convention, 1954), p. 112.
227) Rienecker and Rogers, *Linguistic Key*, p. 703.
228) William F. Arndt and F. Wilbur Gingrich, *A Greek–English Lexicon of the New Testament* (Chicago: University of Chicago Press, 1957), p. 37.
229) W. E. Vine, Merrill Unger, and William White, *Vine's Complete Expository Dictionary of Old and New Testament Words* (Nashville, TN: Thomas Nelson, 1985), p. 597.
230) John Calvin, *Commentaries on the Epistle of Paul the Apostle to the Hebrews* (Grand Rapids, MI: Baker, 2005), pp. 237–238.
231) Richard J. Goodrich and Albert L. Lukaszewski, *A Reader's Greek New Testament* (Grand Rapids, MI: Zondervan, 2003), p. 498.
232) Rienecker and Rogers, *Linguistic Key*, p. 703.
233) Ibid.

234) Timothy S. Lane and Paul David Tripp, *How People Change* (Winston-Salem, NC: Punch Press, 2006), pp. 75-77.
235) Mark Dever and Paul Alexander, *The Deliberate Church* (Wheaton, IL: Crossway, 2005), p. 111.
236) Vine, Unger, and White, *Expository Dictionary*, p. 252.
237) Rienecker and Rogers, *Linguistic Key*, p. 703.
238) Donald S. Whitney, *Spiritual Disciplines Within the Church* (Chicago: Moody Press, 1996), p. 52.
239) H. A. Ironside, *Hebrews, James, Peter* (1947; 1984, Neptune, NJ: Loizeaux Brothers), p. 122.
240) Elyse Fitzpatrick and Carol Cornish (eds.), *Women Helping Women* (Eugene, OR: Harvest House, 1997), pp. 88-89.
241) Whitney, *Spiritual Disciplines Within the Church*, p. 13.

**결론.**

242) 성도를 훈련시키는 것이 목회자의 역할이라는 것에 대해 더 알고 싶으면 다음의 책을 참조하라. (Leominster, UK: Day One, 2009; ISBN: 978-1-84625-154-2). *Counsel the Flock*, Shepherd Press.
243) D. A. Carson, *A Call to Spiritual Reformation* (Grand Rapids, MI: Baker, 1992), p. 65.